S. N. LAZAREV

KARMA-DIAGNOSTIK

BAND 1

DAS SYSTEM DER FELDSELBSTREGULIERUNG

RADUGA VERLAG
2011

С.Н.Лазарев.
Диагностика кармы (книга первая)
Система полевой саморегуляции. 1993
ISBN 5-900694-01-1
Webseite: **www.lazarev.ru**

S.N.Lazarev
Karma-Diagnostik, Band 1.
Das System der Feldselbstregulierung. 1. Auflage 2011
überarbeitete Ausgabe durch Raduga Verlag, Klingenberg
ISBN 978-3-941622-20-3
Webseite: **www.lazarevsn.com**

Die russische Originalausgabe erschien 1993 in St. Petersburg

Redakteur: Timur Kukuliev
Korrektor: Juliana Lagunow
Lektorat: Dorothea Herlyn
Umschlaggestaltung: Uldis Kalniņš
Satz: Uldis Kalniņš

Überarbeitete Ausgabe des gleichnamigen Titels mit der ISBN 978-3-9809005-0-8

ISBN 978-3-941622-20-3

Jeder folgende Band ist ein neuer Schritt in Lazarevs Forschungen mit neuen Informationen und Ergebnissen seiner Arbeit, welche vielfach überprüft und bestätigt wurden.

Bisher erschienen folgende Bücher von S.N.Lazarev:

in der Reihe „Karma-Diagnostik":

- Karma-Diagnostik, Band 1 „Das System der Feldselbstregulierung", ISBN 978-3-941622-20-3
- Karma-Diagnostik, Band 2. Teil 1 „Das reine Karma I", ISBN 978-3-941622-21-0
- Karma-Diagnostik, Band 2. Teil 2 „Das reine Karma II", ISBN 978-3-941622-22-7
- Karma-Diagnostik, Band 3 „Liebe", ISBN 978-3-941622-31-9
- Karma-Diagnostik, Band 4 „Kontakt mit der Zukunft", ISBN 978-3-941622-07-4
- Karma-Diagnostik, Band 5 „Antworten auf Fragen", ISBN 978-3-941622-32-6

Demnächst erscheint Karma-Diagnostik, Band 6 und 7

in der Reihe „Der Mensch der Zukunft":

- Band 1 „Der erste Schritt in die Zukunft", ISBN 978-3-941622-00-5
- Band 2 „Erziehung der Eltern" Teil 1, ISBN 978-3-941622-01-2

Die Informationen über die weiteren Bände von S.N. Lazarev unter:
www.lazarevsn.com
Es wurde bereits eine DVD zu den Buchserien mit den Auftritten von S.N. Lazarev in deutsche Sprache übersetzt.

Alle Werke sind unter folgender E-Mail-Adresse zu bestellen:
raduga-verlag@mail.com

INHALT

VORWORT

Bevor Sie, verehrte Leserin, verehrter Leser, mit der Lektüre beginnen, sollten Sie Ihre Gefühlslage prüfen. Ich emp fehle Ihnen, das vorliegende Buch bes ser nicht zu lesen, wenn Sie Gefühle wie Kränkung, Verärgerung oder sonstige negativen Emotionen – gleichgültig, wem gegenüber – empfinden.

Vor Ihnen liegt keineswegs nur ein weiteres Buch zu einem aktuellen, allerseits beliebten Thema. Vielmehr handelt sich hier im Grunde genommen um die Darlegung eines Konzepts zur Erfassung der Gesetze der geistigen Welt, welche die materielle Welt steuert. Darüber hinaus möchte ich Möglichkeiten aufzeigen, die uns die Welt der Bioenergetik erschließen lassen.

Das Buch setzt sich zum Ziel, die Gesetze der inneren und äußeren Welt des Menschen aufzuzeigen und jene Mechanismen zu studieren und zu enträtseln, die für diese Welten maßgebend und bestimmend sind. Erst im Anschluss daran möchte ich die Regeln zum Eintritt in die Welt der Bioenergetik darlegen, denn zweifellos muss die Vervollkommnung des Menschen mit der Erkenntnis der Welt, dem Verständnis ihrer Gesetze und dem Begreifen der eigenen Person als Teil eines einheitlichen Systems – der Schöpfung – beginnen.

Die heutige Menschheit hat sich weit von ihren geistigen

Urquellen entfernt. Sie ähnelt heute einem Schiff, dessen Mannschaft zerstritten und der Kapitän abwesend ist, während es leckgeschlagen ist und ferner einen Motorschaden aufweist. Ein Teil der Mannschaft hat dies bereits begriffen und dazu aufgerufen, sich zu versöhnen und das Schiff zu reparieren. Doch das größte Problem – das noch niemand wirklich bemerkt hat – besteht darin, dass das Schiff auf Riffe zusteuert und ohne Kursänderung selbst eine Reparatur des Motors die Situation nicht retten können wird.

Die Menschheit steht gegenwärtig vor einer Gefahr, die als weitaus bedrohlicher als etwa die atomare Gefahr einzuschätzen ist; es ist die Gefahr des geistigen Verfalls. Die gefährlichsten Verluste sind diejenigen, die wir nicht bemerken; so tritt etwa der Tod zuerst auf der Ebene des energetischen Feldes und erst dann auf der Ebene des physischen Körpers ein. Dieser Prozess nähert sich momentan einem kritischen Punkt, da wir davon ausgehen müssen, dass das, was heute unseren geistigen Zustand ausmacht, sich morgen und übermorgen auf der körperlichen Ebene unserer Kinder und Enkelkinder manifestieren wird. Das heißt also: Je unzulänglicher unser geistiger Zustand heute ist, desto schlechter wird – sowohl der geistige, als auch der körperliche – Gesundheitszustand unserer Nachkommen sein.

Die Ergebnisse meiner Untersuchungen der menschlichen Energieinformationsfeldstrukturen sind überaus besorgniserregend. Das von Heiligen, Hellsehern und den Begründern der Weltreligionen über Jahrhunderte hinweg angesammelte geistige Potential scheint gegenwärtig nahezu vollständig aufgebraucht zu sein, während das bislang unterentwickelte strategische Denken eine große Gefahr in sich birgt. Die immensen Möglichkeiten der Bioenergetik werden nicht für das Begreifen der Welt und die Antizipierung künftiger Probleme, sondern für die Lösung primitiver taktischer, augenblicklicher Schwierigkeiten verwendet. Die Menschheit nähert sich einer Schwelle, hinter der sie entweder eine geistige Renaissance oder der Untergang erwartet. Rettung kann es nur geben, wenn sich jeder Mensch auf geistige Suche begibt und sich die Erkenntnis durchsetzt, dass jeder einzelne von uns für das Schicksal der Menschheit und für das Leben im Universum mitverantwortlich ist.

Stellen Sie sich einmal folgende Szene vor: Man setzt jemanden, der das Autofahren erlernen möchte, in einen Wagen, verbindet ihm die Augen, legt seine Hände aufs Lenkrad und erklärt ihm, wie Gas gegeben wird – damit ist die Unterweisung auch schon beendet. Das entspricht in etwa dem jetzigen Wissensstand auf dem Gebiet der Bioenergetik, den man sich in kürzester Zeit und für nicht gerade wenig Geld in zahlreichen esoterischen Schulen aneignen kann. Diese Schulen unterscheiden sich voneinander lediglich durch den „Autohersteller" und die „Motorleistung". Will man aber das Autofahren wirklich beherrschen, ist es ratsam, zunächst mit dem Erlernen der Verkehrsregeln und der Funktionsweise des Wagens zu beginnen.

Ohne Verständnis für die Welt, in der wir leben, ohne Kenntnis seiner selbst und ohne gründliche Vorbereitung kann die Beschäftigung mit Bioenergetik noch um einiges gefährlicher sein als eine Autofahrt mit verbundenen Augen. Gerade deshalb ist dieses Buch den Verhaltensregeln auf der geistigen Ebene gewidmet.

Eine weitere Vorwarnung: Um dem Thema gerecht zu werden, werde ich einen Teil meiner Erkenntnisse über die Techniken des Eindringens in Feldstrukturen preisgeben müssen. Ich rate den Lesern jedoch ausdrücklich davon ab, diese zu praktizieren, da dies nicht nur für jene gefährlich ist, die leichtfertig versuchen, meine Experimente nachzuahmen, sondern auch unweigerlich deren Verwandte in Gefahr bringt. Damit sollte sich ausschließlich ein sehr begrenzter Kreis von Personen beschäftigen, die über bestimmte Dispositionen verfügen und eine ernsthafte Vorbereitung durchlaufen haben.

Zu guter Letzt möchte ich Sie darauf hinweisen, dass Sie in diesem Buch möglicherweise völlig unerwartete und neuartige Informationen antreffen werden, die Sie an Szenen aus einer Phantasiewelt erinnern könnten. Ich selbst betrachte mich jedenfalls als Forscher, und wie unwahrscheinlich Ihnen die angeführten Fakten und Schlussfolgerungen auch erscheinen mögen – diese spiegeln lediglich unsere heutige Wirklichkeit wider, wie sie von den Ergebnissen meiner Arbeit vielfach überprüft und bestätigt wurde.

Der Autor

KONZEPTION DES SYSTEMS DER FELDSELBSTREGULIERUNG UND IHRE ENTWICKLUNGSGESCHICHTE

Als ein Mönch, der Gott zehn Jahre lang unaufhörlich darum gebeten hatte, ihm die Gabe der Heilung zu verleihen, diese schließlich erhielt und das seinem Beichtvater mitteilte, befahl dieser ihm, in sich zu gehen und Gott darum zu bit ten, diese Gabe zurückzunehmen und ihm die Gabe der Erkenntnis der eigenen Sünden zu schenken.

Die Ergebnisse meiner Studien zur Bioenergetik beruhen auf zwanzigjähriger Arbeit auf diesem Gebiet, der philosophischen Erkenntnis der Welt sowie der überzeugenden Bestätigung philosophischer und theoretischer Grundprämissen meiner praktischen Arbeit.

Wovon handelt dieses Buch? Gegenwärtig steht die Menschheit vor sehr ernsten Problemen und unsere Zukunft hängt davon ab, ob sie diese lösen können wird. Man nimmt allgemein an, dass die Hauptprobleme durch ökologische Missstände, die Gefahr eines Atomkriegs und Dutzende andere äußere Gründe bedingt sind. In Wirklichkeit ist der Hauptgrund für die Misere im Menschen selbst zu suchen, denn um die Welt verändern zu können, müssen wir zuerst uns selbst ändern. Uns selbst zu ändern ist bedeutend schwieriger als die Umwelt zu verändern, denn wir haben gegenwärtig keine Hebel, Mittel und Systeme für eine radikale Änderung unseres Denkens, unserer Weltanschauung und unserer Ethik. Die Wege, die die heutigen Philosophen und Lehrmeister vorschlagen, sind im besten Fall ein Versuch, das gesammelte Wissen neu zu interpretieren, während doch in Wirklichkeit die Hauptanstrengungen auf die Erkenntnis der Welt und die Suche nach Wegen der Selbstentwicklung gerichtet werden müssen. Um die Welt zu verändern und auf sie einzuwirken, muss sie zunächst erkannt werden, denn die Erkenntnis der Welt ist der Beginn ihrer Veränderung. Wir haben oft falsche Vorstellungen von der Welt und versuchen blindlings, sie zu erschließen, womit wir sie eigentlich vernichten und uns zugleich selbst zugrunde richten. Wir müssen erkennen, wie sehr wir von der Welt und der Verbindung mit ihr abhängig sind, und die Gesetze kennen lernen, nach denen die Welt lebt und sich entwickelt. Meine Studien sind in erster Linie auf das Verständnis dessen gerichtet, was der Mensch ist und was das Bewusstsein, das Unterbewusstsein und das Universum darstellen.

Es ist an der Zeit, sich endlich von der primitiven materialistischen Vorstellung zu trennen, dass der Mensch mit seinem physischen Körper Anfang und Ende nimmt. Der Mensch ist ein kompliziertes Informations- und Energiesystem, das nur zu einigen wenigen Prozent aus dem physischen Körper und zu 95-98 Prozent aus Informations- und Energieschichten des Unterbewusstseins besteht, die uns ebenso unbekannt sind wie das Universum.

Wenn ich mich mit der Gesundheit der Menschen und der Prävention von Krankheiten beschäftige, suche ich in erster Linie nach ihren Entstehungsursachen, und jedes Mal gelange ich zu der Überzeugung, dass die geistige und intellektuelle Vervollkommnung des Menschen unerlässlich ist. Leider gibt es momentan kein einheitliches Wissenssystem, welches erlauben würde, die Fähigkeiten der Bioenergetik ohne Schaden für den Menschen zu erschließen. Die Möglichkeiten der Bioenergetik sind dermaßen groß, dass das Vordringen in dieses Gebiet sehr vorsichtig, allmählich erfolgen und mit der Entwicklung der Ethik des Menschen beginnen muss. Ethik und Verständnis der Welt sind der effektivste Schutz, aber gerade dieses Wissen beherrschen wir nur ansatzweise. Jeder ernste Vorstoß muss gut vorbereitet sein, die Missachtung dessen kann, anstatt zu Entwicklung des Geistes und segensreicher Änderung, zu Entartung und Untergang führen, und leider sind solche Tendenzen und Vorgänge bereits im Ansatz vorhanden.

Ich bemühe mich, die Ursachen für den unerfreulichen physischen Zustand der Menschen zu enthüllen, Möglichkeiten und Methoden für seine Verbesserung durch Korrektur der feinen Feldstrukturen[1] aufzuzeigen und zu definieren, wie man vernünftig an die Bioenergetik und die Entwicklung der Möglichkeiten des Menschen herangeht. Ein Verständnis der Umwelt und maximale Selbstdisziplin müssen der Veränderung des Geistes und unserer Seele zugrunde liegen. Dies stellt im Moment die Grundvoraussetzung für unser Überleben dar. Das Buch enthält Informationen, die für das Verständnis der komplizierten Probleme, mit denen heute jeder Mensch konfrontiert ist, erforderlich sind, denn in den letzten zwei, drei Jahren haben sich alle Energieprozesse auf der Erde akut verschärft. Heute wirkt das, was in der Bioenergetik „Karma", das Gesetz der Vergeltung, genannt wird, wesentlich schneller als früher.

Meine Methode, die Welt neu zu verstehen, hat sich im Verlauf meines Lebens herausgebildet. Von Kindheit an spürte ich in mir große Fähigkeiten, richtete meine Kräfte jedoch intuitiv

[1] Unter dem Begriff „Feld" versteht der Autor eine Energieinformationsstruktur, welche ein jedes Lebewesen und Objekt, insbesondere auch den Menschen, umgibt und detaillierte Informationen über seine Vergangenheit, Gegenwart und Zukunft sowie über all seine Emotionen, Gedanken und Handlungen enthält (Anm. der Redaktion).

nicht darauf, sie zu steigern, sondern auf die Erkenntnis der Welt, weil ich immer fühlte, dass dieses Wissen wichtiger als erworbene und entwickelte Fähigkeiten ist.

Ich hörte oft, welche Kraft einem Fluch zukommt und dass er innerhalb der Familie vererbt werden kann. In der belletristischen Literatur sind viele solche Beispiele zu finden. Sehr starken Eindruck machte auf mich ein Fall, der in dem Buch „Aus den Höhlen und Urwäldern Hindustans“ von Helena Blavatsky, das ich in den 70er Jahren gelesen hatte, beschrieben ist.

In einer indischen Ortschaft sprach Helena Blavatsky mit dem Nachkommen eines einst sehr mächtigen Maharadschas, der Folgendes erzählte: Während einer seiner Reisen beschenkte der Maharadscha, wie es üblich war, reichlich die Brahmanen, doch er vergaß dabei einen der Anwesenden, der sich deshalb zu Tode beleidigt fühlte und den Maharadscha verfluchte. Der Maharadscha warf sich ihm entsetzt zu Füßen und flehte um Vergebung. Da geschah etwas, was ich für sehr interessant halte. Der Weise antwortete, dass es bereits zu spät sei: Der Fluch wirke bereits, er ließe sich nicht mehr aufhalten – der Maharadscha würde seinen Thron verlieren, doch der Weise würde versuchen, ihm und seinen Nachkommen das Leben zu retten.

So geschah es dann auch: Der Maharadscha wurde entthront, seine Nachkommen wurden über ganz Indien verstreut.

Auf meinem Weg zur Bioenergetik machte ich mich auch mit Methoden der Magie, der Zauberei, mit Praktiken von volkstümlichen Heilern und Gesundbetern vertraut. Ich bereiste das Land und studierte ihre Methoden.

Wenn ich neue Informationen analysierte, wollte ich jedes Mal der Sache auf den Grund gehen und verstehen, was die Ursache von familiärem Unglück war, warum Sippen ausstarben und Erbkrankheiten auftraten…

Mir war vollkommen klar, dass die Gene nicht die Quelle

dieser Informationen sein konnten, vielmehr konnten diese nur über das Energiefeld gespeichert und an die Nachkommen weitergegeben werden. Nachdem sich diese Überzeugung immer mehr gefestigt hatte, blieb nur noch eine „Kleinigkeit" – im Feld des Menschen diejenigen Strukturen zu finden, die diese Aufgabe erfüllen, Informationen speichern und von Generation zu Generation weitergeben. Diese Strukturen, an deren Existenz ich fest glaubte, nannte ich „stabile Informationsgruppierungen", und seit Mitte der 80er Jahre bemühte ich mich beharrlich, sie im Energiefeld des Menschen zu finden.

Das gelang mir Anfang 1990 wie folgt: Einmal bat mich im Ersten Medizinischen Institut[2] ein Wunderheiler, ihm in einem schwierigen Fall zu helfen. Bei einem Kranken war das Energiefeld zerstört worden, nach der Heilung war es zwar für kurze Zeit wiederhergestellt, kehrte aber sogleich in den gestörten Zustand zurück.

Was sich dann ereignete, kann man eine Erleuchtung nennen.

Das brüchige, „watteartige" Feld des Kranken, das ich immer als Leere wahrgenommen hatte, wurde plötzlich elastisch, und ich spürte, wie es auf mein Eindringen reagierte. Ich spürte mit den Händen starke Strukturen, die durch die Bruchstelle des Feldes hindurchgingen.

Meine Wahrnehmung änderte sich nun vollkommen: Was ich früher als Bruch empfunden hatte, wurde für mich plötzlich zur stabilen Struktur, die das Feld deformierte, was einen Energieverlust hervorrief.

Ich begriff, dass ich im Feld das gefunden hatte, was wir „Krankheit" nennen, das was den physischen Zustand des Kranken bestimmt. Das war eine qualitative Veränderung meines Wissens, denn sie ermöglichte es, Krankheiten vor ihrem Auftreten auf physischer Ebene zu diagnostizieren; also nicht nur zu heilen, sondern auch prophylaktisch zu arbeiten.

2 Eine der führenden medizinischen Universitätskliniken Russlands (Anm. der Redaktion).

Ich beschloss, ein Expertenteam zu bilden, diesem die Methode beizubringen und mich der prophylaktischen Heilung zahlreicher Krankheiten zu widmen, zumal dafür keinerlei Medikamente benötigt wurden. Es war nur erforderlich, die Methode gut zu beherrschen. Aber ach: *„Wer's glaubt, wird selig."* (Markus 16,16).

Ein Jahr lang heilte ich auf diese Weise Menschen und war der Meinung, dass diese Strukturen lediglich den Zustand des Körpers bestimmten. Doch allmählich sammelten sich Fakten an, die dieser Vorstellung nicht entsprachen. Während der Heilung änderten sich der Charakter und sogar das Schicksal der Menschen spürbar. Als ich diese Änderungen analysierte, stellte ich fest, dass der Charakter, das Schicksal und die Krankheit irgendwie zusammenhingen, doch diese Verbindung war variantenreich. Die beobachteten Deformationen der Feldstrukturen äußerten sich unterschiedlich: Das konnten verschiedene Krankheiten, psychische Abweichungen, pathologische Deformationen des Charakters, Traumata und Fehlschläge im Leben sein. Als ich diese Fakten näher untersuchte, kam ich zu dem Schluss, dass die Gesundheit, der Charakter und sogar das Schicksal des Menschen durch Karmastrukturen bestimmt werden. Alle Informationen über den Menschen und den Zustand seines Körpers sind in seinem Feld kodiert, wobei eine dialektische Verbindung der Feld- und physischen Strukturen besteht und sie sich gegenseitig beeinflussen. Das Schicksal und der Charakter des Menschen sind ebenfalls in den Feldstrukturen verschlüsselt, und wenn auf sie eingewirkt wird, kann nach und nach Vieles verbessert werden. Je länger ich dies studierte, umso erstaunlichere Fakten kamen zutage. Ich versuchte, das Spektrum der Möglichkeiten der Methode durch die Heilung verschiedener Krankheiten und die Korrektur komplizierter Lebenssituationen von Menschen zu erschließen sowie die Möglichkeiten der Methode anhand von Tests mit Ereignissen, Objekten der unbelebten Natur und anderer Studien nachzuweisen.

Anfangs arbeitete ich nach traditionellen Methoden der außersinnlichen Einwirkung auf das Energiefeld.

Eine Frau befand sich im Krankenhaus mit einem Lungenödem. Ihr Zustand war sehr ernst, die Ärzte hatten die Hoffnung auf Heilung bereits aufgegeben. Auf Bitte der Tochter der Kranken begann ich eine Fernbehandlung. Einige Zeit nach Beginn der Einwirkung warf die Frau die Sauerstoffmaske von sich. Die Ärzte konnten nicht begreifen, was vor sich ging. Der Patientin ging es zunehmend besser, ihr Gesicht bekam wieder Farbe, sie saß aufrecht im Bett und bat um etwas zu essen, obwohl sie Tage zuvor jegliche Nahrung verweigert hatte.

Ein anderer Fall betraf meinen Bruder, der Chirurg ist. Er operierte eine ältere Frau mit einem sehr schwachen Organismus und schnitt sich dabei in die Hand. Die Hand und die Lymphknoten schwollen an, es kam zu einer Blutvergiftung. Der Zustand war sehr ernst, Antibiotika hatten keine Wirkung mehr. Ich versuchte, meinen Bruder zu heilen. Einige Minuten nach Beginn der Einwirkung spürte er Nadelstiche in den Lymphknoten, die Schwellung ging etwas zurück und nach einer Stunde sank das Fieber und die Genesung setzte ein.

Wie hatte ich begonnen, Menschen zu heilen? Etwa zehn Jahre verbrachte ich mit Studien, las Literatur über fernöstliche Heiltechniken, erlangte eine Vorstellung über die Einwirkung auf das Energiefeld des Menschen. Und ich versuchte mich auch einmal darin, zu heilen. Dazu veranlasste mich eine staunenswerte Episode aus der Lebensbeschreibung Rasputins.[3] Die Autorin der Biografie Rasputins war sehr niedergeschlagen zu ihm

[3] Grigori Jefimowitsch Rasputin (1869-1916), legendärer russischer Wanderprediger, dem ein starker Einfluss auf die Zarenfamilie und damit auf die russische Politik sowie Erfolge als Geistheiler nachgesagt werden (Anm. der Redaktion).

gekommen, weil ihre Freundin in Kiew im Sterben lag. Als Rasputin davon erfuhr, versprach er, sie zu retten. Er stellte sich in die Mitte des Zimmers, wurde zusehends kreidebleich und blieb so etwa zwei Minuten lang starr stehen. Dann kam wieder Leben in ihn und er sagte: „Alles ist in Ordnung, die Freundin wird leben." Nach einigen Tagen kam ein Telegramm, in dem mitgeteilt wurde, dass das Leben der jungen Frau außer Gefahr war.

Als die Tochter von Bekannten an Masern erkrankte und dann noch Komplikationen – Meningitis und doppelseitige Lungenentzündung – auftraten, erinnerte ich mich an Rasputin und beschloss, meine Einwirkungskraft auszuprobieren. Ich spürte ein großes Pflichtgefühl und wollte, wenn auch nur ein Tausendstel Hoffnung bestand, meine Fähigkeiten nutzen und helfen. Am Montag, gegen 14 Uhr, konzentrierte ich mich und übermittelte dem Mädchen meinen aufrichtigen Wunsch, sie möge genesen. Hierbei spürte ich physisch, dass sich etwas änderte, von mir ging eine gewisse Wirkung aus. Ich war überzeugt, dass ich helfen konnte. Als ich am Mittwoch den Vater des Mädchens traf, erfuhr ich, dass es dem Mädchen wieder besser ging.

„Wann begann die Besserung?", fragte ich.

„Vor zwei Tagen, gegen 14 Uhr", war die Antwort.

1988 kam die Mutter eines Mädchens zu mir, dessen Sehkraft sich zunehmend verschlechterte. Das Mädchen wurde im Ersten Medizinischen Institut behandelt, doch die Ärzte konnten trotz aller Bemühungen die Krankheitsursache nicht finden, die Sehkraft nahm immer weiter ab. Eine Infektion war nicht festzustellen, Antibiotika zeigten keinerlei Wirkung. Die Sehkraft des linken Auges war sechs, des rechten fünfzig Prozent, und sie verschlechterte sich weiter. Ich begann, mit dem Mädchen in Fernbehandlung zu arbeiten. Nach der ersten Sitzung stellte ich eine Besserung fest und bot an, zwei, drei weitere Sitzungen abzuhalten. Zwei Wochen später war das Mädchen gesund und wurde mit hundertprozentiger Sehkraft entlassen.

Die Krankheitsursache hatte ich nicht gefunden, doch ich hatte den Verfallsprozess aufgehalten und die Sehkraft wiederherstellen können.

Die Zeit verging. Das Sehvermögen war normal, doch einige Monate später erkrankten plötzlich die Nieren. Mit einer schweren Nierenkolik wurde sie ins Krankenhaus eingeliefert, man gab ihr Antibiotika – doch abermals trat keine Besserung ein. Nach einiger Zeit wurde sie mit schlechten Analysewerten entlassen, die Nieren taten ihr weh. Ich hielt vier Sitzungen ab, und erneut erzielte ich eine vollständige Heilung. Ich war glücklich: Die Medizin war machtlos gewesen, keinerlei Medikamente hatten geholfen, Antibiotika waren wirkungslos geblieben, doch ich hatte helfen können.

Damals begriff ich noch nicht, dass alle Organe in Wechselwirkung zueinander stehen, und ich wusste nicht, dass sich die Krankheit von einem Organ auf das andere verlagern kann, und schon gar nicht, dass in dieser Reihe auch Charakter, Schicksal, Ethik und andere Parameter des Menschen stehen.

Das Mädchen war also gesund. Es vergingen zwei weitere Jahre. Mit meinem zunehmenden Wissen sah ich, dass der menschliche Organismus ein einheitliches System ist, in dem Gesundheit, Schicksal, Charakter und Psyche untrennbar sind. Als ich einmal die Mutter des Mädchens traf, erfuhr ich, dass es bei hervorragender Gesundheit und gutem Befinden ein unglückliches Schicksal hatte. Der von mir durch Tests ermittelte Wert des Schicksalsparameters war sehr negativ. Das führt in der Regel zu großen Leiden.

Da verstand ich, dass ich mit meinen nur auf die Gesundheit und den Körper orientierten Gedanken einen Teil des Systems „Mensch“ herausgegriffen und die anderen Teile beeinträchtigt hatte. Ich hatte den Menschen geheilt, doch nicht die Ursache seines Leidens beseitigt, und nun hatte sich die Krankheit auf die Schicksalsparameter verlagert. Ich begriff, dass die Heilung des Organismus als einheitliches System betrieben werden muss. Dies ermöglicht es, die „Querverbindungen" und wirklichen Ursachen, die tatsächlich auf alles einwirken, zu sehen.

Wie Tests zeigten, lag die Ursache aller Leiden meiner Patientin darin, dass die Mutter sich während der Schwangerschaft vom Vater gekränkt gefühlt hatte. Das hatte eine Deformation der Feldstrukturen hervorgerufen, die sowohl die Gesundheit, als auch das Schicksal der Tochter bestimmten.

Einige Jahre lang beschäftigte ich mich mit der Heilung durch Fernbehandlung und arbeitete mit den Händen. Zum ersten Mal erkannte ich die Unvollkommenheit dieser Methode vor fünf Jahren. Ich war damit beschäftigt, die Kinder einer Familie zu heilen. Als ich den schlechten Zustand ihrer Großmutter sah, bot ich an, auch ihr zu helfen. Die Großmutter lehnte ab. Sie sagte, dass wegen ihrer Stenokardie mehrmals die Woche der Notarzt gerufen würde, doch sie habe sich mit der Krankheit abgefunden und glaube nicht an eine Heilung. In ihrem Feld sah ich, dass ihr Herz gesund war. Ich hielt mehrere Sitzungen ab und von Mal zu Mal besserte sich der Zustand der Frau. Bei der dritten Sitzung fühlte ich mit der Hand eine Deformation des Feldes, in der Herzgegend waren spürbare Feldstörungen. Ich führte die Hand mehrmals darüber, die Deformationen verschwanden, das Feld glich sich aus. Doch nach einigen Tagen wiederholte sich der Anfall.

Da nahm ich an, dass hier ein mir unbekannter Mechanismus wirkte, den es unbedingt zu erkennen galt. Ich analysierte den Zustand der Kranken und spürte, dass er mit einem Ereignis in ihrem Leben zusammenhing.

„Was geschah in Ihrem Leben vor zwei Jahren?", fragte ich.

„Meine Schwester ist gestorben."

„Was fühlten Sie damals?"

„Sie war so gesund und stark und starb, ich aber bin krank – und am Leben.“

Ich begriff, dass hierin die Krankheitsursache lag: Im Unterbewusstsein blieb ein gewaltiger Stress, der die Stenokardieanfälle provozierte. Um ihn zu nehmen, mussten unbedingt die Lebensanschauung der Frau, ihre Haltung zu Leben und Tod geändert werden. Ich erklärte ihr, dass der Tod der Übergang in einen anderen Zustand sei und man ihn nicht so tragisch nehmen dürfe. Die Vergangenheit dürfe man nicht bedauern, denn damit versuche man im Unterbewusstsein, sie zu verändern und etwas zu bewegen, was nicht mehr zu bewegen ist. Das bewirke einen gewaltigen unkontrollierbaren Energieverbrauch. Um den Energieverlust, der sehr ernste Folgen haben könne, zu unterbinden, blockiere ihn der Körper mit Schmerzen auf physischer Ebene. Ich hielt mit der Frau einige Sitzungen autogenen Trainings ab, und die Anfälle traten nicht mehr auf.

Gewaltiger Stress, Unzufriedenheit oder intensives emotionales Bedauern der Vergangenheit werden im Unterbewusstsein abgelegt und provozieren ernste Erkrankungen, denn sie deformieren die Feldstrukturen. Durch Energiekorrektur kann ein Ausgleich dieser Strukturen erfolgen, doch durchaus nicht immer, und vor allem wird die Ursache der Krankheit dabei nicht beseitigt. Vielmehr kann sie jederzeit an anderer Stelle auftreten. Der beschriebene Fall bestätigte, dass eine Heilung ohne exakte Diagnosemethode und Erkenntnis der Krankheitsursache perspektivlos ist. Wenn ich nicht sagen kann, was ich heile, dann tappe ich im Dunkeln.

Die Methode wurde im Ersten Medizinischen Institut weiterentwickelt, wo ich praktizierte und parallel versuchte, die Frage zu klären, wie ein Heiler vor der Einwirkung negativer Felder geschützt werden kann. Ich arbeitete monatelang, doch die Erfolge waren dürftig. Einmal heilte ich eine Frau, die eindeutig durch den bösen Blick behext war. Ich sah die Struktur dieser Verwünschung im Feld und verstand, dass sich durch die Entfernung dieser Struktur die Verwünschung entfernen ließ. Ich ahnte damals noch nicht, dass es sich um Karmastrukturen handelte, und führte sie lediglich auf die negative Einwirkung eines anderen Menschen im Energieinformationsfeld zurück. Alle, bei denen ich solche Entstellungen sah, konnte ich durch mechanische Entfernung dieser Strukturen heilen, und den Menschen ging es besser. Doch dann kamen Patienten, bei denen die Felddeformationen nicht das Ergebnis von Verwünschung sein konnten.

Da gab es beispielsweise eine Frau mit einem Kleinkind. Ich sah, dass in ihrem Feld und dem Feld des Kindes gleichartige Strukturdeformationen vorhanden waren und sie durch ein konkretes Ereignis im Leben der Frau hervorgerufen worden waren, wobei die Felddeformationen bei der Mutter einige Jahre früher entstanden sind. Ich wusste bereits, dass solche Deformationen mit ethischen Verstößen verbunden sind. Sie entstehen, wenn der Mensch das Gefühl von Hass oder Kränkung empfindet. Ich konnte diese Deformationen mit magischen Mitteln wie Beschwörungen, Blickkontakt oder Händen entfernen. Die Erkenntnis, dass ich nicht das Feld des physischen Körpers, sondern das Informationsfeld sah, kam erst später, daher verwendete ich für das Bioenergiefeld die traditionelle Heilmethode: Ich konzentrierte mich, bewegte die Hände – und die Deformationen verschwanden.

Damals beschloss ich, meine Möglichkeiten zu erproben und meine Belastbarkeitsgrenze festzustellen. Ich empfing in meiner Sprechstunde täglich dreißig bis vierzig Personen. Ich wollte wissen, was ich aushalten konnte. Die Empfindungen waren ungewöhnlich. Nach einer Woche kräftezehrender Arbeit begann ich zu ermüden, kam halbtot nach Hause, war grün im Gesicht. Dann stellte ich fest, dass etwas mit meinem Energiefeld passierte. Ich hatte das Gefühl, dass mein Gehirn am „Kochen“ war. Doch ich war vom Forschungsdrang besessen und brach das Experiment nicht ab, sondern arbeitete weiter unter maximaler Belastung: Mich interessierte, wie sich der Organismus aus der Lage heraushelfen würde. Und der Organismus reagierte keineswegs optimal... nur erkannte ich das nicht sofort.

In meiner Sprechstunde saß eine junge Frau. In zwei Sitzungen heilte ich ihre Krankheiten und bat sie, noch einmal zur Kontrolle zu kommen. Als sie das nächste Mal kam, stellte ich bei ihr seltsame Veränderungen fest: Sie war blass geworden, hatte allergische Reaktionen und psychische Abweichungen. Mir war das vollkommen unverständlich, ich ließ mir ihre Telefonnummer geben und versuchte, sie durch Fernbehandlung übers Telefon zu heilen. Ich bat ihre Mutter aufzuschreiben, was mit ihrer Tochter geschah. Das war ein vollkommen außergewöhnlicher Fall – zum ersten Mal verschlechterte sich nach meiner Einwirkung der Zustand eines Patienten, noch dazu beträchtlich. Bei der jungen Frau traten an den Stellen, über die ich im Abstand von zwanzig, dreißig Zentimetern über dem Körper die Hand geführt hatte, Ausschlag und Jucken auf. Als ich die Aufzeichnungen der Mutter las, erkannte ich erschrocken, was ablief. Ich begriff: Das, was ich tat, war Vampirismus. Ich hatte ihr Energie entzogen. Indem ich meinen Organismus übermäßigen Belastungen ausgesetzt hatte, hatte ich unterbewussten Vampirismus provoziert und begonnen, meinen Patienten Energie zu entziehen. Ich musste die Behandlungen sofort abbrechen, denn mein Organismus half sich in jeder kritischen Situation auf die gleiche Weise – indem er anderen Energie entzog. Da ich durch Fernbehandlung heilte, konnte ich jedem beliebigen Menschen Energie entziehen. Das war eine ausweglose Situation.

Ich beschloss, mit der Bioenergetik ein für allemal Schluss

zu machen, nachdem ich erkannt hatte, dass die weitere Arbeit perspektivlos war. Ich war nicht von den klassischen Arbeitsprinzipien heutiger Wunderheiler abgewichen, doch ich musste feststellen, nachdem ich einige Tage unter Überlastung gearbeitet hatte, dass die Methoden der Energiezufuhr und der kontaktlosen Massage keine Perspektive hatten. Sie brachten nicht die Heilung, nach der ich das ganze Leben gestrebt hatte. Ich konnte durch Willenskraft in Fernbehandlung heilen, beherrschte alle Formen der Punktmassage, kannte erfolgreiche Methoden der Heilung durch Atemtechniken und Diäternährung. Doch ich begriff, dass all diese Methoden nur Linderung bringen, den Menschen aber nicht heilen können.

Die Ärztin, mit der ich damals zusammenarbeitete, wollte mich moralisch aufbauen. Sie bat mich, keine voreiligen Schlüsse zu ziehen, ich sollte mich erst einmal erholen und alles nochmals überdenken. Zu dieser Zeit lud uns ein Krankenhausarzt aus der Siedlung Wosnessenje ein, bei ihm über Ostern auszuspannen. Das kam mir sehr gelegen, und ich dachte, dass ich, nachdem ich mich erholt und die Situation durchdacht haben würde, eine Entscheidung treffen könnte. Im Unterbewusstsein hoffte ich auf ein Zeichen, ob es meine Pflicht war, die Arbeit fortzusetzen, und ich einen Ausweg finden könnte.

Wir fuhren zu einer Siedlung am Onegasee, wo wir eine gut erhaltene Holzkirche aus dem sechzehnten Jahrhundert besichtigten. Der Ostertag war wunderbar, mit einem schnellen Wetterumschlag: Es schneite, dann regnete es, und plötzlich erschien direkt über uns ein Regenbogen. Ich badete ausgiebig im See, fühlte mich erfrischt und kam zu der Überzeugung, dass ich die Arbeit fortsetzen sollte. Doch ich musste eine Methode finden, die es ermöglichte, den Menschen ohne jegliche Einwirkung auf sein Energiefeld zu heilen. Und so begann ich, nach ihr zu suchen.

Ich versuchte, auf die mir sichtbaren Karmastrukturen über

den Menschen selbst einzuwirken. Wenn ich die Ursachen für die Deformation der Karmastrukturen gefunden hatte, erklärte ich sie dem Patienten. Ich verzichtete vollkommen auf die Einwirkung mit den Händen. Das war eine qualvolle Periode, weil ich die Methode anfangs schlecht beherrschte und die Ergebnisse der Einwirkung wesentlich schwächer waren als bei der Behandlung mit den Händen. Ich brauchte einige Monate zur Vervollkommnung der Methode, und allmählich zeigten sich Ergebnisse, die ich bei der Behandlung mit den Händen niemals erreicht hatte. Da verstand ich, dass diese Methode Zukunft hat und es vor allem erforderlich ist, die Ursachen der Deformation der Karmastrukturen zu finden, sie zu untersuchen, die Informationen zu studieren und an die Menschen weiterzugeben – heilen konnte ich Hunderte, aber die Erkenntnis der Krankheitsursachen und des Wegs, sie zu überwinden, konnte ich Millionen vermitteln. Von diesem Augenblick an wurde ich Forscher, einzig und allein Forscher. Der während der Heilung aufgetretene Vampirismus ließ mich erkennen, dass der Ausbruch einer Krankheit mit einer Verletzung der Gesetze der Ethik verbunden ist, deshalb muss die Heilung auf die Erkenntnis dieser Verletzungen und die Veränderung der Weltanschauung des Menschen gerichtet sein. Die Krankheit ist der Mechanismus zur Entwicklung des Geistes. Informationen darüber sind uns seit langem bekannt, auch wenn wir diese für eine gewisse Zeit vergessen haben. Sie sind vor vielen Jahrhunderten in den Heiligen Schriften dargelegt worden. Die Hauptsache ist, die eigenen Fehler zu verstehen und zu erkennen sowie durch Reue wieder Harmonie mit dem Universum und dem Göttlichen herzustellen.

Wenn ich die Karmastrukturen des Menschen sehe, kann ich einschätzen, wie sich bei ihm unterschiedliche Heilbehandlungen auswirken werden. Ich sehe, wie sich die physische und die Feldstruktur des Menschen bei der Erkenntnis seiner Handlungen ändern, denn der Körper hängt vom Geist ab und wirkt gleichzeitig auf den Geist ein. Deshalb muss die Heilung sowohl auf den Körper als auch auf den Geist gerichtet sein. Vor allem auf die Seele und den Geist, denn diese sind am Wichtigsten.

Die Beseitigung von Deformationen der Feldstrukturen durch Erkenntnis und Reue führt zu hervorragenden Ergebnissen bei der Wiederherstellung der Gesundheit des Menschen auf physischer Ebene. Und da zwischen dem Auftreten von Felddeformationen und dem Ausbruch der Krankheit auf physischer Ebene eine bestimmte Zeit vergeht, ist die Methode für die Frühdiagnostik unersetzlich.

Jeder einzelne Behandlungsfall war für mich ein Versuch, zum Wesen der Krankheit vorzudringen und zu verstehen, was die Krankheit ausmacht, was ihre Ursache ist und welche Rolle sie im Leben des Menschen spielt. Dazu untersuchte ich das menschliche Feld mit den Händen, mit der Rute und mit dem Pendel.

1986 lernte ich einen Wissenschaftler, der ein universitäres Labor für biodynamische Messungen leitete, kennen. Eine besondere Leistung seiner Methode besteht darin, dass er für die medizinische Diagnostik erfolgreich die Methode des sog. automatischen Schreibens – des Ablesens von Information aus dem Unterbewusstsein – benutzte und eine hohe Genauigkeit sowohl in der Fern- als auch in der Kontaktschnelldiagnose der physischen Felder des Objekts erzielte. In der Arbeitsmethode Poljakows fand ich, was für mich am wichtigsten war: An erster Stelle stand die Diagnostik, erst dann kam die Einwirkung.

Nachdem ich das automatische Schreiben erlernt hatte, versuchte ich einige Zeit dennoch, die Krankheit selbst und nicht die Ursachen ihrer Entstehung zu untersuchen, und suchte beharrlich nach Informationsfeldern. Gegen Ende 1990 war ich schließlich überzeugt, dass die Verletzung der Feldstrukturen die Ursache von Erkrankungen ist und dass nicht das kranke Organ, sondern das Feld geheilt werden muss. Die philosophischen Lehren des Fernen Ostens bestätigen, was ich immer schon im Unterbewusstsein gespürt hatte: dass die mit unserem Geist verbundenen feinen Feldstrukturen die Grundlage bilden. Ich sah Felddeformationen, die den physischen Zustand des Menschen beeinflussen, sah Informationsstrukturen, die bei verschiedenen Krankheiten entstehen, und erreichte, indem ich auf sie einwirkte und sie korrigierte, nicht nur eine Änderung des physischen Zustands, sondern auch anderer Parameter des Informations- und Energiesystems des Menschen. Allmählich formten sich die Elemente eines Systems heraus, das es möglich machte, sehr starke Einwirkung auszuüben und nicht nur vorhandene, sondern auch künftige Krankheiten zu heilen, denn die Deformation der Feldstrukturen beginnt fünf bis zehn Jahre vor dem Ausbruch der Krankheit auf physischer Ebene.

Seitdem ich mich davon überzeugt hatte, dass Felddeformationen verschiedene Abweichungen auf physischer Ebene hervorrufen, war es für mich tabu, auf sie über das Energiefeld einzuwirken. Meine Aufgabe besteht in der präzisen Diagnostik und der Befähigung, die Situation zu analysieren und den ursächlichen Grund zu finden. Die Krankheit ist ein Warnsignal für ein falsches Verhalten des Menschen. Wir betrachten sie immer als Katastrophe und versuchen, sie zu bekämpfen. Doch die Krankheit ist faktisch eine Warnung vor Fehlern und dient der Rettung. Der Mensch, der krank ist und sich quält, muss seine Fehler erkennen, sich geistig vervollkommnen und nach neuen Entwicklungswegen suchen. Diese Erkenntnis veranlasste mich, die ethischen Parameter des Menschen zu studieren.

Meine Methode der Untersuchung des Karmas kann man „graphisches Hellsehen" nennen. Ich sehe nicht die Ereignisse selbst, sondern vielmehr die Gesetze, die verletzt wurden. Ich sehe in abstrakter Form, was geschehen ist. Da ich um die Abhängigkeit des Menschen von seiner Feldstruktur wusste, analysierte ich die Verbindungen zwischen Verhalten, ethischen Richtlinien, Gesundheit und Form der Strukturdeformation, und heilte mittels der Erkenntnis dieser Verletzungen. Ich verwendete die klassische Vorstellung vom Karma und war der Meinung, dass der Mensch in früheren Leben gegen etwas verstoßen hatte und aufgrund dessen jetzt erkrankt sei. Da die Betrachtung aller früheren Leben eines Menschen sehr kompliziert ist, begnügte ich mich mit der Betrachtung eines einzigen Lebens, und der Effekt war besser als bei der Einwirkung mit den Händen. Allerdings gab es gewisse Feinheiten. Als man ein schwerkrankes, erst wenige Monate altes Kind zu mir brachte, hätte ich natürlich leicht sagen können, dass es im früheren Leben gesündigt hatte und jetzt dafür büßen musste. Doch als ich sah, dass die Deformation der Feldstrukturen des Kindes mit der Deformation der Feldstrukturen der Mutter übereinstimmte, drängte sich mir der Schluss auf, dass die Feldstrukturen von den Eltern an die Kinder weitergegeben wurden.

Das war die Entdeckung eines neuen Mechanismus der Weitergabe von Erbinformation. Als ich die Felddeformationen der Mutter korrigierte, wurde das Kind zusehends gesund. Ich verstand, wie sehr die Gesundheit des Kindes vom Verhalten der Mutter abhängt, besonders in den letzten Monaten vor der Geburt. Starker Hass, der während der Schwangerschaft verspürt wurde, ist in der Regel die Ursache für das Trauma des Kindes oder für die Erkrankung von Organen im Kopf, wie z. B. Sehstörungen und Hörschäden. Empfand die Mutter das Gefühl schwerer Kränkung, wird das Kind sehr sensibel. Das Verhalten der Mutter bestimmt das Schicksal und die Gesundheit des werdenden Menschen. Der väterlichen Linie hatte ich anfangs keine Bedeutung beigemessen, doch dann erkannte ich, dass für Körper und Geist des Kindes sowohl die Mutter, als auch der Vater gleichermaßen verantwortlich sind. Die Eltern geben an die Kinder absolut alle Informationen über ihr Verhalten und das Verhalten ihrer Vorfahren weiter, und aus diesen Informationen bildet sich das Schicksal des Kindes, sein Körper, sein Charakter und seine Ethik heraus.

Meine Studien bestätigen mit jedem Testergebnis diese Einheit der Umwelt, der lebenden und unbelebten Natur, der niedrigsten und höchsten Organismen immer deutlicher. Ich muss sagen, dass ich dies immer gefühlt habe, und alles, was ringsum geschah, diese Einheit oft bekräftigt hatte.

Meine Kindheit verbrachte ich am Ufer des Asowschen Meers. Ich beobachtete einmal, wie im seichten Wasser Jungfische herumtollten, in Schwärmen aus dem Wasser auftauchten und tanzten, wobei sie in vertikaler Stellung auf ihrer Schwanzflosse über die Wasseroberfläche dahinglitten. So ausgelassen können nur Kinder vernunftbegabter Wesen, die uns unbekannt und unverständlich sind, sein.

Beim Angeln hatte ich einmal Gelegenheit, einen „Selbstmörder-Fisch“ zu beobachten. Als ich ans Ufer kam, sah ich in Wassernähe einen kleinen Fisch liegen, der schwer atmete. Ich wollte ihn ins Wasser legen, doch er sprang plötzlich davon, sein Schuppen blitzte auf und er verschwand im Fluss. Nach einigen Minuten sprang er erneut ans Ufer, dann wieder zurück ins Wasser.

Ich war erstaunt und beobachtete ihn. Es war immer derselbe Fisch, der sich auf diese seltsame Weise seine Umwelt erschließen wollte. Er sprang hartnäckig ans Ufer und dann zurück in den Fluss, wobei er sein Leben riskierte, denn die Kraft, um ins Wasser zurückzukehren, hätte ihn verlassen oder er hätte irrtümlich in die falsche Richtung springen können. Doch der Fisch sprang weiter und beging keinen Fehler.

Und wer von uns hat denn noch nie die Warnhaltung von Tieren wahrgenommen? Als ich als Reiseleiter am Rizasee arbeitete, sah ich einmal auf dem Weg eine durch Steinwürfe verletzte Schlange liegen. Sie tat mir leid und ich packte sie in einen Plastikbeutel, um sie irgendwo im Wald fern von Menschen auszusetzen. Die Schlange war nicht sehr groß, hatte eine weißliche Haut und schien mir nicht giftig zu sein. Sie lag schlaff im Beutel und regte sich nicht. Ich gewöhnte mich langsam an sie und berührte sie zuweilen mit dem Finger, weil ich mir keiner Gefahr bewusst war. Sie ließ das lange teilnahmslos geschehen, doch dann bewegte sie leicht den Kopf und biss plötzlich durch den Plastikbeutel hindurch zu.

Ich begriff, dass dies eine Warnung war, trug sie vom Weg zur Seite und ließ sie im Gras frei. Die Schlange begann sich langsam zu bewegen und kroch unter Steine, während ich sie zum Spaß am Schwanz festhielt. Sie schaute geduldig nach hinten und wartete, dass ich sie losließ. Ich hielt sie weiter fest, als sie sich plötzlich blitzartig umdrehte und ihr Kopf neben meiner Hand in Stellung ging. Sie schaute mich an, unternahm keinen Beißversuch, warnte jedoch.

Meine Überraschung war sehr groß, als uns einige Tage später bei einer Einweisung ein Bild der mir vertrauten Schlange gezeigt wurde – es handelte sich um die hochgiftige Kosnakow-Schlan-ge, die im Kaukasus heimisch ist.

Einer der ersten Fälle, in denen ich nicht nur den physischen, sondern auch den psychologischen Zustand eines Menschen ändern konnte, war folgender: Ein Mädchen hatte sich sehr in einen jungen Mann verliebt, doch sie fanden nicht zusammen und trennten sich. Noch einige Jahre nach der Trennung peinigte sie diese Liebe – weniger die Liebe, als vielmehr etwas Unverständliches, sehr Quälendes. Ihr war klar, dass sie ihm nicht zugetan sein durfte, doch diese Zuneigung existierte einfach und zerstörte sie. Das ähnelte schon mehr einer Verwünschung als einer Liebe. Das Mädchen lernte andere junge Männer in der Hoffnung kennen, dass ihr einer gefallen würde. Doch das geschah nicht... Ich begann zu analysieren, ob die Schuld bei ihr zu finden sei.

Die Testergebnisse verneinten das. Wer war also schuld? Eine Frau, eine Verwandte – ihre Großmutter.

Zu meinem Erstaunen wusste das Mädchen, worum es ging. Ihre Großmutter hatte in ihrer Jugend einen jungen Mann sehr geliebt, aber aus Berechnung einen anderen geheiratet. Die Großmutter vernichtete die Liebe in sich und in dem geliebten Menschen, und ihre Enkelin musste mit ihren Qualen dafür büßen. Nachdem ich mit der Großmutter gesprochen und sie erkannt hatte, dass sie die Liebe vernichtet und damit die höchsten Gesetze verletzt hatte, wurde das Mädchen von ihren Leiden befreit. Ich erkannte, dass man mit dieser Methode nicht nur heilen, sondern den Seelen der Menschen und ihrem Schicksal helfen kann.

Wer sich in der esoterischen Literatur und in der Philosophie des Fernen Ostens etwas auskennt, ist mit Sicherheit auf die darin erwähnten einhundertacht Gesetze, die das Universum lenken, gestoßen. Ich habe wiederholt versucht, sie in der Literatur zu finden, doch bisher sind sie mir nirgends im vollen Umfang begegnet – vielleicht ist es noch nicht an der Zeit, sie vollständig zu kennen...

Meine Arbeitserfahrungen auf dem Gebiet der Bioenergetik sprechen dafür, dass das schwerste der zahlreichen Vergehen der Menschen in ihrem irdischen Dasein und im Alltagsleben die Vernichtung der Liebe in mannigfaltiger Form ist. Alle anderen Vergehen sind sekundär und letztlich die Folge dieser fehlenden menschlichen Liebe zu Gott, zum Universum, zu den Verwandten, zu den Kindern, zu den Menschen...

Folgender Fall bestärkte mich in meiner Überzeugung, dass die Seelen der Menschen durch die Karma-Diagnostik geheilt werden können. Eine von mir behandelte Frau litt zeitweise unter seltsamen Anfällen. In bestimmten Augenblicken überkam sie ein starker Wunsch, aus dem Fenster zu springen und Selbstmord zu begehen, ein unüberwindbares Verlangen zu sterben. Sie bat ihre Angehörigen: „Bindet mich ans Bett, haltet mich fest!“ Die Anfälle verstärkten und häuften sich. Die Frau fürchtete, dass sie nicht durchhalten und die Situation tragisch enden würde.

Meine Studien zeigten, dass die Gesetzesverletzung von ihrer Mutter begangen worden war. Die Mutter wurde von einem Mann sehr geliebt, den sie jedoch abwertend behandelte. Diese vollständige Abhängigkeit eines anderen Menschen von ihr bereitete ihr Vergnügen. Die Mutter vernichtete das Leben und die Liebe in diesem Mann, ihre Worte, Gedanken und Handlungen schufen ein Vernichtungsprogramm, das sich nun auf ihre Tochter übertragen hatte.

Negative Programme kehren manchmal langsam und nicht immer zu ihrem Urheber, sondern oft zu ihren Kindern und Verwandten zurück. Nachdem die Tochter mit der Mutter gesprochen und die Mutter ihre Schuld erkannt hatte, hörten die Anfälle auf. Ich erkannte, wie sehr die Moral unserer Eltern, Brüder, Schwestern und sonstiger Verwandten mit unserer Gesundheit, Psyche und unserem Schicksal verbunden ist.

Jeder neue Behandlungsfall führte zur Entdeckung neuer Elemente des Systems, welches ich von nun an „das Selbstregulierungssystem des Feldes“ nannte.

Das Feldselbstregulierungssystem ist die Rückverbindung des Universums. Sein Wesen besteht darin, dass jede Handlung des Menschen, ob gut oder schlecht, über die Einheit des Informations- und Energiefeldes des Universums zu ihm zurückkehrt.

Wir hören ständig, dass gute Taten belohnt und böse bestraft werden. Aber warum nehmen in unserer Umwelt die guten Taten nicht zu und vor allem: Warum nimmt die Zahl der bösen nicht ab? Für eine der besten Erklärungen hierfür halte ich die Äußerung des Heiligen Augustinus, dass Gott das Böse in jedem Fall bestrafe, da dieser Prozess jedoch langsam ablaufe, habe der Mensch bis zur Bestrafung noch Zeit, weiter zu sündigen. Diese Erklärung entspricht voll und ganz dem Funktionsprinzip des Mechanismus der Weitergabe von Informationen über Feldstrukturen.

Für den Mechanismus der Feldselbstregulierung existieren keine einzelnen Menschen nicht. Aber wenn es gilt, einen negativen Prozess aufzuhalten, schaltet sich der Mechanismus zur Blockierung des Prozesses automatisch ein.

Früher erstreckte sich der Bestrafungsmechanismus über einige Generationen und äußerte sich in Krankheiten und Unglücksfällen der Enkel und Urenkel oder im nächsten Leben des Schuldigen. Heute hat sich dieser Prozess derart beschleunigt, dass der Mensch für seine Taten schon in diesem Leben büßt – mit seiner Gesundheit und der Gesundheit seiner Kinder.

Aus der Sicht des Menschen scheint es absurd, dass die Kinder mit ihrer Gesundheit büßen müssen, doch auf der Feldebene gibt es keine Menschen, sondern Konzepte; jeder Mensch ist die Gesamtheit bestimmter Programme, der Blockierungsmechanismus arbeitet gegen die Gedanken und Programme, die die Welt in Gefahr bringen könnten. Ein Kind verstärkt alle Programme der Eltern und hat deshalb auch stärker zu büßen. Allerdings hat in den letzten fünf Jahren auch die persönliche Verantwortung jedes Menschen zugenommen. Die Ursachen hierfür kann ich bisher nicht erkennen.

Kinder sind das „Vergrößerungsglas“ für die Fehler der Erwachsenenwelt. Viele haben festgestellt, dass sich ein Kind in Gegenwart seiner Eltern wesentlich schlechter benimmt, als bei

Fremden, bei denen es ruhig und gehorsam wird. In den meisten Fällen funktioniert hier ebenfalls der Karma-Mechanismus: Beim Umgang des Kindes mit den Eltern verstärken und aktivieren sich sowohl die positiven als auch die negativen Programme, welche die Eltern ihm auf der Feldebene weitergegeben haben.

Beim Studium vieler Probleme habe ich in letzter Zeit feststellen müssen, dass die Kinder nicht nur das Karma ihrer Eltern erben, sondern die Eltern auf der Feldebene auch Verantwortung für das Verhalten und die Taten der Kinder tragen. Heute wirken bereits Gedanken, Worte und Verhalten eines achteinhalbjährigen Kindes auf den Zustand des Feldes ein, d.h. auf den Geist, das Schicksal und die Gesundheit der Eltern. Vor zweitausend Jahren begann dieser Prozess erst, als die Kinder dreizehn, vierzehn Jahre alt waren.

Nachdem ich begonnen hatte, mich mit dem Studium und der Reinigung des Karmas zu beschäftigen, wurde ich zwar nicht mehr krank, doch ein anderes Problem trat auf. Mein Energiefeld und meine Einwirkungskraft nahmen enorm zu, es fiel mir unglaublich schwer, in Balance zu bleiben. Bereits die kleinste empfundene Kränkung schadete der Gesundheit und dem Schicksal des Menschen, dem ich etwas übel nahm.

Ich hoffte, dass alles gut würde, wenn ich dieses Problem lösen würde. Durch ständige Arbeit an mir befreite ich mich von Kränkungen, Hass und negativen Emotionen, doch ein noch ernsteres Problem trat auf. Von nun an sah ich mich gezwungen, meine Umgebung zu kontrollieren, denn sollte sich ein Mensch von mir auch noch so unwesentlich gekränkt fühlen, hätte dies für ihn eine Gefahr auf physischer Ebene zur Folge.

Das ließ mich eine der Ursachen für die Tragödie Russlands erkennen. Der Mensch mit einem reinen bzw. einem „geschlossenen" Karma ist eng mit dem Göttlichen verbunden, deshalb arbeitet jede gegen ihn gerichtete Aggression gegen das Universum.

Wenn der Mensch persönlich attackiert, dann büßt er dafür selbst, tut er es aber als Vertreter der Gesellschaft, so büßt die Gesellschaft.

Deshalb war die auf Lenins Befehl verübte Vernichtung der Geistlichkeit und der Mönche sowie die Zerstörung der Kirchen und Klöster gleichbedeutend mit einem Angriff auf das Universum. Dem musste unvermeidlich eine Explosion von Gewalt und Mord folgen. Die Gesellschaft büßte für die Verletzung höchster ethischer Gesetze mit dem Tod von Millionen.

Die Erinnerung an Fehler der Gesellschaft ist in jedem von uns, alle Sünden und Desaster der Gesellschaft werden im Unterbewusstsein des Menschen, in seinem Karma, abgespeichert. Wir haben den Vers der „Internationalen“[4] – „Reinen Tisch macht mit dem Bedränger! Heer der Sklaven, wache auf!“ – noch nicht ganz vergessen. Aus der Sicht des Energiefeldes enthält dieses Lied ein gewaltiges Programm der Zerstörung von Zukunft und Universum.

Oft bringt man Kinder zu mir, die an Enuresis leiden. Ich erkläre, dass Bettnässen nur die Spitze des Eisbergs ist. In der Regel kommt es zu Bettnässen, weil die Mutter des Kindes ihre Zuneigung und Liebe zu einem Mann unterdrückt hat. Wenn dies entsprechend stark und über längere Zeit erfolgt ist, dann hat sich bei der Frau die Feldstruktur im Bereich des ersten Chakras deformiert. Das Ergebnis kann beim Kind nicht nur Enuresis sein, sondern es können auch Störungen und Probleme im persönlichen Leben, Herzkrankheiten und Kopferkrankungen auftreten. Auch ein Schwangerschaftsabbruch kann die Ursache von Bettnässen sein, denn die Frau vernichtet dadurch ebenfalls die Liebe.

Da die Mutter das nicht weiß, wendet sie sich oft an einen

4 Weltweit verbreitetes Kampflied der sozialistischen Arbeiterbewegung; der Autor deutet hier auf die häufige Verwendung dieses Musikstücks in der UdSSR hin (Anm. der Redaktion).

Psychotherapeuten oder Hypnotiseur, der eine Verhaltensrichtlinie vorgibt. Das Kind wird von dieser Abweichung – dem Bettnässen – geheilt, doch das Programm der Vernichtung der Liebe und des Lebens bleibt erhalten, und da das System der Blockierung falschen Verhaltens aufgehoben wurde, ist anzunehmen, dass das Kind im Leben das Programm der Zerstörung der Liebe auf einem höheren Niveau als seine Mutter realisieren wird.

Eine Frau beklagte sich bei Ärzten wiederholt über Unwohlsein, doch die Untersuchungen waren ergebnislos. Nach Meinung der Ärzte gab es dafür keinerlei Ursachen. Zahlreiche Besuche bei Gesundbeterinnen brachten auch keine Besserung, denn sie konnten die starke Verwünschung, die sie sahen, nicht entfernen. Sie erkrankten sogar selbst, nachdem sie die Frau behandelt hatten. Ich suchte nach der Ursache und sah, dass dies eine „rückwirkende Verwünschung" war, die sich durch volkstümliche Gesundbeterei tatsächlich nicht entfernen ließ.

„Sie haben einer Arbeitskollegin sehr nachdrücklich etwas Böses gewünscht", erklärte ich der Frau.

„Das ist die Ursache Ihres Unwohlseins. Ihr Programm des bösartigen Wunsches ist zurückgekehrt und hat Ihr Feld stark deformiert. Wie fühlt sich denn Ihre Arbeitskollegin?"
„Sie ist krankgeschrieben, aber nicht weil sie, sondern ihr Kind krank ist."

Ich untersuchte das Feld der Arbeitskollegin und ihres Kindes. Sowohl bei ihr als auch bei dem Kind befand sich im Feld das Programm des bösartigen Wunsches. Aus diesem Grund war das Kind krank, es war weniger geschützt als die Mutter.

„Sie sind schuld an der Krankheit des Kindes. Haben Sie auch Kinder?"

„Ja, einen Sohn."

Ich untersuchte sein Feld, in dem ebenfalls eine starke Deformation vorhanden war, dasselbe Programm des bösartigen Wunsches lag vor.

Das ist ein typisches Beispiel dafür, wie wir – ohne zu wissen, was wir tun – uns selbst, unsere Kinder und Menschen, mit denen wir täglich Umgang haben, töten können.

Als ich gerade erst damit begonnen hatte, Karmastrukturen zu untersuchen, kam eine Frau mit starken Kopfschmerzen und Unwohlsein zu mir.

„Sie haben vor fünf Tagen Ihrem Mann Böses gewünscht, noch dazu sehr nachdrücklich."

„Das kann nicht sein, ich liebe meinen Mann sehr und kann ihm nichts Böses wünschen."

Ich beharrte auf meiner Behauptung.

„Sie haben ihm Böses gewünscht. Es wurde ein sehr starker böser Wunsch geäußert, vor fünf Tagen abends."

„Wie hätte ich ihm damals Böses wünschen können, wo er sich doch nach der Arbeit um zwei Stunden verspätete und ich mir große Sorgen um ihn machte."

Nun begriff ich den Zusammenhang.

„Was empfanden Sie damals?"

„Mir gingen irgendwelche dummen Gedanken durch den Kopf."

„Verstehen Sie, worum es sich handelt? Wenn Sie denken, dass sich etwas Schlimmes ereignen kann, ziehen Sie das Unheil an. Und je realistischer Sie sich das Unheil vorstellen, umso größeren Schaden fügen Sie sich zu."

Heute, da wir über ein hohes Energiefeld verfügen, ist bewusste Disziplin äußerst wichtig. Eines der Hauptgesetze des Universums ist, Böses selbst in Gedanken nicht zuzufügen. Gerade heute darf dies kein abstraktes Gesetz sein, sondern muss zur Methode des Daseins werden. Studien, die ich täglich mit Hilfe außersinnlicher Diagnostik durchführe, zeugen davon, dass die Einhaltung ethischer Normen die Grundbedingung und einzige Methode des Überlebens und gleichzeitig der beste Schutz ist. Wir blicken uns um und suchen rundum die Gefahr, doch die Hauptgefahr befindet sich im Innern des Menschen und wirkt unmerklich. Die Wurzel dieser Gefahr liegt im Nichterkennen der Welt, im Nichtwissen dessen, was geschieht, im falschen Verhalten, das unmerklich zum inneren Zerfall des Menschen führt. Katastrophen und Schrecken, gegen die wir ständig kämpfen, sind Folgen unserer geistigen Unvollkommenheit. Die Anstrengungen, die auf den Kampf gegen Schatten und Folgeerscheinungen gerichtet sind, können die Hauptursache nicht beseitigen – den fortschreitenden geistigen Zerfall, mit dem kaum jemand unsere Not in Zusammenhang bringt.

Folgender Fall öffnete mir eine weitere Grenze meiner Studien. Eine Frau rief mich an und sagte, dass sie sehr ernste Probleme hätte, die mit etwas Seltsamem, mit irgendwelchen unverständlichen Erscheinungen verbunden wären. Alle, die versuchen würden ihr zu helfen, würden in Schwierigkeiten geraten, Unglücksfälle erleben oder krank werden. Die Frau hatte einen Bekannten, der sich mit Bioenergetik beschäftigte und begonnen hatte, auf sie einzuwirken. Sie spürte einen ständigen starken Druck auf ihre Psyche. Sie suchte eine Hellseherin auf, doch diese sagte ihr während der Sitzung: „Ich werde Dir wohl kaum helfen können." Für einen Tag konnte sie die Einwirkungen entfernen und den Zustand der Frau verbessern, doch dann fing alles von vorne an.

Ich begann, die Frau zu behandeln. Ziemlich schnell trat eine Besserung ein, die Fremdeinwirkungen auf die Frau hörten auf, aber ich stellte fest, dass nun meine Angehörigen erkrankten, und zwar mit den gleichen Symptomen: Gliederreißen und Schwächeanfälle. Ich suchte nach der Ursache und stellte fest, dass es ihr Bekannter gewesen war, der der Frau Schaden zugefügt hatte. Da ich mich ziemlich lange mit Bioenergetik beschäftigt hatte, verspürte ich, als meine Angehörigen und ich attackiert wurden, den Wunsch, mich der „Magie“ und ihrer Methoden zu bedienen, um dem Schuldigen Einhalt zu gebieten. Damals stand ich vor der Wahl, welchen Weg ich gehen sollte.

Es fiel mir nicht leicht, auf Methoden der Gewalt zu verzichten, zumal mir die jahrelange Praxis auf dem Gebiet der Bioenergetik und das Studium esoterischer Literatur ein großes Sortiment von Einwirkungsformen boten. Doch ich beschloss, nicht mit einem Gegenschlag, der dem Menschen geschadet hätte, zu antworten, sondern ihm zu helfen.

Wenn der Mensch einem Energieangriff ausgesetzt ist, dann kann die Ursache hierfür persönliche Schuld oder die Schuld von Vorfahren sein. Wird darauf mit einem Energieschlag geantwortet, dann entsteht daraus eine Kettenreaktion, denn der Schlag ist ein grober Verstoß, auf den eine neue Strafe folgt.

Konnte man diesen Menschen retten? Tests außersinnlicher Wahrnehmung zeigten, dass der Mann, der auf die Frau eingewirkt hatte, nicht selbst schuld daran war. Die Hauptursache für das, was mit der Frau geschah, lag in ihrem Karma. Die Großmutter der Frau hatte in ihrer Jugend einen Mann geliebt, wollte aber sein Kind nicht haben und ließ es abtreiben. Die Vernichtung der Liebe und des Kindes führten dazu, dass ihre Tochter, ihre Enkelin und ihre Nachkommen für die Tat büßen mussten, und zwar auf unterschiedliche Weise – durch physische Krankheiten, Schicksalsschläge, psychische Störungen. Indem ich auf einen Energiegegenschlag verzichtete, errang ich einen Sieg über mich selbst, denn in dieser komplizierten Situation, als es mich lockte, mit Gewalt zu antworten, ließ ich von diesem Weg ab und beherrschte mich.

Das war der Sieg, nach dem ich ein für alle Mal begriff, dass ich unter keinen Umständen das Recht habe, Gewalt mit Gegengewalt zu begegnen. Durch gründliches Studium der Prinzipien des Systems der Feldselbstregulierung erkannte ich, wozu scheinbar gerechtfertigte Gewaltmethoden auf Feldebene führen können.

Die bürgerliche Gesetzgebung stimmt in vielerlei Hinsicht nicht mit den Gesetzen des Universums überein. Wenn man mich schlägt und ich das Recht habe, mit der Faust zurückschlagen, dann bedeutet das nicht, dass dies auch auf dem Energiefeld erlaubt ist. Das sind vollkommen verschiedene Ebenen. Beim Faustschlag leidet nur eine Person – der Schuldige. Der Energieschlag trifft die ganze Sippe, da der Mensch auf der Feldebene mit allen Verwandten und Kindern verbunden ist. Die Antwort darauf ist die reziproke Bestrafung des Aggressors und seiner Sippe.

Ich erkannte, dass die Vergrößerung des Energiepotentials eines Menschen von ihm verlangt, seinen Handlungen, Emotionen und Gedanken erhöhte Aufmerksamkeit zu schenken: Kein einziger kategorischer Satz darf unüberlegt geäußert werden, denn das ist bereits eine Einwirkung. Ich verstand, warum in der Bibel von Demut und Sanftmut gesprochen wird: Das ist vor allem die Zügelung der eigenen Energiemöglichkeiten.

Aber warum können dann Magier und Zauberer verschiedene Methoden der Einwirkung, darunter auch Gewalt, anwenden? Als ich mir darüber Gedanken machte, begriff ich, dass sie nicht das Ganze, sondern immer nur einen kleinen Teil sehen, und sie heilen die untersten Schichten des Feldes und den Körper, verlagern die Störungen vom Teil auf das Ganze und geben damit den Krankheiten „Aufschub“. Im Unterschied zu Heiligen, die durch höchste Ethik die wahren Ursachen und Abhängigkeiten der Gesetze des Lebens zu verstehen und zu erkennen vermögen und das Ganze sehen, arbeiten Zauberer nur in einer bestimmten, ihnen zugewiesenen Nische, weshalb viele von ihnen eine begrenzte „Spezialisierung“ haben.

Vor allem aber haben sich mit Magie immer Menschen mit guten Fähigkeiten und ausreichend reinem Karma beschäftigt, deshalb werden die Verstöße, die bei der Verwendung von Methoden der Magie begangen werden, aufgeschoben und erst von den Nachkommen abgearbeitet. Ich habe nur eine dieser Heilbehandlungen getestet: Was geschieht, wenn ein Zauberer oder Wundertäter einem Kranken die negative Energie entzieht? Hierfür werden sehr viele Methoden verwendet –man kann sie ins Wasser, in Pflanzen, in Wachsfiguren leiten, auf Haustiere, auf eine Kompanie kerngesunder Soldaten übertragen, ins Zentrum der Erde, in den Kosmos schicken oder auf verschiedene Weise verbrennen. Auf Feldebene geht diese Energie, die Aggressionspotential enthält, in das Feld des Objekts, auf das sie übertragen wurde, ein, deformiert es und kehrt automatisch in das Feld des „Heilers" und seiner Angehörigen zurück. Deshalb führt jede Heilmethode, die sich nicht auf die geistige Entwicklung des Menschen stützt, zu Verfall. Die Beseitigung bestimmter Symptome ist nicht zwangsläufig ein Zeichen von Heilung.

Vor kurzem kam eine Frau zu mir:

„Vor drei Monaten haben Sie meine Bekannte geheilt, ihr Fibrom hat sich vollständig zurückgebildet. Ich habe mir nicht vorstellen können, dass man von einer solchen Krankheit genesen kann, indem man um Vergebung bittet."

„Dies erstaunt mich kaum, denn ich bin permanent dabei, meine Methode zu vervollkommnen. Nunmehr bessert sich nicht nur der Allgemeinzustand der Patienten, sondern es werden auch organische Störungen beseitigt. Wovon hängt nun das Ergebnis der Heilung ab? In erster Linie vom richtigen Verständnis und vom Erkennen der Krankheitsursachen, von meinem geistigen und physischen Zustand im Augenblick der Heilung, vom Zustand des Karmas des Kranken und der Erkenntnis der von ihm begangenen Verstöße."

Als ich mit den Heilbehandlungen begann, war meine Lebensweise die allgemein übliche: Ich aß Fleisch, trank Wodka, war oft gereizt und heilte durch kontaktlose Massage. Als ich aber die Ergebnisse meiner Arbeit sah, änderte ich meine Lebensweise und mein Verhalten beträchtlich. Am Tag vor der Behandlung von Kranken beschränke ich mich auf ein Minimum an Nahrung, am Behandlungstag esse ich überhaupt nichts.

Wenn ich mich der Diagnostik und Entwicklung neuer Möglichkeiten der Methode widme, lasse ich manchmal die Gefahr außer Acht. Doch bei der Arbeit auf feinen Feldebenen muss man stets vorsichtig sein.

Vor kurzem bat mich ein Bekannter, eine Frau zu beraten. Da ich etwa vierzig Minuten in der Sprechstunde noch frei hatte, sagte ich zu. Eine elegante, sehr selbstbewusste Dame trat ein, setzte sich und betrachtete mich neugierig. Sie hatte sehr viele Probleme. Starker Egoismus und übermäßiges Streben nach materiellen Gütern waren die Ursachen für beginnende Krankheiten. Es ist schwer, solche Menschen zu heilen, weil sie mir gegenüber durch Skepsis und Unglauben verschlossen sind. Ich erklärte die Ursachen, aber die Frau verwandelte die Beratung in eine Diskussion. Trotzdem musste ich sie auf jeden Fall überzeugen, und eben solche schweren Fälle sind es, die mir helfen, neue Argumente und Erklärungen für die Krankheitsursachen des Menschen zu finden.

„Wenn eine Zelle des Organismus alles nur für sich selbst nimmt“, erkläre ich der Frau, „dann geht es ihr eine gewisse Zeit gut, doch dann wird durch ihre Handlungen der gesamte Organismus zerstört, und mit ihm geht auch die Zelle zugrunde. Bis zu einem gewissen Grad ist Egoismus die Norm, doch ein ausschließlich an sich denkender Mensch versucht, Gott und das Universum zu vernichten. Das kann natürlich nicht lange gut gehen. Früher oder später muss das Programm zur Zerstörung des Universums durch Krankheiten, Traumata und Unglücksfälle aufgehalten werden.“

„Wollen Sie mich etwa auffordern, an Gott zu glauben?“

„Der Glaube an Gott ist Ihre persönliche Angelegenheit. Ich habe die Ursachen Ihrer Erkrankung beschrieben. Sie brauchen nicht an Gott zu glauben, aber Sie müssen das Universum und seine Seele lieben. Egoismus, maßloses Streben nach materiellen Gütern vernichten das wichtigste Gefühl – die Liebe. Sie tragen in Ihrem Feld ein Programm der Zerstörung des Universums und, noch schlimmer, Sie wollen es nicht stoppen.“

Erneut begann eine fruchtlose Debatte. Mir fehlten die Argumente, um die Frau zu überzeugen, dennoch begann ich mit der Reinigung des Karmas. Ich reinigte das Feld, war jedoch über das Ergebnis nicht nur enttäuscht, sondern es kam auch ein unangenehmes Gefühl auf.

Die Frau betrachtete alles als ein Amüsement.

„Sie sagen, man darf sich nicht nur materiellen Dingen widmen, aber das Leben zwingt einen dazu.“

„Mir boten sich viele Gelegenheiten, eine Menge Geld zu verdienen, doch dann hätte ich meine Studien opfern müssen. Ich bin jetzt vierzig Jahre alt, lebe mit meiner vierköpfigen Familie in einem 14 m² großen Zimmer einer Gemeinschaftswohnung. Doch dafür habe ich die Möglichkeit, Ihnen zu helfen.

Und nicht nur Ihnen, auch mir selbst. Wenn materielles Wohlergehen über die geistigen Bedürfnisse gestellt wird, dann ist dies ein momentanes Glück auf Kosten des geistigen Todes. Versetzen Sie sich mal in ein Restaurant, wo ringsum alles brennt, Sie aber in aller Ruhe Ihre Lieblingsspeise aufessen. Heute ist für viele das, was auf dem Teller liegt, wichtiger als das, was ringsum geschieht.“

„Und, heilen Sie auf diese Weise alle Ihre Patienten?“

„Ja, in erster Linie durch Einsicht. Und wenn dies alles auch naiv scheint, so ist es doch eine sehr gefährliche Beschäftigung.“

„Für Sie oder für mich?“

„In erster Linie für mich."

„Wie soll ich das verstehen?"

„Schauen Sie. Bei Ihnen hatte das Programm zur Zerstörung des Universums fünfhundertfünfzig Einheiten, die Krankheit – dreihundertfünfzig. Jetzt hat die Krankheit null, das Zerstörungsprogramm – dreihundertfünfzig. Das bedeutet, ich habe den Körper geheilt, aber nicht den Geist, d.h. ich habe das Hauptprinzip, durch Einsicht zu heilen, verletzt."

Ich betrachtete mein Bild vor und nach meinem Zusammentreffen mit der Frau. Auf Feldebene waren bei mir Lunge, Leber und Unterleib vollkommen schwarz geworden.

„Ich muss dafür büßen, dass es mir nicht gelungen ist, Ihnen die Ursachen Ihrer Krankheit zu erklären."

„Was werden Sie nun tun?"

„Ich versuche, eine Methode zu finden, um Sie zu überzeugen. Wenn ich den Grund finde, warum es mir nicht gelungen ist, werde ich gesund, sonst muss ich dafür büßen."

In diesem Augenblick erkannte ich den Fehler, der mir im Gespräch mit der Frau unterlaufen war.

„Ich hätte Ihnen alle gewonnenen Informationen über Ihren Zustand mitteilen müssen, aber Sie taten mir Leid. Ich sagte Ihnen doch, dass es zu anderen Krankheiten kommen kann, wenn die Harmonie nicht wiederhergestellt wird?"

„Ja."

„Wissen Sie, dass Sie Gebärmutterkrebs im Anfangsstadium haben?"

„Ich habe dies immer vermutet und mich damit abgefunden. Ich bin bereit, in Ruhe zu sterben."

„Ihr „heldenhafter" Tod ändert nichts. Damit überlassen Sie es Ihren Kindern, das Programm zur Zerstörung des Universums abzuarbeiten. Sie sollten nicht an einen würdigen Tod denken, sondern an die Rettung Ihres Geistes und den Ihrer Kinder."

Wir schwiegen längere Zeit, und ich sah, wie sich die deformierten Karmastrukturen der Frau schließlich doch wieder harmonisierten. Die Aura der Frau, die bisher von einem schwarzen Fleck fast verdeckt gewesen war, begann sich mit hellem Licht zu füllen. Jetzt waren sowohl das Programm der Zerstörung des Universums als auch die Krankheit gegen null. Auch meine Lunge und Leber waren wieder rein.

Ich sagte nichts weiter zu der Frau, doch ich sah, dass in ihrem Feld nun keine Tumorerkrankung mehr vorhanden war. Sie musste wissen, dass sie, indem sie von Liebe zum Universum und zu Gott erfüllt war und ihre hohen Ansprüche an die Umwelt aufgab, sich vor jeder schweren Krankheit schützen konnte.

In meine Sprechstunde kam eine Frau und erzählte unter Tränen:

„Ich habe mich von meinem Mann scheiden lassen, unsere Ehe war zerrüttet, ich spürte, dass er irgendwie negativ auf mich einwirkte, mit meiner Psyche schien etwas zu geschehen. Nach der Scheidung ging es mir, obwohl ich drei Kinder zu versorgen hatte, innerlich weitaus besser, ich begann sogar zu singen. Wir hatten uns ein halbes Jahr nicht gesehen, doch vor kurzem kam er vorbei. Ich fühlte mich sofort unwohl, die eine Tochter wurde hysterisch, der Sohn wurde zum Bettnässer und der zweiten Tochter ging es auch nicht gut. Hängt dies vielleicht irgendwie mit seinem Erscheinen zusammen?"

Hier waren keine langen Untersuchungen erforderlich.

„Es ist leider kein Zufall, dass es der ganzen Familie schlecht geht. Ihr Ehemann ist ein Vampir, er entzieht den Kindern Energie, Schicksal und Gesundheit, er wirkt auf ihren Charakter negativ ein und überträgt seine negativen Programme auf die Feldstrukturen der Kinder. Er ist sehr egoistisch. Eine so starke Energieentnahme bei den eigenen Kindern zeugt davon, dass sein Karma sehr negativ ist. Bei ihm liegen, nach dem Energiefeld zu urteilen, eine starke Ablehnung von Liebe und Kosmos, große innere Aggression, Egoismus und Zerstörung der Seele vor, deshalb ist er gezwungen, ein Vampir zu sein. Das ist ein klassischer Fall. Der Vampirismus rührt sowohl von der väterlichen, als auch von der mütterlichen Linie Ihres Ehemanns her. Das, was mit den Kindern geschah, lässt sich sehr schnell beheben, doch es ist besser, wenn sie in Zukunft ihrem Vater nicht mehr begegnen."

Meine Analyse zeigte, dass Vampirismus eine schwere Krankheit ist, denn sie zerstört die Seele des Menschen und wird an die Nachkommen weitergegeben. Ihre Folgen treten nicht sofort in Erscheinung, manchmal nimmt die Zerstörung in einigen Generationen ihren Lauf.

Dem Vampirismus liegt ein falsches Verständnis der Welt zugrunde. Ein Mädchen fragte mich, ob die Zuführung von Energie, die es in Form eines blauflammigen Stroms wahrnahm, richtig wäre. Ich beobachtete ihre Karmastrukturen während ihrer Übungen und sah, dass es sich um eine Verletzung der Gesetze handelte. Jede vorsätzliche Energieentnahme aus der Natur, aus dem Kosmos oder von der Sonne ist ein ernster Verstoß und gleichzeitig ein Verweis darauf, dass die eigene Energie des Menschen nicht ausreicht und er sie sich irgendwo beschaffen muss. Das ist die Vorbedingung für das Entstehen von Vampirismus. Der Hauptfehler einer solchen Orientierung besteht darin, dass der Mensch Energie und Ethik nicht vereint, sondern voneinander trennt.

Wenn wir Liebe zum Universum empfinden, erhalten wir eine große Menge Energie. Wir müssen uns auf die höchsten Ebenen des Energiefeldes – Ethik, Edelmut und Liebe – begeben, um genügend Energie zu erhalten, und mit diesen Begriffen leben. Sobald wir über Energie abstrakt denken und diesen

Begriff von den Begriffen „Geist“ und „Ethik“ trennen, lassen wir die geistigen Strukturen verarmen und versorgen nur noch den physischen Körper mit Energie. Der Mensch muss wissen, dass die Energie, die er über höchste Gefühle erhält, seinen Körper, sein Schicksal und seine Seele heilt. Mechanisches Herangehen und die Orientierung auf grobe Energien führen zur Deformation der feinen geistigen Strukturen, und Konsumdenken führt immer zu Degradation.

Ich erinnere mich an einen anderen Fall. Einem jungen Mann hatte man beigebracht, sich mit Energie aus dem Kosmos zu versorgen, was er nunmehr täglich in Übungen praktizierte und schließlich als Vampir seinem Lehrmeister Energie entzog. Das traurige Ergebnis waren Deformationen seiner geistigen Strukturen.

Ich kam auf den Gedanken zu testen, welche Einwirkung diese Übungen auf den Menschen vor 2000 Jahren hätten. Die Tests ergaben sehr hohe Parameter. Demnach wirkten diese Übungen früher hervorragend, doch wie man nicht zweimal in denselben Fluss springen kann, lassen sich alte Techniken nicht ewig verwenden. Wir vergessen, dass sich nicht nur der Mensch, sondern auch die Umwelt geändert hat. Physische Methoden der Vervollkommnung sind heute ineffektiv, die Konzentration muss unbedingt auf die geistige Entwicklung gerichtet werden. Die Zeit ist eine nichtlineare Kategorie, und wenn sich die Geschwindigkeit aller Prozesse derart geändert hat, dann müsste sich auch die Energiestruktur der Umwelt ändern. Doch wir verhalten uns so, als ob in der Welt nichts geschehen wäre, und versuchen, uns auf alte Kenntnisse und Methoden zu stützen.

Je mehr ich über die Möglichkeiten der Testmethode in Erfahrung brachte, desto deutlicher erkannte ich die damit verbundenen Schwierigkeiten. Ich verstand, dass ich hier nicht so forsch vorgehen konnte, wie ich es mir zu Beginn meiner Arbeit vorgestellt hatte, nämlich ein Team zu bilden und es in der Anwendung zu unterweisen. Die Methode ist so eng mit Moral, Ethik und geistigen Parametern verbunden, dass sie dem Menschen Beschränkungen auferlegt, denen nur wenige gewachsen sind.

Beim Kontakt mit Karmastrukturen des Menschen muss ich eigene Störungen, die denen ähneln, die ich beim Patienten beseitigen will, vor allem zuerst bei mir entfernen. Daher überprüfe ich vor Beginn der Behandlung stets, ob ich das Recht zu heilen habe, und wenn nicht, dann reinige und schließe ich zuerst mein Karma durch ein Gebet. Habe ich einige Monate lang Behandlungen durchgeführt, muss ich unbedingt eine gründliche tiefe Reinigung vornehmen und fasten. Doch das ist nicht genug. Wie sich herausgestellt hat, muss der Heiler, um effektiv zu heilen und weder sich selbst, noch dem Kranken zu schaden, mit blockiertem Karma arbeiten, was keiner der zahlreichen Heiler von heute vermag. Mit dem „Diplom" eines Wunderheilers lässt sich das Karma nicht schließen, erforderlich sind ständige Reinigung und Stärkung des Geistes sowie der Ausschluss von allem, was den Menschen „erdet". Das ist nicht nur für Heiler, sondern für jeden Menschen notwendig, besonders in letzter Zeit.

Eines Morgens war eine Frau in meiner Sprechstunde, tags darauf wurde ihr schlecht, Übelkeit und starke Kopfschmerzen quälten sie.

„Haben Sie gestern Abend, etwa gegen sieben Uhr, auf Ihren Mann geschimpft?"

„Ja, er hatte tagsüber einen Unfall und den Wagen zerbeult. Ich habe es ruhig aufgenommen, doch am Abend habe ich ihm meine Meinung gesagt."

Bei der Diagnostik und Heilung des Karmas erfolgt eine

sehr starke und tiefe Einwirkung. Solange sich das Feld in einer Stabilisierungsphase und noch nicht in Balance befindet, sind negative Emotionen strengstens verboten. Im Augenblick des Kontakts mit dem Universum wird die Harmonie der Feldstrukturen wiederhergestellt, und jede negative Emotion ruft starke Verletzungen hervor. Die Hinwendung zu Gott ist kein Hochgenuss, der immer Vergnügen bereitet, sondern ein sehr komplizierter und verantwortungsvoller, wenn auch notwendiger Prozess.

Ich möchte eine interessante Geschichte erzählen, die in direkter Beziehung zum heutigen Zustand der Welt steht.

„Ich hatte schon immer einen starken Hang zum Göttlichen, und jedes Mal, wenn ich davon abgewichen bin, geriet ich in schwierige Situationen. Zweimal bin ich fast umgekommen“, erzählte mir ein Gesprächspartner. „Die Verbindung zwischen dem Abweichen vom Göttlichen und einer Strafe war zu offensichtlich und mit einem zufälligen Zusammentreffen von Umständen nicht zu erklären. Ich verstand: Gott hat mich bestraft.“

„Du hast recht, ich kann dir das System der Bestrafung und die Ursache deiner Beschwerden exakt erklären“, bot ich meinem Gesprächspartner an. „Wenn der Mensch die Uhr auch erfunden hat, bedeutet dies doch nicht, dass er selbst in jedem Uhrwerk sitzt. Das Universum wurde von Gott geschaffen und wird von ihm kontrolliert, deshalb muss aber nicht jede Strafe zwangsläufig von Gott „persönlich“ herrühren, denn das Universum wird mithilfe der von Gott geschaffenen kosmischen Gesetze gesteuert. Es gibt einen hervorragenden Mechanismus der Feldselbst¬regu¬lierung. Das, was die Menschen oft als Mystik bezeichnen, lässt sich fast immer analysieren.

Du warst als drittes Kind in der Familie weder geplant noch erwünscht, deshalb gaben dir deine Eltern ungewollt ein starkes Zerstörungsprogramm mit auf den Weg. Von Kindheit an hattest du eine schwache Lebensenergie und warst oft krank. Du wurdest unter diesen Bedingungen geboren, weil du im früheren Leben Kinder nicht geliebt hast, daher bist du entsprechend deinem Energiefeld und deinen Karmastrukturen ein Todeskandidat. Retten kann dich nur ein starkes Streben nach dem Göttlichen und nach höchsten Gefühlen. Dein Unterbewusstsein wusste immer davon und lenkte dich in die richtige Richtung, das Bewusstsein jedoch arbeitete nach einem anderen Programm. Immer wenn du von der rettenden Richtung abgewichen warst, brachen sich deine Schicksalsstrukturen zusammen und du warst dem Tod nah. Warum aber bist du nicht umgekommen? Du hattest dich von Gott und Ethik nur mit dem Bewusstsein losgesagt, deshalb hat man dich bei der Schlägerei nicht totgeschlagen und deshalb bist du bei dem Verkehrsunfall nicht umgekommen. Das zeugt davon, dass die Programme der Lossagung nicht ins Unterbewusstsein gelangt sind, d.h. die Schicksalsstrukturen nicht endgültig zerstört waren. Wenn sich die Orientierung auf die Lossagung verstärkt hätte, wäre sie ins Unterbewusstsein gelangt, und es hätte eine Blockierung der Zerstörung eingesetzt, entweder in Form einer unheilbaren Krankheit oder eines schweren Traumas mit physischen Qualen.“

Warum muss der Tod schwer sein? Weil geistige und physische Qualen das Unterbewusstsein reinigen.

Wie geschieht das? Die einzige Möglichkeit, Qualen auszuhalten, ist, sich geistig über sie zu erheben und damit den Angriffspunkt vom gequälten Körper auf den Geist zu übertragen. Dieser natürliche Prozess läuft automatisch ab. Ein leidender Mensch gewinnt an Geist.

Untersuchungen des Mechanismus zur Weitergabe von Feldinformationen berechtigen zu der Aussage, dass sich die gesamte Menschheit heute in einer Lage befindet, die der oben beschriebenen ähnelt, und die Menschheit gegenwärtig der Aktivierung eines analogen Mechanismus unterliegt.

Ich untersuchte das Karma der Menschheit. Es ist in der Tat sehr gefährlich, in das Karma einzudringen. Die schwerste Gesetzesverletzung, die die Menschheit begangen hat, ist die Abkehr vom Göttlichen und die Hinwendung zu verstärktem Pragmatismus im 10. Jahrhundert. Diese Verletzung befindet sich im Feld jedes Menschen, der heute auf der Erde lebt.

Das Karma unserer russischen, noch vor Kurzem „sozialistischen" Gesellschaft enthält einige zusätzliche negative Programmpakete: Ein Programm der Vernichtung von Menschen, Männern wie Frauen, aufgrund eines starken Strebens nach materiellen Gütern, das in den Jahren von 1929 bis 1937 in Gang gebracht wurde, ein Programm des Menschenhasses, das Ende des vergangenen Jahrhunderts in Gang gebracht wurde, und ein Programm der Vernichtung von Vater, Bruder und Sohn – ebenfalls wegen starker Gier nach materiellen Gütern. Deshalb ist das Leben in unserem Land so kompliziert. Wenn wir diese Programme weder erfassen noch erkennen noch entfernen können, dann werden wir, solange wir diese Programme nicht durch Qualen und Leiden abgearbeitet haben, in unserem Land Besitz und Eigentum von Werken und Fabriken unendlich lange unter uns teilen müssen.[5]

Das ist der Weg, den ich vom Studium der Magie und Gesundbeterei über die Medizin und Ethik bis hin zur Philosophie der heutigen Welt gegangen bin.

Der Existenz des Universums liegen Informationsprozesse zugrunde. „Am Anfang war das Wort." (1. Mose 1,1).

Was wir „Universum" nennen, konnte meines Erachtens durch die Absonderung von zwei Bestandteilen – der Materie

[5] Der Autor knüpft hier an die Umverteilung von Macht und Kapital, ein in Russland seit der Oktoberrevolution von 1917 verbreitetes politisches Thema, an (Anm. der Redaktion).

und des Informationsfeldes – von einem einheitlichen Ursprung, der immer existierte und den wir „Gott“ nennen, entstehen. In jedem von ihnen ist der gegensätzliche Bestandteil latent vorhanden. Grundbedingung für die Existenz von Gegensätzen ist ihr permanenter gegenseitiger Übergang. Das Feld strebt danach, Materie zu werden, und die Materie will Feld werden.

Die Anreicherung von Energieverbindungen in der Materie ist Ausdruck des Übergangs des Materiebestandteils in den Informationsbestandteil. Der umgekehrte Prozess kann in Form der Zunahme der Dichte der Materie und ihrer Masse oder in Form einer komplizierteren Organisation erfolgen.

Wenn wir das Sonnensystem betrachten, dann ist das Ziel seiner Existenz die Schaffung von immer komplizierteren Elementen in der Sonne, die Schaffung komplizierterer Informationsverbindungen durch die Bildung neuer Planeten, die Schaffung komplizierterer Informationsverbindungen auf den Planeten auf der Grundlage der Organik als neue Stufe der Informationsdichte. Das Ziel der Existenz jedes Sternensystems ist die Erschaffung von Leben auf ihm. Das, was wir „Geist“ nennen, steht sowohl über dem Informationsfeld, als auch über der Materie.

Hat die Materie eine bestimmte Dichte erreicht, wird sie zu Information. Singularität (der Zustand der Materie, die einst in einem einheitlichen Punkt konzentriert war) ist das Universum. In den feinen Feldebenen sind Materie, Zeit und Raum nicht vorhanden, sie sind ein einziger Punkt. Der Punkt strebt danach, in die Unendlichkeit überzugehen, die Unendlichkeit ist bestrebt, in den Punkt überzugehen. Jeder Feldpunkt des Universums enthält latent die Information über das gesamte Universum. Mit anderen Worten: Der Punkt ist latent die Unendlichkeit und umgekehrt – die Unendlichkeit latent der Punkt. Es gibt zwei Theorien über die Entstehung der Sterne. Nach der ersten Theorie – begründet von Kant und Laplace – ent-

standen sie durch Verdichtung interstellarer Materie. Die zweite Theorie – des Akademiemitglieds Ambarzumjan[6] – spricht von der Entstehung der Sterne aus „schwarzen Löchern". Die Instabilität im Verhalten junger Sterne und die in ihnen ablaufenden Explosionsprozesse deuten, nach Meinung des Begründers der Theorie, auf Rückstände von Urmaterie in ihnen hin. Nach dieser Konzeption und im Zusammenhang mit meinen Studien kann man die Entstehung der Sterne als dialektischen Prozess des Übergangs von Information in Materie betrachten, das Ergebnis der „Befruchtung" der interstellaren Materie durch den Informationsblock, der sich durch das „schwarze Loch" als Materie realisiert. Die Entstehung der Sterne ist das Ergebnis der Wechselwirkung zweier Existenzformen – des offenbarten und des latenten Universums. Die Prozesse, die im Inneren der Sterne und im lebenden Organismus ablaufen, sind identisch. Das sind Transformations¬prozesse von Energie in Materie und umgekehrt. Die Entwicklung des Universums ist die Spaltung der Einheit auf physischer, materieller Ebene und die Stärkung der Einheit auf Informations- und Feldebene; also eine Differenzierung und immer größere Vielfalt auf physischer Ebene und immer größere Einheit auf Feldebene. In der Endphase der Etappe verschwinden die Unterschiede zwischen den physischen und Feldbestandteilen, und es beginnt eine neue Entwicklungsetappe.

Es besteht somit ein Widerspruch. Das Universum bleibt ein Punkt auf der feinen Feldebene und erweitert sich gleichzeitig, schafft neue Materie, Zeit und Raum. Die Entwicklung erfolgt nach dem Pendelprinzip durch eine Orientierungsänderung von der bisherigen Ausrichtung auf die Informationseinheit zur physischen Teilung hin.

6 Wiktor Amasaspowitsch Ambarzumjan (1908-1996), herausragender armenischer Astrophysiker und Astronom (Anm. der Redaktion).

Jedes Objekt im Universum kann als Prozess betrachtet werden, während jeder Prozess gleichzeitig auch ein Objekt ist. In jedem Prozess und Objekt finden Pendelbewegungen von der Informationseinheit zur physischen Differenzierung statt. Die physische Differenzierung muss genau der geistigen Einheit entsprechen. Bedingung für die Entwicklung dieser zwei Gegensätze ist das Vorhandensein eines dritten Elements, welches die latente Anwesenheit des einen Gegensatzes im anderen gewährleistet. Diese Rolle spielt die Energie, sie ist der Vermittler, der die Entwicklung des Universums bestimmt.

Information, Energie und Materie bilden ein einheitliches Ganzes. Diese Erkenntnis gibt es schon seit langem, z. B. in dem christlichen Begriff von der Heiligen Dreifaltigkeit – Gott Vater, Gott Sohn und der Heilige Geist.

Jedes Objekt wiederholt in seiner Entwicklung den kosmischen Entwicklungszyklus. Während es auf der feinen Feldebene vollkommen einheitlich bleibt, differenziert es sich auf der physischen. Für die Differenzierung auf physischer Ebene ist der vorhergehende Prozess auf geistiger Ebene erforderlich, der größere Stabilität bei physischer Teilung garantiert. Die Priorität der geistigen Ebene ist eindeutig. Somit sieht das Gesetz von der Einheit und dem Kampf der Gegensätze folgendermaßen aus: Das existierende N i c h t s entledigt sich seines Gegensatzes, um dann zu einem vollkommen neuen E t w a s zu werden.

Gehen wir jetzt zur Frage nach dem Ursprung des Lebens über. Mit zunehmender Differenzierung der physischen Welt müssen die Tendenzen der Vergrößerung der Einheit auf Feldebene von den feinsten Schichten zu den gröberen zunehmen. Dieses Einheitsverhältnis wirkt auch auf den Ebenen, auf denen es früher nicht zutage trat.

Mit zunehmender Verschiedenheit vergrößert sich das Ein-

heitsverhältnis im begrenzten Teil des Raums derart, dass sich das Objekt vom Universum hervortut und sich von ihm absondert. Seine Anpassung an das Einheitsverhältnis im Umfeld würde seinen Untergang bedeuten. Die Informationsdichte nimmt derart zu, dass eine Konfrontation zwischen Objekt und Umwelt entsteht. Das Leben ist die strategische Einheit des Objekts mit dem Universum über seine taktische Negierung. Man kann sagen, dass das Leben im Universum in seinem ganzen Körper gleichzeitig entstanden ist und einen einheitlichen Mechanismus darstellt, der die weitere Differenzierung in unverbrüchlicher Verbindung und im Zusammenwirken aller seiner Bestandteile fortsetzt. Die Entwicklung dieses Prozesses und die physische Vielfalt sind nur bei Orientierung auf die ursprünglichen Informationsprozesse der Einheit möglich. Materie, Zeit und Raum sind die äußere Form, Information und Geist – das ist der Inhalt. Der Inhalt wird durch die Form realisiert, die Form entwickelt den Inhalt.

Dem Leben eines jeden Objekts im Universum liegen Pendelbewegungen, also eine abwechselnde Orientierung auf Informations- und physische Prozesse, zugrunde. Da das menschliche Leben eine Widerspiegelung des Universums „en miniature“ ist, laufen die Prozesse des Übergangs von Information in Materie bedeutend schneller ab. Das lebende Objekt zeichnet sich durch ein höheres Einheitsverhältnis und Tempo des Übergangs von Information in Materie aus. Wahrscheinlich ist die Zunahme von Einheit und Tempo des gegenseitigen Übergangs Sinn der Entwicklung des lebenden Objekts.

Je höher der Grad der inneren Einheit und der Informationsdichte ist, umso stärker sondert sich der Organismus von der Umwelt ab. Das ist der Vorgang, den wir als Entwicklung des Bewusstseins und der Persönlichkeit bezeichnen. Der Prozess der physischen Absonderung von der Umwelt ist nur bei zunehmender Vereinigung mit dem Universum möglich. Der Prozess der Vereinigung mit dem Universum ist das, was wir Kultur nennen, der Prozess der Absonderung – das ist die Zivilisation. Die Kultur bringt die Zivilisation hervor. Die Zivilisation stößt anfangs die Kultur ab, doch kehrt sie dann, um nicht unterzugehen, wie der verlorene Sohn zu ihr zurück, um diesen Prozess erneut auf höherer Ebene und mit größerer Amplitude zu wiederholen. Erfolgt die Rückkehr zur Kultur nicht auf entsprechender Ebene, führt dies zum Untergang der Zivilisation. Ein Verstoß gegen die Tendenz der Einheit und das Gefühl, welches sie im Universum realisiert, nämlich die Liebe, führt zum Untergang der Zivilisation.

Es herrscht die Ansicht, dass das Wesen des Gesetzes der Einheit und des Kampfes der Gegensätze ihre Aussöhnung ohne gegenseitige Vernichtung ist. Hauptbedingung für die Aussöhnung der Gegensätze ist die Geschwindigkeit ihres gegenseitigen Übergangs. Der Hauptunterschied zwischen lebender und unbelebter Materie besteht in dem Tempo des gegenseitigen Übergangs der Gegensätze; somit ist das Ziel des Lebens die Verstärkung der Offenbarung von Geist in der Materie mittels der Erhöhung des Tempos dieses Übergangs.

Erinnern wir uns an das Pendel. Bei einer bestimmten Schwingungsgeschwindigkeit gibt es zwei einander ausschließende Zustände – den Ausschlag des Pendels vom Zentrum nach rechts und nach links. Diese entgegengesetzten Zustände können, ohne sich gegenseitig zu beseitigen, nur deshalb existieren, weil sie zeitlich versetzt sind. Der Versuch, sie beispielsweise in einer Sekunde bei einer Schwingungsgeschwindigkeit des Pendels von fünf Sekunden zu koordinieren, bedeutet den Abbruch der Bewegung und das Aufhalten der Entwicklung. Und wenn wir uns vorstellen, dass sich die Schwingungsgeschwindigkeit des Pendels auf einige Schwingungen pro Sekunde erhöht hat, bedeutet es, dass eine Koordinierung der beiden entgegengesetzten Zustände ohne ihre gegenseitige Vernichtung stattfinden muss.

Das Leben auf der Erde entstand als Methode zur Wahrung ihres Einheitsverhältnisses mit der Sonne, die die Planeten von sich getrennt hat, d.h. das physische Einheitsverhältnis verringert und die Informationseinheit zum Ausgleich der physischen Trennung erhöht hat. Somit erfolgte eigentlich keine Trennung. Jedes Objekt des Universums ist bestrebt, etwas, was ihm auf physischer Ebene entgegengesetzt ist, von sich zu trennen und die Einheit auf Informationsebene zur Entwicklung des Systems zu verstärken. Die Mutter, die ihr Kind zur Welt bringt, und der Stern, der Planeten entstehen lässt, tun ein und dasselbe. Die physische Trennung muss durch die geistige Einheit kompensiert werden. Das Leben auf der Erde ist die Bestätigung des Prozesses, der die Einheit des neuen Planeten und der Sonne realisiert. Das Sonnensystem strebt einerseits nach maximaler physischer Differenzierung und andererseits nach Informationseinheit. Das Leben, das auf der Erde entstanden ist, entwickelt sich nach diesen Gesetzen. Auf physischer Ebene bilden sich neue Arten, erhöht sich die Vielfalt der Formen, und auf Feldebene verstärkt sich das Einheitsverhältnis. Das Leben auf der Erde ist nicht nur als einheitlicher Organismus entstanden, sondern existiert auch weiterhin als einheitlicher Organismus und wird vom System der Selbstregulierung, das sich auf der Informations- und Energieebene realisiert, gesteuert. Ziel dieses Systems ist es, die Übereinstimmung des Verhaltens des Teils mit den Interessen des Ganzen zu gewährleisten. Je höher die Energiemöglichkeiten eines Glieds sind, desto mehr muss es sich auf das Zentrum orientieren. Wenn sich die Verbindung zum Zentrum verzögert und die Autonomie der Glieder zunimmt, kann das System untergehen. Deshalb ist die Aussonderung von Gliedern, welche die Einheit des Systems zerstören, unvermeidlich.

Das Verhalten des Objekts muss den Informationsstrukturen des ganzen Organismus entsprechen. Stimmt das physische, emotionale und Informationsverhalten des Objekts mit dem Programm, das dem Informationsfeld des Systems zugrunde liegt, nicht überein, dann attackiert das Feld des Systems das Feld des Objekts. Die Felder des Objekts werden deformiert und ein Zerstörungsprogramm wird eingegeben, d.h. es erfolgt die Rückkehr zum Ausgangszustand. Ein solches Objekt kann sowohl der einzelne Organismus als auch eine Gruppe, die die Gesetze der Einheit verletzt, sein. Anders ausgedrückt: Die Gesundheit des Geistes bestimmt die Gesundheit des Körpers.

Das Informationsfeld hat gegenüber dem Körper das Primat und bestimmt sein Schicksal, seinen Charakter und seinen Zustand. Somit kann gesagt werden, dass Kenntnis und Einhaltung der Gesetze des Informationsfeldes des Universums, der Gesetze der Einheit, der Ethik und der Liebe die Hauptbedingung für die physische Gesundheit darstellen.

Gegenwärtig hat sich das Tempo aller Prozesse auf der Erde derart erhöht, dass eine unmittel – bare Zunahme der physischen Adaption erforderlich ist. Die Biosphäre verändert sich rasant.

Da die Informationsprozesse im Universum das Primat gegenüber den physischen Prozessen haben, sind Fragen der physischen Adaption in erster Linie mit der Einwirkung auf Informations- und Geistesstrukturen des Menschen verbunden. Daraus erklärt sich auch die allgemeine Begeisterung für Magie, Okkultismus, Yoga und verschiedene religiöse Strömungen. Die Menschen begrüßen begeistert den neuen Messias oder Guru, der ihnen Rettung und neue Wahrheit verspricht. Alle erwarten fertige Lösungen und vergessen dabei, dass die Grundbedingung für die Wiedergeburt schwere und qualvolle Arbeit ist, deren Zielsetzung der Menschheit seit langem bekannt ist – die Umwelt zu erkennen, ihre Gesetze zu erforschen und sie einzuhalten.

Das Energiepotential der Menschen hat sich in den letzten Jahren stark erhöht. Was früher in Jahren beharrlicher Arbeit erreicht wurde, ist heute in einigen Monaten erreichbar. Die Möglichkeiten des Menschen sind so gewachsen wie die eines Radfahrers, der sich an den Steuerknüppel eines Flugzeugs gesetzt hat. Aber wenn hierbei die Psychologie des Radfahrers beibehalten worden ist und sich nicht zur Psychologie des Piloten entwickelt hat, dann lassen sich diese Möglichkeiten nur schwer nutzen.

Das psychologische Niveau des Durchschnittsmenschen und desjenigen, der Zugang zu den Möglichkeiten einer erhöhten Energieeinwirkung auf lebende und unbelebte Objekte erhalten hat, dürfte sich noch mehr unterscheiden.

Meine Studien zeigen, dass man heutzutage der lebenden und unbelebten Natur nicht nur durch physische Handlungen und starke Emotionen, sondern auch durch unvorsichtiges Denken schaden kann. Die Folgen negativer Einwirkung vergrößern sich in geometrischer Reihe mit den erhöhten Energiemöglichkeiten des Menschen. Die Informations- und Energieeinwirkung auf lebende und unbelebte Objekte kann sehr gefährlich sein. Aggression gegenüber einem Menschen – das ist gleichsam ein Programm zur Zerstörung von all seinen Verwandten und Kindern. Da der Mechanismus der Feldselbstregulierung in Aktion tritt, erhalten der Angreifer selbst und seine Verwandten die negative Einwirkung zurück. Die psychologische Ausbildung der Menschheit bleibt enorm hinter ihren Energiemöglichkeiten zurück, so dass man sagen kann, dass sich die Menschheit momentan im Selbstvernichtungsmodus befindet. Folgen hiervon erleben wir bereits heute.

Worin liegt die Ursache der tragischen Diskrepanz zwischen der heutigen Psychologie des Menschen und den Realitäten der Umwelt? Die Psychologie des modernen Menschen der westlichen Zivilisation, der der größte Teil der Menschheit angehört, ist Pragmatismus. Sie legt den Schwerpunkt nicht auf die Ansammlung von Information, sondern auf ihre Realisierung. Daher fällt der wenig ergiebige, „unrentable" Prozess der Erschließung der Welt, der Schaffung neuer Erkenntnis- und Ethikstrukturen aus der allgemeinen Zielstellung heraus. Dem schweren, langwierigen Erkenntnisprozess werden fertige Rezepte mit maximalem praktischen Effekt vorgezogen.

Analysiert man die Entwicklungswege jeder Religion sowie von Magie und Yoga, dann sind überall folgende Hauptetappen festzustellen:

- Erfassen und Erkennen der Welt in der gegenwärtigen Lage, wobei die Umwelt, die eigene Abhängigkeit von ihr und die Wechselwirkung mit ihr negiert werden;

- Aufdeckung der Entwicklungsgesetze der Welt und Schaffung eines Verhaltenssystems, das diesen Gesetzen entspricht;

- praktische Anwendung von früher gewonnenem Wissen.

Früher erstreckte sich dieser Prozess über Jahrhunderte und Jahrtausende, deshalb konnten ihn die Menschen oft nicht vollständig erfassen und sehen, ähnlich den Blinden im Gleichnis, die einen Elefanten abtasten und versuchen sich vorzustellen, was das ist. Heute hat die Menschheit die Chance, diesen Prozess in seiner ganzen Einheit zu sehen.

Momentan überwiegt bei der Suche nach geistiger Vervollkommnung der Absonderungsprozess. Manche Richtungen orientieren sich nur auf die erste Stufe – die Sammlung von Information. Das ist der Weg der Abwendung von der Wirklichkeit, der Ablehnung der Zivilisation als solcher, des Verzichts auf die beiden nächsten Stufen. Diesen Weg verkünden beispielsweise die Krishna-Anhänger. Eine andere Richtung orientiert sich auf die Rückkehr zu den Prinzipien der Ethik, zum richtigen Verhalten – das sind verschiedene religiöse Strömungen. Eine dritte Richtung ist auf die Anwendung praktischer

Ergebnisse orientiert und vernachlässigt das Wissen sowie die ethische Seite. Hierzu gehören die Magie und die Zauberei.

Eine interessante Transformation fand auf dem Gebiet außersinnlicher Wahrnehmungen statt. Diese Strömung, die von Elementen des Wissens und der Ethik ausging, ist sehr stark entartet, als ihre Vertreter dem Gelderwerb verfallen sind. Heute ist sie hauptsächlich auf Magie und Zauberei orientiert. Diese Entwicklung ist vollkommen natürlich und gesetzmäßig, denn auf die Schnelle erfolgt eine Modellierung aller Prozesse, die es gestattet, den „Elefanten" vollständig zu sehen, d.h. die Prozesse, die den heutigen Stand der Menschheit und die vor ihr stehenden Probleme bestimmen, zu sehen und zu erkennen.

Die Hauptbedingung für das Überleben in der gegenwärtigen Situation ist es, auf der Grundlage der Prinzipien der Dialektik dasjenige zu vereinen, was früher unvereinbar war: Die Abkehr vom Irdischen und die Hinwendung zur Einheit mit dem Kosmos und die Erlangung von Information, ihre Umsetzung in moralische Gesetze und deren praktische Realisierung auf allen Ebenen.

„Ihr könnt nicht beiden dienen, Gott und dem Mammon.", sagte Christus (Matthäus 6,24). Vor zwei Jahrtausenden war die Verbindung dieser entgegengesetzten Tendenzen im Verlauf des Lebens eines Menschen unmöglich. Heute hat sich die Welt verändert, das Tempo des Pendels für den wechselseitigen Übergang von Materie und Information, bei dem es nicht durch Stillstand zur gegenseitigen Vernichtung kommt, hat sich geändert. Daher kann man davon sprechen, dass der Mensch, dem es beschieden ist, die nächsten Jahre zu überleben, gleichzeitig Heiliger, Durchschnittsmensch und Geschäftsmann sein muss.

Im Bewusstsein eines jeden Menschen von heute müssen zwei entgegengesetzte Prozesse stattfinden: die Lossagung von der Welt und das Streben nach Kosmos und Heiligkeit einerseits sowie die Realisierung der gewonnenen Information, aktives Handeln und verstärktes zweckdienliches Denken andererseits. Es handelt sich im Grunde um ein neues Denken, welches die physische und geistige Struktur des neuen Menschen bestimmt. Also Heiligkeit, Entsagung, Realisierung des Wissens auf der Ebene der Gedanken und Emotionen und in sozialen und technischen Strukturen. Die Vereinigung darf nicht mechanisch sein, denn das käme einem Stillstand des Pendels gleich, sondern muss einen einheitlichen Prozess mit sukzessivem Durchlaufen aller drei Stufen darstellen. Jeder Mensch muss heilig werden, die Heiligkeit wird mit der Erkenntnis der Welt und Orientierung auf das Universum ständig größer, gleichzeitig erfolgt die Selbstverwirklichung im emotionalen und praktischen Leben. Die Kultur muss die Zivilisation ständig voranbringen. Im Wertesystem muss der Heiligkeit und nicht der Zweckdienlichkeit Priorität beigemessen werden, denn der Kosmos ist primär und die Zivilisation sekundär.

Eine jede Zivilisation stand auf den Schultern von Heiligen und nicht von Zauberern. Legenden zufolge besaßen die Menschen früher ein offenes drittes Auge. Sie hatten Zugang zu Informationen, die auf außersinnlichem Weg, unabhängig von Raum und Zeit, erhalten wurden. Dann schloss sich das dritte Auge. Die Ursachen hierfür sind nicht bekannt, obwohl sie wahrscheinlich einfach sind: Werden die Normen der Ethik nicht eingehalten, ist primäres Wissen nicht zu erschließen. Aber anscheinend steht die Realisierung von Wissen nicht in direktem Zusammenhang mit Ethik. In einer bestimmten Etappe blieben die ethischen und psychologischen Pegel so sehr hinter den Möglichkeiten zurück, dass die Existenz der Zivilisation dadurch bedroht war. Deshalb bedeutete die Schließung des dritten Auges gleichsam die Rettung.

Leider klammern die meisten modernen Schulen für geistige und physische Entwicklung die beiden ersten Stufen aus ihrem Lehrprogramm aus – die Erkenntnis und die Moral. Das Durchlaufen dieser Stufen erfordert 95 Prozent des Aufwands an Mühe und Zeit und bringt kein unmittelbar sichtbares Ergebnis. Viele Schulen verfolgen faktisch die entgegengesetzte Richtung, so dass ihr Ergebnis dem Verfall gleichkommt.

Die Evolution lebender Organismen verläuft exponentiell: Anfangs findet ein sehr langer Prozess der Anhäufung von Wissen statt, erst dann erfolgt seine Realisierung.

Um in der heutigen Zeit zu überleben, müssen sich die Anhäufung von Information und ihre Verwendung vereinen und dürfen sich nicht gegenseitig vernichten. Das heißt, dass der Geschäftsmann, der Politiker und der Wissenschaftler zu Heiligen werden müssen. Ethik muss für sie zur wichtigsten Frage werden. Besonders schwerwiegend ist diese Frage in der Bioenergetik. Versuche, Methoden der Magie und Zauberei für persönliche, egoistische Interessen zu nutzen, kollidieren mit den höchsten Gesetzen des Universums. Das Ergebnis ist in der Regel tragisch, doch nicht immer offensichtlich, denn die Folgen treten allmählich und langsam zutage, und der Mensch kann nicht immer Ursache und Wirkung in Zusammenhang bringen. Das Mädchen, das seinen Geliebten verhext, ahnt nicht, dass sie die Psyche, das Schicksal und die Körper der künftigen Kinder zerstört.

Eine Tendenz, die sich bereits ziemlich deutlich abzeichnet, ist die Ausbildung von okkulten und magischen Fähigkeiten für rein persönliche Interessen. Die Glieder des Systems berücksichtigen in ihrem Verhalten nicht die Interessen des gesamten Systems, wodurch ihm ein völliger Zerfall droht. Wie uns aus der Geschichte bekannt, haben sich Stämme mit starken Traditionen in Magie und Okkultismus nicht weiterentwickelt und sind in der Folge ausgestorben.

Der heutigen Zivilisation liegen Weltreligionen zugrunde,

d.h. Systeme, die alle Kräfte des Menschen auf die Formierung und Entwicklung von feinen geistigen Strukturen, die im Hinblick auf die Erhaltung der Welt aktiv sind, richten. Die von den Religionen vermittelte Erkenntnis, mit allen vereint und für das Schicksal der Menschen verantwortlich zu sein, versetzte den Menschen in die Lage, die Einheit mit seinen Kindern, Eltern und den geliebten Menschen zu spüren und seine Verantwortung für das Schicksal seiner Nachkommen zu begreifen. Indirekte Warnungen, dass die Kinder für die Sünden der Eltern büßen müssen, wurden in der Bibel gegeben. Gerade die Zerstörung feiner Feldstrukturen, die für die Einheit mit den Eltern, Kindern und den geliebten Menschen verantwortlich sind, führt zu schwersten Erkrankungen, zu Deformationen des Schicksals eines Menschen und seiner Persönlichkeit.

Die Weltreligionen sorgten sich um den Erhalt dieser Strukturen und ihre Entwicklung. Das Gebot, selbst die Feinde zu lieben, hat aus der Sicht der Bioenergetik große Bedeutung. Es blockiert das Programm der Zerstörung des anderen Menschen bzw. der Selbstzerstörung auf der Feldebene des Unterbewusstseins. Der Mensch, der die Gesetze der Feldselbstregulierung nicht kannte und nicht wusste, dass sein Hass die Ursache für schwere Krankheiten seiner Kinder werden konnte, war dennoch viele Jahrhunderte durch die religiösen Gebote der Liebe und des Guten geschützt, die seine Gesundheit und die seiner Kinder bewahrten und im Grunde die Entwicklung der Zivilisation gewährleisteten.

Das System der Feldselbstregulierung funktionierte automatisch. Deshalb konnte sich, ohne sich selbst zu schaden, ohne die Gesundheit seiner Kinder und den Zerfall seiner Persönlichkeit zu riskieren, nur derjenige Mensch mit Magie und Okkultismus beschäftigen, der die Gesetze des Universums kannte und erfüllte, jemand mit gut entwickelten höchsten geistigen Strukturen. Bei den übrigen setzte allmählich der Zerfall der ethischen, psychischen und geistigen Strukturen ein, sie wurden „schwarz" und verfielen. Da dieser Prozess früher bedeutend langsamer als heute ablief, entstand bei vielen der Eindruck, dass der „schwarze" Magier die Norm und nicht eine pathologische Erscheinung sei.

Heute führt die geistige Begrenztheit vieler Wundertäter, die sich auf komplizierte Einwirkungsversuche einlassen, zum geistigen und schließlich auch zum physischen Verfall ihrer selbst oder ihrer nächsten Angehörigen. Ich kenne einige Fälle, in denen für den geistigen Verfall nicht ethisch handelnder Wundertäter deren Kinder, Verwandte und sogar deren engste Freunde und Schüler büßen mussten. Da das Energiepotential geistiger Strukturen hundert- und tausendmal größer als das der physischen Strukturen ist, verläuft der geistige Verfall lange Zeit im Verborgenen und unbemerkt. Setzt der physische Verfall ein, werden Versuche, den Menschen zu heilen, von den verfallenen geistigen Strukturen blockiert – hiermit erklärt sich auch, warum die Medizin immer häufiger nicht mehr zu helfen vermag. Viele glauben naiv, dass sie, wenn sie einen Betrag bezahlt und Lehrgänge absolviert haben, Magier und Zauberer werden. Doch in dieser Wissenschaft sind, im Unterschied zu anderen Wissenschaften, nur einzelne zu Jüngern berufen – das sind Menschen mit einem ausreichend reinen Karma, mit entwickelten geistigen Strukturen, mit strategischem Denken, mit seelischer Güte und großer Selbstdisziplin. Bei der Analyse okkulter und magischer Techniken kann man feststellen, dass nicht die Ansammlung von bestimmten Methoden, sondern die persönlichen Eigenschaften des Meisters und des Lehrlings ausschlaggebend sind. Das Streben vieler angehender Wundertäter, Zugang zu höheren Möglichkeiten zu erlangen und dabei die Stufe der quälenden geistigen Vervollkommnung zu überspringen, kann tragisch enden. Da das Schicksal des Menschen, der Charakter und der Zustand des physischen Körpers von den

Feldstrukturen bestimmt werden, kann unüberlegtes Handeln auf diesem Gebiet der ganzen Menschheit schaden.

Das Unterbewusstsein des Menschen war von jeher zuverlässig geschützt. Der Prozess des Eindringens ins Unterbewusste erfolgte langsam, unter natürlicher Aussonderung der negativen Programme mit Hilfe der Ethik der Gesellschaft, der religiösen Schutzsysteme.

Psychoanalytiker verschiedener psychotherapeutischer Schulen begannen, das Unterbewusstsein des Menschen zu stürmen, wobei dieser Prozess in den letzten Jahrzehnten beispiellose Ausmaße angenommen hat. Hierbei wird rücksichtslos in die Feldstrukturen eingedrungen und auf sie eingewirkt, ohne die späteren Folgen dieser Einmischungen entsprechend zu berücksichtigen. In der Regel interessiert die Forscher wenig, was das Unterbewusstsein ist und wie es auf das Eindringen reagiert. Für sie sind konkrete, schnelle Ergebnisse wichtig, und nicht das tiefgehende Verständnis der Prozesse, welche die Gesundheit und das Schicksal des Menschen und seiner Angehörigen bestimmen.

Das mangelnde strategische Denken in der Bioenergetik und die Bevorzugung taktischer Methoden möchte ich mit dem Verhalten eines Autofahrers vergleichen, der die ihm für das Studium der Verkehrsregeln eingeräumte Zeit nutzt, um die Motorleistung des Wagens zu erhöhen – das ist zwar effektiv, aber das Ergebnis ist unvorhersehbar und riskant.

Ich möchte an dieser Stelle ausführlicher auf die Methoden des Schutzes eingehen. Lange Zeit wirkte als Schutzmechanismus die Tatsache, dass gar nicht bekannt war, dass auf den Menschen bioenergetisch eingewirkt werden kann. Diejenigen, die davon wussten, erkannten die Gefahr und gründeten geschlossene Schulen, um die Bioenergetik zu studieren. Ein hervorragendes Schutzsystem waren die ethischen religiösen Lehren, die das Gute nicht nur in Handlungen, sondern auch in Emotionen und sogar Gedanken predigten. Und wie paradox es auch klingen mag, eine große Rolle spielte bei diesem Schutz auch die Wissenschaft, welche die Bioenergetik und die Möglichkeit von Informations- oder Energieeinwirkung auf den Menschen durchweg leugnete. Es gab auch Mechanismen des sozialen Schutzes vor denen, die aktiv Magie und Zauberei betrieben. Heute sind alle diese Blockierungen zerstört, das Gehirn steht offen. Der Sturm auf das Unterbewusstsein, welches für die physiologischen und psychologischen Prozesse im Organismus zuständig ist, begann bereits im vorigen Jahrhundert. Heute erfolgt er nicht mehr spontan, sondern zielgerichtet. Psychotherapeuten, Wunderheiler, Zauberer und Hypnotiseure dringen rücksichtslos in das Unterbewusstsein ein, orientieren sich auf den äußeren Effekt und lösen damit rein praktische Aufgaben. Dies geschieht in vollkommener Unkenntnis dessen, was Unterbewusstsein ist und nach welchen Gesetzen es funktioniert.

Meine Studien zeigen, dass das Unterbewusstsein und das Energieinformationsfeld ein und dasselbe sind, und dass jede Einwirkung auf Feldstrukturen bedeutet, auch auf das Unterbewusstsein, auf alle Systeme der physiologischen und psychologischen Selbstregulierung einzuwirken. Experimentatoren und Praktiker interessieren sich nur für Eindringtiefe und Selbstregulierungsprozesse des Unterbewusstseins. Um noch tiefer einzudringen zu können, wird sogar zu Geräten gegriffen. Auf diese Weise wurde die Bioenergetik zur Wissenschaft der praktischen Einwirkung auf den Menschen. Niemand denkt daran, dass wir durch die Heilung des Körpers der Seele schaden können, dass Krankheit ein Schutz ist, der Fehlverhalten und Verstöße gegen die Umwelt blockiert, und dass der Wunderheiler vor allem die Krankheitsursachen ausfindig machen muss und dabei Hilfe zu leisten hat, diese zu verstehen und in

Zukunft zu vermeiden. Die Reduzierung der Bioenergetik allein auf physische Parameter bedeutet die Abschaffung der Stufen der Erkenntnis und Ethik im Interesse rein praktischer Ergebnisse. Wer glaubt, durch Tabletten oder Zaubermethoden gerettet werden zu können, ist bereits krank. Der wichtigste Schutz vor Krankheiten ist die Erfüllung höchster ethischer Gesetze.

Als die Natur den Weg des physischen Schutzes beschritt, z. B. durch die Gewichtsvergrößerung der Dinosaurier und Panzerung der Schildkröten, geriet die Evolution ins Stocken. Eine Überlebenschance hatte nur, wer physisch am wenigsten und geistig am besten geschützt, wer bereit war, seine psychologische Struktur und sein Verhalten in Übereinstimmung mit den auf der Erde ablaufenden Prozessen zu ändern. Ethik war gestern noch Luxus, heute ist sie eine Notwendigkeit, und morgen die einzige Möglichkeit zum Überleben. Wer nur an die physische Gesundheit denkt, den kann in den nächsten Jahren das Schicksal der Dinosaurier ereilen.

Was wir Immunität nennen, ist die Unversehrtheit, der qualitative Zustand der Feldhülle. Wer sich mit Magie zum Nachteil von Ethik, Liebe und Erkenntnis der Welt beschäftigt, zerstört sich selbst, seine Kinder und seine Verwandten. Der Mensch sollte heute, wenn er nicht stark genug ist, ausschließlich Heiliger werden. Wenn er Stärke besitzt, kann er die Heiligkeit mit dem weltlichen Leben vereinen. Und wenn der Mensch zu schwerer Arbeit bereit ist, um größere Möglichkeiten zu erschließen, kann er sich mit der Bioenergetik beschäftigen.

DIE STABILE INFORMATIONSTRUKTUR „MENSCH“

Es ist noch gar nicht so lange her, als in medizinischen Kreisen über die Berechtigung des Begriffs „Energieinformationsfeld“ diskutiert wurde und sich eine neue Armee von Scharlatanen und Eiferern zur Verfechtung dieses Begriffs formierte. Heute weiß fast jeder, dass der kompakte physische Körper des Menschen von für die meisten unsichtbaren Informations- und Energieschichten umgeben ist.

Wir wollen untersuchen, was der Mensch aus der Sicht der Bioenergetik ist.

Die Bestimmung der Schichten, die die Informations- und Energiehülle des Menschen ausfüllen, und ihre Wechselbeziehungen sind sehr kompliziert.

Vor vielen Jahren, als ich begann, mit der Rute zu arbeiten, wollte ich die Form des Feldes beim Menschen untersuchen. Solange sich meine Hand mit der Rute parallel zum Körper bewegte, war alles normal – die Grenzen des Feldes waren für mich gut erkennbar, dort drehte sich die Rute um 180°. Doch als ich den Verlauf des Feldes über dem Kopf sehen wollte, zeigte sich, dass ich, auf dem Fußboden stehend, das Ende des Feldes nicht erreichen konnte. Ich stieg auf einen Stuhl und streckte die Hand mit der Rute nach oben, doch die Rute wollte sich überhaupt nicht bewegen, was bedeutet, dass sich die Grenze noch höher befand.

Dann beschloss ich, diese Messungen anhand eines Phantombilds fortzusetzen. Ich zeichnete auf Papier einen Menschen und suchte mit der Rute die Grenze des Feldes. Die Hand mit der Rute bewegte sich über den Papierrand hinaus, so dass ich den Maßstab verändern musste. Ich legte für den Ausschlag der Rute nach oben anfangs Meter, dann Kilometer zugrunde, doch die Rute bewegte sich nicht. Dann kam mir der Gedanke, das Feld des Menschen reiche nach oben möglicherweise bis an das Ende des Universums. Da drehte sich die Rute um 180°. Ich begriff, dass das Feld des Menschen das ganze Universum einnimmt, d.h. von der Grenze des physischen Körpers jeweils nach oben und nach unten bis in die Unendlichkeit reicht.

Die Dichte der Feldschichten und die darin enthaltenen Informationen sind unterschiedlich. Die Schicht mit der größten Energiedichte enthält Informationen über den Zustand des physischen Körpers und seiner Organe und wird für medizinische Diagnosen verwendet.

Die Karmastrukturen befinden sich in feineren Schichten, und ihre hierarchische Abhängigkeit ist sehr komplex. In den benachbarten Schichten werden die Informationen über Handlungen, Emotionen, Gefühle und Gedanken des Menschen aus diesem Leben gespeichert. Die tieferen Schichten enthalten Strukturen des Familienkarmas, das sind Informationen über die nächsten Verwandten väterlicher- und mütterlicherseits und über die Kinder.

Das persönliche Karma des Menschen und sein Verhalten in früheren Leben befinden sich auf einer noch feineren Ebene, und je tiefer der Heiler in das Feld des Menschen eindringen kann, umso größere Einwirkung kann er ausüben. Darin besteht gleichzeitig die Stärke sowie auch die Schwäche der Karmadiagnostik. Ich glaube, dass heute niemand in der Lage ist, uneingeschränkt in das Feld des Menschen einzudringen, denn jedes Eindringen ist mit Wechselwirkungen verbunden und solche Wechselwirkungen können nur dann ungefährlich sein, wenn der Heiler ein vollkommener Mensch mit einem reinen Karma ist.

Seit mehr als zwei Jahren beschäftige ich mich täglich mit der Reinigung meines Karmas und weiß, wie viel sich noch meiner Macht entzieht. Vor jedem Kontakt mit dem Feld eines anderen Menschen überprüfe ich, ob ich mit der Heilung beginnen kann, und wenn ich ein Verbot erhalte, bedeutet dies, dass es in meinem Feld Verstöße analog denen gibt, gegen die ich gerade ankämpfen muss, und solange ich diese nicht aus meinem Feld entfernt habe, bin ich nicht berechtigt zu heilen, denn meine Informationsstrukturen können dem Kranken schaden und seine Strukturen sich möglicherweise in mein Feld verlagern, und dann müssen meine Angehörigen und ich selbst das Karma meines Patienten abarbeiten.

Tagore[7] sprach davon: Stark und mächtig zu sein bedeutet nicht, an Stärke überlegen zu sein, sondern den Schwachen auf das eigene Niveau anzuheben. Ich frage mich, warum viele Heiler ihre Methode nicht an ihre Schüler weitergeben konnten. Für mich habe ich ein für alle Mal entschieden, dass die Hauptsache nicht in der Entwicklung einzigartiger Fähigkeiten besteht, sondern in der Fähigkeit, Informationen zu vermitteln und ihre Anwendung zu lehren. Früher war ich der Meinung, dass viele Heiler ihre Geheimnisse nicht offenbaren wollten, um im Mittelpunkt der Aufmerksamkeit zu bleiben und maximalen Nutzen daraus zu ziehen, doch dann verstand ich: Es war nicht nur so, dass sie es nicht wollten, sie konnten es auch nicht. Im Großen und Ganzen waren ihre Methoden durch bestimmte Handgriffe und Techniken geprägt, die sie im Laufe der Zeit ansammeln konnten, in denen aber das Wichtigste unberücksichtigt blieb: das ständige Streben nach Erfassung und Erkenntnis der Welt, die Systematisierung des gewonnenen Wissens zum Verständnis der Lebensgesetze des Universums. Als einzige Ausnahme ist Jesus Christus zu nennen, bei dem

7 Rabindranath Tagore (1861-1941), bengalischer Dichter, Philosoph und Künstler, Träger des Nobelpreises für Literatur 1913 (Anm. der Redaktion).

die Heilung immer unverbrüchlich mit dem Verständnis der Welt, das er den Menschen in Form von Gleichnissen, Gesetzen und Ratschlägen vermittelte, verbunden war.

Auch wenn in diesem Buch von Studien gesprochen wird, sind doch oft abstrakte Begriffe wie „das Göttliche", „die göttlichen Gefühle" oder „die Heiligkeit" anzutreffen. Ich denke, dass es bei aller erdenklichen Entwicklung der Wissenschaft und ihres erreichbaren Standes immer ein Gebiet des Unerforschbaren geben wird, das sich weder der mathematischen noch der logischen Analyse des menschlichen Bewusstseins erschließt noch von diesen Begriffen bestimmt werden kann. Bei der Erforschung der Grenzzonen, die sich außerhalb der Logik und offiziellen Wissenschaft befinden, verwende ich Begriffe, die eine bestimmte Bedeutung in dem beschriebenen System haben.

Wenn also die Rede von „göttlichen Gefühlen" ist, wird sie jeder je nach seiner Weltanschauung und dem Niveau seiner Ethik auf seine Weise verstehen. Doch je höher sich seine Gefühle auf der Werteskala der Menschen befinden, umso besser. Der Begriff „unbelebte Natur" ist ein Sammelbegriff und schließt vor allem Güter der materiellen Welt, die der Mensch nutzt, ein.

Heilende Einwirkung kann Tausenden helfen, die Erkenntnis der Welt kann Millionen Menschen retten. Diese Einsicht ist eng mit dem Mechanismus der Reue verbunden, deren Auswirkung ich in Veränderungen der Karmastrukturen sehen konnte. Nachdem ich verstanden hatte, inwieweit der physische Zustand vom Zustand der Karmastrukturen im Feld des Menschen bestimmt wird, versuchte ich, unterschiedlich auf sie einzuwirken – mit Methoden der Magie, der Zauberei, mit Mitteln der Volks- und traditionellen Medizin. Ich probierte alles, doch die Ergebnisse waren oberflächlich.

Daraus zog ich eine relativ einfache Schlussfolgerung:

Eine verstärkte Einwirkung auf den Patienten bewirkt nichts anderes, als ihm Verletzungen zuzufügen; sie kann zwar zu einer momentanen, sichtbaren Besserung führen, jedoch löst sie nicht das Hauptproblem. Gewalt bleibt unabhängig von ihrer Form immer Gewalt. Ich begriff, dass nur ein Mittel, das der Menschheit von jeher bekannt ist, am effektivsten und sichersten sein kann – die Buße.

Wenn ich mit meinen Methoden in die Geistesstrukturen des Menschen eindringe, lasse ich mich von meiner Logik und meiner Weltsicht leiten. Da ich Teil des Universums bin und auf Geistesebene Kontakt zum ganzen Universum aufnehme, übertrage ich aufgrund meiner Unvollkommenheit in jedem Fall etwas von mir in das Feld des betreffenden Menschen.

Eine Einwirkung darf nur aus der Perspektive des Ganzen, d.h. des Universums, erfolgen, und dies ist erst dann möglich, wenn der Mechanismus der Reue in Aktion tritt und die Reue an die Seele des Universums, d.h. an Gott, gerichtet ist.

Warum auf Gott und nicht auf das gesamte Universum? Weil unser Bewusstsein beim Wort „Universum" ein Modell von kolossaler Ausdehnung generiert, in dem auch Raum, Zeit und Materie existieren. Somit können wir uns das Universum schwer als einheitliches Ganzes vorstellen. Erst wenn wir der geistigen Grundlage einen entsprechend hohen Stellenwert beimessen, verschwinden die einzelnen Bestandteile und es entsteht das Gefühl der absoluten Einheit.

Wenn sich der Mensch gedanklich Gott zuwendet und um Vergebung seiner Sünden bittet, werden seine Seele und sein Körper erstaunlichen Veränderungen unterworfen. In diesem Augenblick bekennt der Mensch seine Unvollkommenheit, öffnet sich demjenigen, der uns geschaffen hat, und erhält von ihm Kraft, um sich verändern und eine harmonische Wechselbeziehung mit dem Universum eingehen zu können.

Doch keine Einwirkung vermag es, das persönliche Bestreben des Menschen zu ersetzen.

Für die Bewertung der Karmastrukturen verwende ich außersinnliche Testverfahren, mithilfe derer sich die Größe des zu ermittelnden Parameters in relativen Einheiten messen lässt. Die heute bekannten Karmastrukturen können in zwei Gruppen unterteilt werden – in strategische und taktische. Strategische Strukturen haben eine enorme Energiekapazität, aus diesem Grund ist eine Einwirkung auf sie nicht sofort spürbar. Vom Zustand der strategischen Strukturen hängt die Zukunft des Menschen und seiner Nachkommen ab, deshalb führt jeder Versuch, sie zu missbrauchen oder zu zerstören, zur Aktivierung ihres Schutzes durch das System der Feldselbstregulierung, oft in Form von schweren Erkrankungen. Liebe, Ethik und Seele bilden die strategischen Hauptparameter. Die taktischen Strukturen haben bedeutend weniger Kapazität und ihre Veränderung erfolgt schneller. Da alle Parameter des menschlichen Feldes eng miteinander verbunden sind, ändern sich bei der Einwirkung auf einen beliebigen einzelnen Wert auch die übrigen Werte. Heute ist oft zu beobachten, wie eine momentane Besserung des physischen Zustands eines Menschen seinen strategischen Beständen zum Opfer fällt. Beispiele für derartige „Heilverfahren" gibt es in unserer Umwelt zu Genüge.

Zur Hauptaufgabe des Menschen gehört heute die Erweiterung des Wissens über die Welt, d.h. das Streben nach Erkenntnis über Prozessabläufe und ihre Wechselwirkungen. Dabei muss immer bedacht werden, dass das Feld des Menschen unmittelbar auf jeden Gedanken und jede Emotion reagiert, und sollten diese negativ sein, antwortet das Feld des Menschen ebenfalls mit einer sofortigen negativen Reaktion. Da der Mensch für feine Energien und deren Störungen unempfänglich ist, seine physische Ebene nur träge auf Feldstörungen reagiert und er den kausalen Charakter von Ereignisketten in seinem Leben nicht erkennt, kommt es auf physischer Ebene immer wieder zu Situationen von Unverständnis und Ignoranz.

Eine Gefahr besteht heute auch noch darin, dass bei jedem Menschen das Potential der Geisteskraft zugenommen hat, d.h. der Kraft der Einwirkung auf die Umwelt und die Menschen. Während der Durchschnittswert der Einwirkungskraft vor zweitausend Jahren zehn Einheiten, in der Epoche der Renaissance 23 Einheiten und Ende des 19. Jahrhunderts 38 Einheiten betrug, hat er gegenwärtig 88 Einheiten erreicht und nimmt weiter zu. Dies ist der Grund dafür, dass jede negative Einwirkung derart schwere Folgen nach sich zieht.

Für die Parameter der taktischen Strukturen ist das Niveau der bewussten und unterbewussten Aggression von enormer Bedeutung.

Bewusste Aggression spüren wir im selben Augenblick und reagieren auch sofort darauf, während die Gefahr der unterbewussten Aggression darin besteht, dass sie sich einer Kontrolle auf physischer Ebene entzieht. Dennoch reagiert das Feld darauf unmittelbar mit Gegenaggression, und bei ihrer verstärkten Einwirkung finden wir uns gegenwärtig, ohne es zu wissen, in unsichtbare Schlachten verwickelt wieder, wobei wir ja lediglich die Auswirkungen spüren.

Unterbewusste Aggression ist ein Parameter im System der Feldparameter des Menschen, der einen negativen Wert haben sollte, und je höher dieser in absoluter Größe ist, desto besser. Das ist die Grundlage für die wahre Güte des Menschen und seinen eigenen Schutz vor fremder Aggression.

Ein besonders wichtiges, über das Energieinformationsfeld bestimmendes Merkmal stellt der Verbindungsgrad zum Kosmos dar. Sein Wert hängt erheblich von der Ethik eines Menschen und der seiner Vorfahren ab, wobei das größte Vergehen, das diese Strukturen zerstört, die Vernichtung der Liebe ist.

Das Gefühl der Liebe ist sehr mannigfaltig, und größte Bedeutung muss hierbei der Liebe zu Gott und dem Universum, den „göttlichen Gefühlen“, durch die wir eins mit dem Universum werden, zu den Eltern, den Kindern, dem geliebten Menschen und sich selbst, beigemessen werden. In der lebenden und unbelebten Natur darf niemand und nichts unserer Liebe entzogen werden. Wenn wir dies begreifen und durch tägliche, stündliche Arbeit danach streben, unsere Handlungen, Gefühle, Gedanken und unser Leben aufrichtig und ehrlich zu bewerten, wird unser Leben wesentlich glücklicher sein.

Der Mechanismus des Karmas regelt die Einheit und die Wechselbeziehung des Menschen mit dem Universum, und je besser wir dies erkennen, umso kürzer kann unser Weg zur Überwindung der gegenwärtigen Krise sein. Die Menschheit verfügt eigentlich seit langem über alle erforderlichen Informationen über die Gesetze der Wechselwirkung in der Welt, die lakonisch und präzise in den religiösen Geboten dargelegt sind. Doch wir stoßen, wie der ungläubige Thomas, ständig mit dem Kopf gegen dieselbe Mauer, zerstören die Welt und uns selbst und ziehen nicht die richtigen Schlussfolgerungen.

Heute ist es möglich, die Richtigkeit der in den Geboten dargelegten Gesetze anhand der eigenen Person „zu überprüfen“, nämlich Wissenschaft und Religion in Verbindung zu bringen, um mit Hilfe von Zahlen, deren Sprache uns so vertraut ist, die Lage, in die wir die Welt gebracht haben, zu bewerten und zu versuchen, den Weg zu einer harmonischen Welt zu finden.

AUSSERSINNLICHES TESTEN

Beim Studieren des morphogenetischen Feldes eines Menschen kam ich zum Schluss, dass die Feldstrukturen und der physische Körper in einer Korrelation zueinander stehen, und dass sie wie zwei Gegensätze, die aufeinander einwirken, beschaffen sind. Das Tempo des gegenseitigen Übergangs der Feldstrukturen und des physischen Körpers kann unterschiedlich sein.

Die Erfahrungen bei der Heilung verschiedener Krankheiten zeigen, dass die Heilung bedeutend effektiver ist, wenn die Einwirkung nicht auf das kranke Organ und auch nicht auf den ganzen Organismus, sondern auf die Ursache der Krankheit gerichtet ist. Wie erfolgreich auch immer eine konkrete Krankheit von mir geheilt wurde – wenn die Ursache nicht beseitigt worden ist, nährt sie die Krankheit weiter und kann sich, wie die Praxis gezeigt hat, von einem Organ auf ein anderes verlagern. Die Krankheit ist keine Lawine, die man beseitigen kann, indem man den betroffenen Bereich räumt. Die Krankheit gleicht vielmehr Wasser, das aus dem Hahn fließt, und die Ursache der Krankheit wird erst dann beseitigt, wenn der Hahn zugedreht ist.

Als ich die Deformation der Feldstrukturen, die im Feld des Menschen entstehen, analysierte, sah ich, dass viele Krankheiten oft viele Jahre zuvor auf der Feldebene ihren Anfang nehmen, bevor sie erstmals auf physischer Ebene auftreten. Die Ursache für Felddeformationen ist die Nichtübereinstimmung der Merkmale des Feldes des Menschen mit dem Informationsfeld der Erde und des Universums. Gedanken, Emotionen und

Verhalten, die zur Harmonie des Universums in Widerspruch treten, führen zu Deformationen von Feldstrukturen. Daher ist es die Beseitigung der Ursachen für die entstandene Deformation, die den Weg zur Genesung des Menschen bildet. Anfangs dachte ich, dass es fünf bis sieben derartiger, Felddeformationen widerspiegelnder Strukturen geben müsste. Doch in vertieften Studien stellte sich heraus, dass ihre Zahl gewaltig ist: Jede negative Handlung, jeder Gedanke und jede Emotion bilden in den Informations- und Energieschichten des Feldes des Menschen sogenannte „Pfropfen“, deren Beseitigung die Feldstrukturen des Menschen und seinen physischen Zustand harmonisiert. Nachdem ich Hunderte von Fällen analysiert hatte, verstand ich, dass Krankheiten, Traumata, Unannehmlichkeiten im Leben, der Zerfall der Persönlichkeit, des Charakters und der Psyche verschiedene Erscheinungsformen von Sühne und der Beseitigung der Ursachen der Deformation des Feldes sind und seine Harmonisierung bedeuten. Ich fühlte, dass nicht nur der physische Körper ein einheitliches System mit gegenseitiger Beeinflussung der Organe ist, sondern dass auch die Strukturen des Geistes, die Psyche, das Schicksal und der Charakter Elemente dieses Systems sind. Die Einwirkung auf einen der angeführten Parameter ruft automatisch eine Änderung in den anderen hervor, so verbessert beispielsweise ein zunehmend ethisches Verhalten gleichzeitig die Psyche, das Schicksal sowie die Gesundheit und wirkt positiv auf alle Bereiche des Lebens ein. Alle Probleme im Leben des Menschen – Schicksalsschläge, physische wie psychische Krankheiten, Traumata – sind das Ergebnis der Arbeit des Systems der Feldselbstregulierung, die notgedrungene Blockierung des beginnenden Zerfalls von Geistesstrukturen – den strategischen Hauptstrukturen, die für das Überleben des Menschen und seiner Nachkommen verantwortlich sind.

Während meiner Arbeit war es dringend erforderlich, beim

Einwirken auf den Informations- und Energiekomplex des Menschen gleichzeitig auch das Ergebnis dieser Einwirkung einzuschätzen, sonst hätten, im Fall dass dem Körper geholfen worden wäre, grundlegende Karmastrukturen zerstört werden können. Einwirkungen auf dem Gebiet der Bioenergetik sind beträchtlich stärker und gefährlicher als andere Heilmethoden, weshalb man hierbei keinesfalls ohne ein Kontrollsystem arbeiten sollte.

Auf diese Weise wurden nach und nach die Hauptprinzipien und -elemente eines Systems von medialen Testverfahren ausgearbeitet, welches es dann ermöglichte, die Parameter auszuwerten und die Ergebnisse der Einwirkung auf die Feldstrukturen zu kontrollieren.

Als ich die Wechselwirkung der Hauptelemente des Systems der Selbstregulierung analysierte, verstand ich die Gesetze der Entwicklung des Organismus besser und entdeckte diejenigen Karmastrukturen, die den Menschen vor Unglücksfällen und Traumata schützen, die Strukturen, die für Glück und Erfolg verantwortlich sind und die der Organismus permanent wiederherstellt und reproduziert. Sie werden zerstört, wenn der Mensch sich von Gott, den Eltern, den Kindern und dem geliebten Menschen lossagt. Im Feld existieren Strukturen, die für die Fähigkeit des Menschen zur Liebe verantwortlich sind, und ihre Deformation führt zu schweren Erkrankungen, darunter auch onkologischen. Da der physische Körper gemeinsam mit den Karmastrukturen einen einheitlichen Prozess darstellt (so wie im Prinzip jedes Objekt zugleich ein Prozess ist), kann man ihn Tests unterziehen, seinen künftigen Zustand prognostizieren und damit eine Frühdiagnostik durchführen, d. h. jede Einwirkung auf den Menschen bewerten. Die Methode gestattet es, Menschengruppen, soziale Programme und sogar ganze Länder zu testen, langfristige Prognosen anzustellen und somit Verhalten und Schicksal lebender und unbelebter Objekte zu bestimmen. Unter den Bedingungen der heutigen Welt, wo jede Katastrophe immer schwerwiegendere Folgen nach sich zieht, ist die Entwicklung einer Methode zur Früherkennung kritischer Situationen für den einzelnen Menschen, das Kollektiv, die Organisation oder das Industrieobjekt nicht nur begründet, sondern dringend erforderlich, um das Überleben zu sichern.

Die Methode außersinnlicher Tests gestattet es, nicht nur die physischen Parameter des Objekts, sondern auch seine Feldstrukturen zu analysieren. Da künftigen Ereignissen im Bereich der materiellen Welt eine Entwicklung in den Feldstrukturen vorangeht, sind die Lebenssituationen der physischen Ebene als Realisierung der Programme auf Feldebene zu betrachten. Die Vorgänge im Universum stellen kein chaotisches Zusammenwirken verschiedener Objekte dar, vielmehr handelt es sich um die Realisierung von bestimmten Programmen, die im Informations- und Energiefeld des Universums kodiert sind, um einen Prozess, in dem Informationsstrukturen in Energiestrukturen übergehen und auf physischer Ebene realisiert werden. Damit spiegelt der Karmamechanismus das vorherrschende Prinzip der Einheit des Menschen mit dem Universum wider.

An Beispielen der Heilung unterschiedlicher Erkrankungen, der Analyse komplizierter Lebenslagen meiner Patienten sowie von Tests verschiedener Programme und Objekte werde ich versuchen, nicht nur die Möglichkeiten der Methode außersinnlicher Tests darzulegen, sondern auch Informationen zu übermitteln, die ich während meiner Arbeit über unsere grundlegenden Fehler und damit auch die Ursachen gewonnen habe, die eine Verletzung der Harmonie des Menschen mit dem Universum und als Folge davon Krankheiten, Kummer, Leid und Unglück hervorrufen.

Erste Ursache

Viele Prozesse, die gegenwärtig im Leben ablaufen, sind darauf gerichtet, die Blockierung zwischen Bewusstsein und Unterbewusstsein des Menschen aufzuheben, und alles, was ins Unterbewusstsein gelangt, stellt eine Anleitung zum Handeln dar und beginnt, aktiv zu werden.

Vor 100-150 Jahren beschäftigten sich vor allem die Kunst, die Philosophie sowie einige esoterische Schulen mit der Erschließung des Unterbewusstseins, heute hat sich bereits die Medizin diesem Prozess angeschlossen.

Die Logik des menschlichen Bewusstseins ist auf das Überleben des physischen Körpers gerichtet, die Logik des Unterbewusstseins auf die Erhaltung und Entwicklung von Geistesstrukturen. Deshalb können Versuche einer mechanischen Vereinigung beider in vielen Fällen zum Untergang eines der beiden führen.

Gegenwärtig wird der „Energiemüll" vom menschlichen Unterbewusstsein mit unglaublicher Geschwindigkeit aufgenommen, da einerseits eine Informationsflut dorthin vordringt und andererseits der heutige Mensch verunsichert und allzu vertrauensselig geworden ist. Man braucht den eingehenden Informationen nur mit einem Prozent Misstrauen zu begegnen und das Unterbewusstsein ist für sie bereits blockiert.

Gelangen negative Gefühle und Emotionen ins Unterbewusstsein, so entziehen sie sich gleichzeitig der Kontrolle des Menschen, und da die physische Gesundheit eng mit dem Unterbewusstsein verbunden ist, entstehen äußerst komplizierte Abhängigkeiten und Folgen.

In meiner Sprechstunde klagte ein Mann über ständige

Kopfschmerzen. Ich fand die Ursache seiner Krankheit: Zehn Jahre vor unserer Begegnung hatte er seiner Frau etwas sehr übel genommen, und obwohl seine Frau ihm hierzu Anlass gegeben hatte, musste der Mann dennoch für die von ihm empfundene Kränkung büßen. Ich beschrieb ihm dies alles, er hörte zu und fragte erstaunt:

„Das stimmt alles, aber sagen Sie, wie haben Sie das vermuten können?"

„Ich habe nicht das Recht, Vermutungen anzustellen. Ich untersuche die Krankheitsursachen und sehe sie. Kränkungen sind eine der verbreitetsten Verletzungen der Gesetze des Universums, die im Leben sowohl des Gekränkten als auch des Beleidigers verschiedene Leiden hervorrufen kann."

Ich sprach mit der Mutter eines zehnjährigen Mädchens. Die Mutter klagte darüber, dass die Mitschülerinnen mit dem Mädchen keine Freundschaft schließen wollten.

„Nennen Sie die Namen der Mädchen."

Ich führte Tests durch und sah, dass alle genannten Mädchen eine sehr negative Haltung gegenüber der Tochter hatten.

„1974 haben Sie eine Frau sehr stark gekränkt", erklärte ich der Mutter. „Was also war das Ergebnis? In Ihrem Feld kam es durch die Beleidigung zu einer Deformation einer Feldstruktur, die in das Feld der Tochter übergegangen und gegen Frauen gerichtet ist. Die Mädchen spüren dies und wollen sich mit Ihrer Tochter nicht anfreunden."

Nach der Korrektur der Feldstrukturen der Mutter sah ich, wie sich das Verhalten der Mädchen zu ihrer Tochter änderte. Am nächsten Tag würden die Mitschülerinnen ihre Freundinnen sein. Die Korrektur der Strukturen musste die Mutter selbst vornehmen. Auch wenn sie keine Wundertäterin war und nur über die Energie eines Durchschnittsmenschen verfügte, erreichte sie durch meine Hilfestellung und durch genaue Fokussierung auf die Punkte des Feldes, auf die eingewirkt werden musste, das erforderliche Ergebnis, um den Kontakt des Geistes zum Universum herzustellen.

Einmal heilte ich die Großmutter eines jungen Mannes. Ihr Hauptproblem, über das wir sprachen, war eine schwere Kränkung durch ihre Mutter. Die Mutter hatte sie in einer schwierigen Lebenslage durch eine Handlung gekränkt. Wahrscheinlich hatte sie nicht anders handeln können, doch die Tochter nahm es der Mutter jahrelang übel. Mit dem Schicksal und der Gesundheit des Sohns und des Enkels der Frau sah es schlecht aus. Weil auf der Feldebene zwischen den Kindern und ihren Eltern die engste Einheit besteht, ruft das Gefühl des Gekränktseins des Kindes gegenüber den Eltern oder der Eltern gegenüber dem Kind einen Bruch und eine Deformation der allerfeinsten Strukturen, die für normale freundschaftliche Wechselbeziehungen zwischen Menschen verantwortlich sind, hervor. Die Großmutter hatte sich durch ihre Mutter gekränkt gefühlt, die Deformation ihrer Feldstrukturen wurde an den Sohn weitergegeben, der Sohn war sechs-, siebenmal verheiratet. Bei seinen Scheidungen trennte er sich in gutem Einvernehmen von den Frauen, doch ein richtiges Familienleben kam nie zustande. Der Enkel hatte dieselben Probleme, sein Privatleben verlief unglücklich. Er war ein lieber und guter Mann, lernte vortreffliche Mädchen kennen, aber Familienglück konnte er nicht finden...

Die Untersuchungen der Karmastrukturen demonstrieren auf der Energieebene anschaulich das biblische Gebot: *„Du sollst deinen Vater und deine Mutter ehren, auf dass es dir wohl gehe und du lange lebest auf Erden.“* (5. Mose 5,16).

Die Haltung zu Mutter und Vater muss immer ehrerbietig sein. Dieser Kodex von Gesetzen und Regeln, den es in allen Jahrhunderten in der Gesellschaft gab, hat die feinsten Feldstrukturen vor der Zerstörung bewahrt. Jetzt haben wir all dies verloren.

Neulich hatte ich ein interessantes Erlebnis. Eine Frau rief mich an, deren Mann an schwerer Radikulitis erkrankt war, doch er musste dringend eine längere Dienstreise antreten. Ich untersuchte ihn in Fernbehandlung – sein Zustand war ziemlich schlecht.

Kurz zuvor hatte er einen leichten Infarkt gehabt, und nun die starken Schmerzen im Kreuz. Er hatte zum Arzt gehen wollen, um sich behandeln zu lassen, doch er hatte es glücklicherweise nicht geschafft, denn das hätte zu Herzproblemen führen können. Bei dem noch jungen Mann zeigten sich Karmaverstöße, hauptsächlich in Form eines schweren Kränkungsgefühls, das ihm von seiner Mutter und seinem Vater weitergegeben worden war. Daher fühlte er sich im Unterbewusstsein immer wieder gekränkt, oftmals ohne es zu bemerken. In den letzten Jahren hatten Konfliktsituationen, in die er geraten war, dazu geführt, dass er unbewusst Menschen auf Feldebene angegriffen hatte, sich gekränkt gefühlt und entsprechend Gegenangriffe erhalten hatte. Das hatte sich negativ auf seinen physischen Zustand und vor allem auf das Herz ausgewirkt. Er war ein guter und aufgeschlossener Mensch, seine Parameter von Geist und Seele waren ausreichend hoch, was ihm ein guter Schutz gewesen war, so dass sich die Hauptstrafe auf den Körper richtete und er erkrankte. Durch physische Qualen hatte er seine Seele immer wieder retten können. Die heftigen Schmerzen im Kreuz hatten ihn vor dem Infarkt gerettet, denn die starke Deformation der Felder hätte zwangsläufig eine schwere physische Erkrankung funktioneller oder organischer Art nach sich ziehen müssen. Wenn man ihn massiert oder ihm ein schmerzstillendes Mittel verabreicht hätte, dann hätten Herzprobleme auftreten können. Das waren die Informationen, die ich bei der Fernuntersuchung von seinen Feldstrukturen erhalten hatte. Ich rief ihn jede Stunde an und erklärte die Vergehen, die seine Eltern begangen hatten. Sein Energiepotential, das katastrophal niedrig war, erhöhte sich allmählich. Für mich war es am Wichtigsten, seine Hauptparameter auf den Normalwert zu bringen, das Feld von Karmaverstöße zu reinigen, d.h. ihm nicht den physischen Schmerz zu nehmen, sondern die Ursachen zu entfernen, denn eine alleinige Beseitigung des physischen Schmerzes hätte ihm teuer zu stehen kommen können.

Die Harmonisierung der Karmastrukturen ist eine Methode ohne sofortigen Effekt. Es gelang mir nicht, ihn bis zur Abreise vollständig zu heilen, doch dafür hatte ich die Ursachen der Krankheit aufgedeckt. Ich rief ihn bis Mitternacht in regelmäßigen Abständen an. Am nächsten Morgen stellte ich einen erneuten Abfall des Energiepotentials sowie Felddeformationen fest. Der Grund dafür war, dass er mir etwas übel genommen hatte. Er hatte in der Nacht aufstehen wollen, war aber gestürzt und hatte vor Schmerzen das Bewusstsein verloren. Der Mann war auf meine Heilmethode nicht vorbereitet gewesen und der Meinung, dass die Schmerzen, wenn ein Wunderheiler am Werke ist, sofort aufhören müssten. Ich erklärte ihm, dass es keinen Grund gäbe, verärgert zu sein – er habe jahrelang höchste Gesetze verletzt, so dass er in einigen Stunden nicht geheilt werden könne. Ich setzte meine Einwirkung fort, die Schmerzen hörten bis zum Abend auf, und er trat die Dienstreise an.

Doch einige Tage später rief seine Frau an und bat mich, die Tochter zu betrachten. Die Tochter war in der Schule bewusstlos geworden, und die Ärzte konnten nicht feststellen, was mit ihr war. Schuld daran war … der Vater. Der Zustand der Tochter verschlechterte sich akut, weil der Vater erneut über mich verärgert war. Da jedoch mein Karma ausreichend rein war, kehrte die empfundene Kränkung zurück und traf das Kind. Früher, als es noch Heilige gab, die nach den höchsten Gesetzen lebten, erhielt jeder Mensch, der ihnen etwas übel nahm, sofort die ihm gebührende Strafe. Das war eine Art Prophylaxe, und die Menschen wussten, dass man nichts übel nehmen durfte. Sie sahen und spürten dies real. Heute haben wir alle ein negatives Karma, daher „verliert sich" die Kränkung im Feld und es erfolgt keine sofortige Bestrafung – vielmehr sterben wir langsam, allmählich. Aufgrund von mangelndem Wissen und Empfinden sind wir nicht in der Lage, die realen Prozesse zu erkennen.

Die nächste Patientin erzählte, dass sie geschieden worden war und ihrer Meinung nach die Mutter ihres Mannes an der Scheidung schuld war. Die Schwiegermutter hatte alles unternommen, um sie zu trennen, obwohl sie anscheinend ein gutes Verhältnis zu ihrer Schwiegertochter gehabt hatte. Ich begann, die Ursache dieses Verhaltens der Schwiegermutter zu untersuchen, und sah, dass sie vor der Geburt des Sohnes ihren Mann gehasst und sich von ihm gekränkt gefühlt hatte, und diese Gefühle hatten ziemlich lange angehalten. Sie hatte sich darauf konzentriert, sich von ihrem Mann scheiden zu lassen. Die negativen Gefühle hatten einen Informationsblock gebildet, der im Unterbewusstsein erhalten geblieben war, und obwohl die Mutter diesen Vorfall seit langem vergessen hatte und normal weiterlebte, existierte diese Orientierung weiterhin in ihrem Feld und begann, nicht mehr ihre eigenen Beziehungen, sondern nun die ihres Sohnes zu zerstören. Das Programm zur Zerstörung von Beziehungen wirkte gegen den von ihr geliebten Menschen – den Sohn, zerstörte sein Schicksal und seine Beziehung zu seiner Frau. Nach außen hin konnte die Schwiegermutter sich das damit erklären, dass ihr die Schwiegertochter nicht gefiel, doch in Wirklichkeit wirkte der Mechanismus der Erhaltung des Bösen, denn einmal vom Menschen begangenes Böses löst sich nicht im Nichts auf, es bleibt im Unterbewusstsein erhalten und tritt früher oder später zutage, und zwar meist bei denen, die uns am nächsten stehen und die wir über alles lieben.

In meiner Sprechstunde war eine junge Mutter, die bat, ihr Kind vom Hautausschlag zu heilen. Ich fand die Ursache und erklärte, wann was geschehen war und wie der Mensch aussah, von dem sie sich gekränkt fühlte, aber die Frau konnte sich nicht erinnern. Ich begann, das Kind zu heilen, denn ich konnte Felddeformationen erkennen, doch plötzlich ging es dem Kind schlechter und der Hautausschlag verstärkte sich. Ich analysierte die Ursache. Wie sich herausstellte, hatte ich anfangs nur die oberste Schicht gesehen, und es waren mehrere Ursachen dafür verantwortlich. Das erste Kind der Frau war gestorben. Die Ursache für den Tod des ersten Kindes und den starken Hautausschlag des zweiten war, dass sie sich von ihrem Mann schwer gekränkt fühlte. Nach der Korrektur ging es dem Kind etwas besser, doch die Verzerrungen des Feldes waren nicht vollständig beseitigt.

„Sie sind immer noch böse auf Ihren Mann", sagte ich der Frau.

„Aber er war schuld, er hat mich beleidigt!"

Ich erkläre, dass er nicht schuld sein konnte. Die Beziehungen der Menschen zueinander werden durch die Kodierung ihrer Felder bestimmt. Das Feld eines jeden Menschen enthält eine Gruppe von Programmen, die sein Zusammenwirken mit der Welt und den Menschen bestimmen. Die Gefühle der Liebe, des Hasses und der Kränkung, die Mitmenschen gegenüber einem anderen empfinden, entsprechen genau dem, was in seinem Karma gespeichert ist. Daher gibt es Menschen, die ständig gekränkt werden, Menschen, die Traumata erleiden, Menschen, die hassen, usw. Im Feld eines Menschen sind Programme der Haltung ihm gegenüber und Programme seiner Beziehungen zu anderen Menschen enthalten. Wenn uns etwas Unangenehmes zugefügt wird, dürfen wir nicht auf gleiche Weise antworten. Widerstand darf nur auf physischer Ebene geleistet werden, auf Feld- und Geistesebene muss immer das Gefühl der Demut, Sanftmut und Menschenliebe bewahrt bleiben. Wir müssen daran denken, dass jede Unannehmlichkeit das Ergebnis unserer Unvollkommenheit ist – das reinigt das Karma, schützt uns vor Krankheiten, verbessert das Schicksal und die Gesundheit der Kinder.

Verärgerung über andere Menschen und Bosheit sind der Versuch eines Energieangriffs nicht nur auf die konkrete Person, sondern auch auf das Universum, was eine Deformation der Feldstrukturen hervorruft. *„Segnet, die euch fluchen; tut wohl denen, die euch hassen; bittet für die, so euch beleidigen und verfolgen.“* (Matthäus 5,44). Das ist der sicherste Schutz vor Unglück, Krankheit und dem, was wir „Verwünschung“ nennen.

Meine Assistentin wollte ihrem Cousin helfen. Ich erklärte ihr die Verstöße, die die Mutter des Cousins begangen hatte, und die Assistentin ging in die Kirche. Dort wurde ihr plötzlich sehr schlecht. Ich betrachtete ihr Feld, es war vollständig „zusammengebrochen“. Eine Ursache dafür war, dass auch sie sich von der Mutter des Cousins gekränkt fühlte und sich dieses Gefühls nicht bewusst war, sich davon nicht befreit hatte und dann vor einer Ikone für die Verstöße der Verwandten gebetet hatte. Auch ein unterbewusstes Gefühl der Kränkung oder Verwünschung wird im Feld einer Kirche und einer Ikone, das auf die Einigkeit der Menschen und auf Liebe gerichtet ist, beträchtlich verstärkt und deformiert die Feldstrukturen des Menschen.

Während einer Konsultation bat eine Frau, in Ferntests ihr Arbeitszimmer zu untersuchen, denn in letzter Zeit betrat sie dieses nur sehr ungern. Ich betrachtete die Energiestruktur des Raumes und sah drei starke negative Zonen, deren „Urheber“ verschiedene Personen waren. Am gefährlichsten und unangenehmsten war die Zone mit einem Radius von etwa einem Meter, die von einem Mann geschaffen wurde, dessen Äußeres und Alter ich beschrieb. Die Frau war ziemlich erstaunt, denn der beschriebene Arbeitskollege war ein netter und höflicher Mensch, der sich gut mit ihr verstand, und es erschien ihr einfach unmöglich, dass er das Programm der Vernichtung und des Hasses, das im Energiefeld des Raums wirkte, geschaffen hatte. Weitere Untersuchungen zeigten, dass die Frau Recht und gleichzeitig Unrecht hatte, denn das Programm der Vernichtung von Frauen und des Hasses auf sie arbeitete bei dem Kollegen auf der Ebene des Unterbewusstseins. Das kommt in dem Fall vor, wenn die Urheber des Programms entweder seine Vorfahren oder hingegen Verstöße sind, die der Mensch in früheren Leben begangen hat. In diesem Fall war das Programm von der Urgroßmutter des Kollegen geschaffen worden, die kein Kind haben wollte und ihrer geborenen Tochter den Tod gewünscht hatte. Dieses Programm war so stark, dass es einige Generationen überdauert hatte. Der nichtsahnende Erbe dieses Programms vernichtete in seinem Unterbewusstsein Frauen. Das wirkte sich katastrophal auf sein Privatleben aus. Seine erste Frau erzählte, dass sie zuweilen seltsame Gefühle verspürte, sich sogar mit dem Messer auf ihren Mann gestürzt hatte, ohne zu wissen warum. Sie hatten sich getrennt. Mit der zweiten Frau waren die Beziehungen wesentlich besser gewesen, doch nach fünf Ehejahren war sie bei einem Unfall gestorben. Nachdem ich die Feldstrukturen der beiden Frauen analysiert hatte, verstand ich, dass beide Fälle eine Ursache hatten – das autonome Programm der Vernichtung von Frauen im Feld des Mannes. Wobei das Programm umso intensiver arbeitete, je stärker der Mann mit der Frau verbunden war. Der Mann hatte keine Kinder. Jungen wurden nicht geboren, weil sie vom Vater das Vernichtungsprogramm geerbt und unfreiwillig noch mehr Frauen ins Unglück gestürzt hätten, und die Mädchen waren nicht überlebensfähig.

Der Patientin tat ihr Kollege Leid und sie bat mich, weil sie wusste, dass ich durch Zeichnung eine Feldkorrektur vornehmen konnte, ihm zu helfen. In Fernbehandlung entfernte ich das Programm aus dem Feld dieses Menschen. Das ist eine Methode der Zauberei, die ich gewöhnlich nicht anwende. Ich weiß nicht, warum ich gegen mein eigenes Prinzip verstoßen und zustimmt hatte, denn nur eine Änderung des Geistes und die Erkenntnis vermag es, den Menschen zu heilen, dies aber war ein Element der Magie. Wahrscheinlich wollte ich der Frau möglichst schnell helfen, aber sie natürlich auch mit einer effektvollen Geste beeindrucken. Es fühlte sich gut an, mit dem Schicksal zu spielen. Unsere Konsultation war beendet, ich war zufrieden. Doch nach vier Stunden verspürte ich ein Gefühl höchster Gefahr. Ich untersuchte die Ursachen und verstand, was geschehen war. Es geht darum, dass ein Vernichtungsprogramm allein durch Reue neutralisiert werden kann, wenn es jedoch einfach nur aus dem Feld des Menschen entfernt wird, existiert und arbeitet es aktiv an anderer Stelle weiter. Ich musste herausfinden, wohin das Programm gelangt war. Wie sich zeigte, war es in mein eigenes Feld gelangt. Da verstand ich, warum Zauberer Krankheiten ins Wasser, in die Erde, in Pflanzen und verschiedene Gegenstände ableiten, denn sonst handelt das Programm gegen denjenigen, der es entfernt hat. Ich suchte nach dem Programm in meinen Feldstrukturen und fand es dort zwar nicht, dafür aber im Feld meines Sohnes. Er musste nun das Karma des Menschen, den ich gerettet hatte, erben und Frauen, die er lieben würde, vernichten. Das Programm im Feld meines Sohnes belassen konnte ich nicht, doch auch der Mann tat mir Leid. Sechzig Prozent des Programms konnte ich neutralisieren, den Rest musste ich ihm zurückgeben, da er das Programm in der Zwischenzeit bereits persönlich durch einige Handlungen gegenüber Frauen manifestiert hatte. Das Prinzip der Verlagerung von Krankheit ins Wasser oder in andere Gegenstände ist ebenfalls falsch, doch hierzu später mehr.

Sehr viele Erkrankungen sind damit verbunden, dass die

Menschen nicht wissen, wie gefährlich es ist, negative Gedanken und Emotionen in Zeiten von starkem Geistesdrang, von Freude und Verliebtheit, in denen sich das Energiepotential des Menschen stark erhöht, aufkommen zu lassen.

Einmal bat mich eine Frau wegen der Enuresis ihres Kindes um Hilfe. Ich suchte die Ursache der Krankheit des Kindes und sagte der Mutter:

„Sie fühlten sich gekränkt und haben im Jahr so und so jemandem Böses gewünscht."

Die Frau konnte sich nicht erinnern. Ich präzisierte:

„Das war im Februar, am 11. oder 12."

„Das war mein Hochzeitstag!"

„Was geschah auf der Hochzeit?"

Die Frau konnte sich an keine heftigen negativen Emotionen oder Handlungen, die mit ihrer Hochzeit verbunden waren, erinnern. Doch im Energiefeld sah ich das Gefühl sehr starker Kränkung gegenüber einer Frau, einer Verwandten des Ehemanns.

„Vielleicht haben Sie sich mit der Schwiegermutter gezankt?"

Die Frau erinnerte sich schließlich, dass die Schwiegermutter etwas Unpassendes gesagt hatte, doch ein Gefühl schwerer Kränkung war ihr nicht bewusst.

Ich begann zu verstehen, was geschehen war.

„Sie waren an Ihrem Hochzeitstag in Hochstimmung, hatten ein kolossales Energiefeld, deshalb hat selbst das geringfügige Kränkungsgefühl gegenüber Ihrer Schwiegermutter großen Schaden angerichtet. Indem die Kränkung nun zurückgekehrt ist, tritt sie als Enuresis bei Ihrem Kind zutage."

Enuresis ist keine Krankheit, sondern ein Signal einer starken Störung der Geistesstrukturen beim Kind, eine tickende Zeitbombe, die sich nicht unbedingt in einer Krankheit des Kindes äußern muss, sondern auch zu einem unglückseligen Schicksal und verzerrten emotionalen oder physischen Strukturen führen kann.

Deshalb stellt jedes Kränkungsgefühl, das sehr tief eingedrungen ist und das der Mensch lange Zeit nicht bewältigen kann, eine große Gefahr dar. Die Menschen versuchen intuitiv, das Kränkungsgefühl wieder loszuwerden, abzubauen und zu verdrängen. Gängige Methoden sind Weinen, Zerschlagen von Geschirr und Schimpfen... Wenn man sich die Kränkung allzu lange zu Herzen nimmt, dann wird sie um ein Vielfaches gefährlicher und trifft nicht nur den Beleidiger und den Beleidigten, sondern auch die Kinder. Gesunde Menschen vergessen in der Regel Kränkungen relativ schnell. Im Judentum und im Christentum gibt es einen Feiertag – den Sonntag der Vergebung, an dem der Mensch um Vergebung aller zugefügten bewussten und unbewussten Kränkungen bittet. Wenn dies aufrichtig geschieht, dann setzt der Mechanismus der Reue ein und es findet eine Reinigung des Unterbewusstseins statt.

Ich befürchte, dass wir den Sinn der Reue momentan nur ziemlich verschwommen sehen.

Das Studium der Weltreligionen hat mich dazu verleitet, den Begriff Reue zu analysieren. Es handelt sich hierbei keinesfalls um nutzlose Gewissensbisse, Selbstgeißelung oder Bedauern der Vergangenheit. Mit solchen Emotionen kann sich der Mensch nur schaden.

Bereuen bedeutet vielmehr, sich selbst mit aller Kraft zu ändern und seine Fehler nie mehr zu wiederholen. Der Sinn dieses Prozesses besteht darin, dass der Energieimpuls, der bei der Einsicht der Fehler entsteht, schöpferisch agiert. Durch Reue erfolgt ein Bruch in der Kette von Ursache und Wirkung, bei der eine Handlung die nächste nach sich zieht. Der Mechanismus der Weitergabe von Feldinformation, d.h. die Ansammlung und Aktivierung der Programme und ihre Realisierung durch die Handlungen des Menschen, kann durch Reue aufgehalten werden.

Im Judentum kann der reuige Sünder, im Christentum der Räuber am Kreuz über den Heiligen gestellt werden, denn es verlangt von ihnen bedeutend mehr Anstrengung, ein Leben lang in Heiligkeit zu leben, als von einem Menschen mit bereits reinem Karma.

Ein Mensch mit reinem Familien- und persönlichen Karma muss oft weniger Kraft aufwenden, um Großes zu erreichen, als es von jemandem mit belastetem Karma erforderlich ist, um einfach nur anständig zu sein. Deshalb ist in allen Weltreligionen eindeutig die These formuliert, dass das persönliche Streben des Menschen zum Göttlichen von größerer Bedeutung ist, als die ihm von Natur verliehenen Möglichkeiten.

Der Mechanismus der Reue muss unverbrüchlich mit dem Verständnis des Weltbildes verbunden sein: Um eine Gesetzesverletzung erkennen zu können, muss man zunächst einmal das Gesetz kennen.

Anfangs nahm ich an, dass Reue nur diejenigen Programme zerstört, die von negativen Emotionen – Hass, Beleidigung und Verwünschung – gebildet wurden, doch jetzt sehe ich, dass ihre Möglichkeiten weitaus größer sind, und dass sie vor allem eine maximale Änderung und Harmonisierung der Feldstrukturen bewirkt.

Denn auf der feinen Geistesebene steht jeder Mensch im Kontakt mit dem Göttlichen, so wie jede Zelle des Organismus mit dem gesamten Organismus verbunden ist. Ein Abbruch dieses Kontakts ist unmöglich, unabhängig davon, wie belastet das Karma ist und wie sich der Mensch verhält. Die Feldstrukturen eines jeden Menschen enthalten Informationen über Verletzungen der höchsten Gesetze durch die Vorfahren und ihn selbst in früheren Leben, und je schwerwiegender die Verletzungen sind, auf umso feinerer Ebene haben sie sich manifestiert.

Die Existenz von zwei einander ausschließenden Thesen

über die Ursünde und die Urreinheit des Menschen wird verständlich, wenn man an die verschiedenen Ebenen der Feldstrukturen denkt. Deshalb ist das Streben über Reue zum Unerkennbaren, zum Göttlichen, der einzige Weg zur feineren Ebene, zur Erhöhung des Geistes des Menschen und zur Reinigung des Karmas.

Die Einheit von allem, was uns umgibt, wird zuweilen auf sehr unerwartete Weise bestätigt.

Eine Bekannte rief an und klagte darüber, dass ihr Hund sterben würde, weil er „versehentlich" Gift gefressen habe und wahrscheinlich nicht mehr zu retten sei. Ich betrachtete in Fernbehandlung das Energiefeld des Hundes und sah schwarze Flecken im Bereich des Magens und des Kopfes, wo das Gift bereits auf das Gehirn einwirkte. Der Hund regte sich nicht.

„Kann man auf Gift über die Energieebene einwirken?"

„Ja, das kann man."

Ich begann, in Fernbehandlung im Organismus des Hundes das Gift unschädlich zu machen und testete, welches Medikament gegeben werden konnte.

„Lösen Sie eine Aspirintablette in Wasser auf und geben Sie ihm dieses zu trinken", sagte ich der Bekannten am Telefon.

Der schwarze Fleck begann sich nach einer halben Stunde zu ändern, wurde grau und kleiner, der Hund kam langsam wieder zu sich. Das Energiefeld hatte sich enorm verbessert. Doch ich wollte wissen, warum der Hund das Gift gefressen hatte. Ich setzte meine Untersuchungen fort und stellte fest, dass die Ursache für das Missgeschick mit dem Hund das Verhalten der Besitzerin, eine von ihr kurz zuvor begangene Verletzung der höchsten Gesetze des Universums, war.

Über diese Ursachen werden wir ausführlich im zweiten Buch sprechen.

Ich führte ein Gespräch mit einer jungen Frau. Sie hatte bei einem Verkehrsunfall eine Gehirnerschütterung erlitten, und jetzt hatte sie ein taubes Gefühl im Finger. Ich suchte die Ursache des Unfalls, analysierte die Folgen und erklärte der Frau den Kausalzusammenhang zwischen Unglücksfällen und ihren Handlungen.

„Aber was ist mit meiner Gesundheit?“, fragte sie.

Wenn jemand unvorbereitet in die Sprechstunde kommt, dann erwartet er, dass ich mit den Händen heile, und ist für Erklärungen kaum zugänglich. Er versteht nicht sofort, dass die Einwirkung auf Energieebene stärker ist. Manchmal ist er sogar beleidigt, was für ihn leider nicht folgenlos bleibt.

Nach einigen Tagen trat bei der Frau eine merkliche Besserung ein. Als sie erneut kam, sah ich bei ihr eine Feldverzerrung wegen ihres ursprünglichen Misstrauens und ihres automatischen Angriffs gegen mich. Ich erklärte dies der Frau.

„Das kann nicht sein!“

„Ich werde Ihnen die Situation skizzieren: Zehn Minuten, nachdem sie mich verlassen hatten, verspürten Sie Unzufriedenheit, und da Ihr Karma nicht rein ist, kamen noch Verstöße Ihrer Eltern hinzu, und so begann ein regelrechter Angriff auf mich. Hatten Sie in letzter Zeit Schwierigkeiten?“

„Ja, mein Hund wurde beinahe von einem Auto überfahren.“

Ich zeichnete die Feldstrukturen des Hundes und der Frau. Sie waren identisch. Haustiere hängen stark von der Ethik ihrer Besitzer ab, an ihren Krankheiten und Traumata ist meist der Mensch schuld. Das Feld des Hundes war früher rein gewesen, doch nachdem die Frau bei mir gewesen war, waren Verzerrungen im Bereich des Kopfes, der Vorder- und der Hinterpfoten aufgetreten. „Hier sind die Traumata der Pfoten des Hundes“, zeigte ich der Frau die betreffenden Stellen auf der Zeichnung. „Und wer ist an der Feldverzerrung schuld? Sein Frauchen. Was hat sie getan? Sie hat mir Böses gewünscht“, erklärte ich ausführlich der Frau. „Als Sie die Sprechstunde verlassen hatten, waren Sie fünfzehn Minuten lang verärgert, doch da ich unschuldig war, leitete sich Ihre Verärgerung auf den Hund ab, glücklicherweise nicht auf Ihren Mann oder Ihren Sohn."

Ich korrigierte das Feld der Frau und der Zustand des Hundes besserte sich, lediglich in einer Hinterpfote blieben Verzerrungen zurück, weil die Frau noch nicht mit allen erhaltenen Informationen einverstanden war. Nach einiger Zeit harmonisierte sich das Feld des Hundes vollkommen.

Unsere Angehörigen und sogar die Haustiere stehen in einer Abhängigkeitsrelation zu uns, und sollten wir die Gesetze der Ethik verletzen, können sie zusammen mit uns bestraft werden.

In letzter Zeit haben oftmals Bekannte wegen verschiedener gesundheitlicher Probleme angerufen. Einer erlag bereits seit zwanzig Tagen einer Bronchitis, die Ärzte hatten verschiedene Medikamente verschrieben, doch die Krankheit verschlimmerte sich nur.

„Du fühlst dich seit einem Monat von deiner Frau beleidigt."

„Sie hatte große Schuld, ich hätte sie fast geschlagen."

„Merke dir: Nahestehenden Menschen darf man niemals längere Zeit etwas übel nehmen, geschweige denn sich darüber im Inneren ärgern. Das ist gleichbedeutend mit einem Kränkungsgefühl gegenüber dem Universum."

Zwei Tage später rief der Bekannte an und teilte mit, dass die Bronchitis vollkommen vorbei wäre. Die Konsultation, die ihm die Ursache enthüllt hatte, erübrigte eine langwierige medizinische Behandlung, zumal es umso schlimmer für ihn gewesen wäre, je besser man ihn behandelt hätte, weil die Ursache der Krankheit weiter existiert hätte. In solchen Fällen ist eine Behandlung mit Qigong und Schonkost zulässig, denn sie können auf die Psyche und das Unterbewusstsein des Menschen einwirken und die durch das Kränkungsgefühl geschaffenen Zerfallsprogramme beseitigen. Aber das Bewusstsein können diese Mittel nicht beeinflussen, deshalb bringen sie nur teilweise Heilung und sind keine Garantie dafür, dass sich die Situation nicht wiederholt.

Betrachten wir eine Möglichkeit, wie die beschriebene Geschichte hätte anders verlaufen können: Der Mann wird mit Mitteln der modernen Medizin in zwei, drei Monaten geheilt, doch die Ursache der Bronchitis – die Kränkung – bleibt in seinem Unterbewusstsein als Programmpaket erhalten. Wenn seine Frau in dieser Zeit oder einige Monate später ein Kind zur Welt bringt, dann geht das Programm der Kränkung und der Vernichtung von Menschen vom Vater in das Feld des Kindes ein. Das heranwachsende Kind trägt eine „tickende Zeitbombe" in sich, und selbst die geringste Beleidigung durch einen der nächsten Verwandten kann diesen Mechanismus in Gang setzen. Um das Programm in solchen Situationen zu blockieren, können Tuberkulose, Herzinfarkt, Lungen-, Magen- und Speiseröhrentumor entstehen.

Da heute das Verhalten des Menschen nicht durch entsprechende weltanschauliche Richtlinien, hohe Ethik und Kultur oder Befolgung der biblischen Gebote blockiert wird, enthält das Feld eines jeden von uns derartige „tickende Zeitbomben", und sie explodieren immer häufiger. Das erklärt auch die starke Zunahme von Herz-, Kreislauf- und Krebserkrankungen in den letzten Jahrzehnten.

Da der Medizin dieser Mechanismus unbekannt ist, wird versucht, die Erklärungen in Umweltverschmutzung, schlechter Ernährung und häufiger Stressbelastung zu finden. Ein solcher Fall zeigt, dass, wenn das gesamte Arsenal der modernen Medizin weiterhin nur auf die Beseitigung der Folgen abzielt, sich dann die „Super-GAUs", die unsere Gesundheit bedrohen, nicht verhindern lassen.

Die Logik unseres Bewusstseins und die Logik des Lebens und der Entwicklung des Universums stimmen leider oft nicht überein. Das Bewusstsein und die unteren Schichten des Unterbewusstseins stellen sich der Harmonie der Welt entgegen, was durch praktisch jeden im Buch angeführten Fall bestätigt wird.

Ein junger Mann kam zum zweiten Mal zu mir. Beim ersten Besuch hatte ich ihm erklärt, dass seine innere Aggression gegen Frauen die Ursache für die Unfruchtbarkeit seiner Frau sein würde. Durch Korrektur gelang es, diese Aggression zu verringern, doch nun sah ich, dass sich die negativen Programme wieder stark aktiviert hatten.

„Bei Ihnen ist erneut das gegen Frauen gerichtete Vernichtungsprogramm in Gang gesetzt worden. Was könnte die Ursache dafür sein?"

„Neulich habe ich mich mit meiner ersten Frau getroffen, wir haben uns erneut gestritten."

„Sie müssen alle Ihre die erste Frau betreffenden Beschwerden und Kränkungen loswerden, ihr verzeihen und keinerlei negative Emotionen mehr gegen sie hegen."

„Ich habe alles verziehen, doch einige ihrer Handlungen bringen mich heute noch in Rage."

„Das Gefühl der Kränkung ist wie Hass und Neid eine Form der Vernichtung des Menschen, ein Angriff auf der Energieebene. Wenn Sie das nicht einsehen und Ihre Gefühle gegenüber Ihrer ersten Frau nicht ausgleichen können, dann kann ich Ihnen nicht helfen. Das auf die Vernichtung der Ehefrau gerichtete Programm reagiert nicht auf einen bestimmten Namen, sondern auf die Frau, die Sie als Ihre Ehefrau betrachten. Ihre erste Frau ist Ihnen auf dem Energiefeld schon seit langem entfremdet, deshalb richtet sich die Aktivierung von den sie betreffenden Beschwerden und Kränkungen nunmehr gegen Ihre zweite Ehefrau. Um sich gegenseitig nicht zu vernichten, sollte man dem Feind verzeihen.

Wenn Sie dies nicht überwinden können, dann aktivieren sich alle im Unterbewusstsein gespeicherten Hass- und Kränkungsgefühle gegen Ihre erste Frau bei der kleinsten Verstimmung mit Ihrer zweiten Frau. Wenn Sie die Vernichtungsprogramme nicht vollständig blockieren können, treten diese möglicherweise im Feld Ihrer künftigen Kinder auf, lösen bei ihnen Krankheiten aus oder bewirken weiterhin die Unfruchtbarkeit Ihrer Frau. Indem Sie Ihrer ersten Frau gegenüber nachtragend sind, vernichten Sie bereits jetzt Ihre künftigen Kinder. Sanftmut, wie es im Christentum gepredigt wird, ist nicht etwa Sklaverei, wie man ihn lange zu deuten versuchte, sondern ein Mechanismus der Entwicklung des Geistes. Durch innere Demut wird Harmonie mit dem Universum auf feiner Ebene erreicht."

Neulich kam ein Mann in meine Sprechstunde, dessen Ehe kurz vor der Scheidung stand, doch Motive hierfür konnte er nicht nennen, denn er und seine Frau verstanden sich eigentlich gut. Die Ursache war die Mutter des Mannes. Sie hatte seine erste Frau nicht gemocht und alles getan, um sie zu trennen, und sie hatten sich scheiden lassen. Die zweite Schwiegertochter gefiel der Frau sehr, doch das Programm der Zerstörung „göttlicher Gefühle" des Sohnes war im Unterbewusstsein auch gegen die geliebte Schwiegertochter automatisch aktiviert worden. Ohne es zu vermuten, hatte die Mutter ständig den Sohn und die Schwiegertochter auf die Zerstörung der beiderseitigen besten Gefühle und auf Trennung programmiert.

Das Bewusstsein des Menschen gleicht einem kleinen Rad, das man ohne allzu große Mühe vorwärts und rückwärts drehen kann. Das Unterbewusstsein hingegen ist ein großes schweres Rad, es lässt sich nur schwer in Bewegung versetzen und noch schwieriger anhalten. Unsere Vorfahren haben das Rad des Unterbewusstseins durch Streben zu Gott, zu Liebe und Güte in Bewegung gesetzt. Die letzten drei Jahrhunderte lebten wir von der Trägheitskraft dieser Bewegung und unternahmen wenig, um sie zu unterstützen. Deshalb kann uns nunmehr nur das stetige bewusste Streben nach Harmonie mit der Welt und zu Gott helfen. Die Karmaressourcen der Menschheit sind erschöpft, nun werden die persönlichen Bestrebungen eines jeden Menschen den Grad seines Schutzes vor Unglück bestimmen.

Kürzlich rief eine Bekannte an:

„Ich habe mich mit meiner Freundin gestritten und fühle mich sehr gekränkt. Ich habe wiederholt wegen meines Kränkungsgefühls um Verzeihung gebeten, doch nichts hilft."

„Es hilft deshalb nicht, weil man nicht nur für sich selbst, sondern auch für die Freundin um Vergebung bitten muss, denn sie fühlt sich auch durch Sie gekränkt, auch ihr soll verziehen werden."

Die Frau erwiderte zögernd:

„Aber die größte Schuld an dem Streit hatte sie, ich habe sie nicht beleidigt."

Ich machte eine Pause, damit meine Gedanken besser wahrgenommen wurden, und erklärte der Frau:

„Wir beleidigen unterbewusst immer zuerst denjenigen, der uns dann später durch sein Verhalten kränken wird. Im früheren Leben haben Sie Frauen gekränkt und damit einen Kränkungsmechanismus in Gang gesetzt, der in Ihrem Unterbewusstsein automatisch arbeitet. Außerdem hat Ihr Vater Ihre Mutter in den ersten Schwangerschaftsmonaten gekränkt, deshalb können in Ihrem Unterbewusstsein Kränkungsgefühle sogar bei geringem Anlass, den das Bewusstsein nicht fixieren kann, hervorgerufen werden.

Wenn man Sie gekränkt hat, dann müssen Sie vor allem dafür um Verzeihung bitten, dass Sie unterbewusst diese Kränkung hervorgerufen haben, das blockiert die Karmaprogramme

Ihrer Eltern sowie diejenigen aus Ihren früheren Leben, welche die Situation in Ihrem Ursprung ausgelöst haben. Danach muss dafür um Verzeihung gebeten werden, dass Sie einem anderen Menschen nicht vergeben konnten und sich von ihm gekränkt fühlten, und erst dann ist um Vergebung für den Beleidiger und dafür, dass er sich selbst gekränkt fühlte und Sie gekränkt hat, zu bitten. Bei jeder Kränkung muss man versuchen, den Menschen innerlich zu rechtfertigen und ihm dann zu verzeihen. Nur mit einem solchen Verhalten kann man die Karmaprogramme der Zerstörung und des Zerfalls blockieren. Das hilft, die eigene Gesundheit und die unserer Kinder zu erhalten."

Die obigen Darlegungen treffen auch für den inneren Zustand des Menschen zu, die äußeren Erscheinungen können unterschiedlich sein, die Hauptsache ist, dass dieser Mechanismus in der Seele funktioniert.

Zweite Ursache

Einmal fragte ich eine Patientin:

„Was glauben Sie, was ist das schwerste Verbrechen, das der Mensch im Leben begehen kann?"

„Die Tötung eines anderen Menschen."

„Es gibt ein noch größeres Verbrechen – die Vernichtung der Liebe. Denn bevor man einen Menschen vernichtet, muss man zunächst in sich selbst die Liebe zu ihm vernichten. Die Vernichtung des Gefühls der Liebe ist der Boden, auf dem viele Verbrechen und Leiden gedeihen."

In meiner Sprechstunde war ein Ehepaar vom Lande. Ihr fünfzehnjähriger Sohn hatte im Fernsehen den Auftritt eines bekannten Komikers gesehen, hatte gelacht, war in den Flur herausgegangen... und hatte sich erhängt. Die Eltern verstanden nicht, wie dies hatte geschehen können. Folgendes stellte sich heraus: Die Mutter hatte einen Bekannten gehabt, der sie sehr geliebt hatte, sie hatte sich jedoch ihm gegenüber gleichgültig verhalten und bewusst seine Liebe vernichtet. Der Mann hatte dies nicht ertragen, hatte sich vor einen Zug geworfen und war umgekommen. Was hatte sich daraus ergeben? Die Mutter hatte die Liebe und das Leben des liebenden Menschen zerstört. Nach dem Gesetz des Karmas hatte sie dieses mächtige Programm der Zerstörung von Leben zurückerhalten, dieses Programm hatte sich viele Jahre in ihrem Feld befunden, verwirklicht worden war es aber im Feld des Sohnes, indem es in einem bestimmten Augenblick in dem fünfzehnjährigen Jugendlichen aktiviert worden ist.

In der Feldstruktur des Menschen existieren Hunderte verschiedener Programme, die von Handlungen, Gedanken und Emotionen nicht nur des Menschen selbst, sondern auch seiner Angehörigen gebildet werden.

In der fernöstlichen Philosophie gibt es die folgende Auffassung: „Es existieren nicht Menschen, sondern Ideen." Die Ursache unmotivierter Verbrechen, Morde und Selbstmorde liegt oft in bis auf weiteres im Unterbewusstsein verborgenen Zerstörungs- und Vernichtungsprogrammen, die von den Vorfahren der Verbrecher und ihrer Opfer geschaffen wurden. Die Programme können nicht nur Jahrzehnte im Feld erhalten bleiben, sie gewinnen auch an Kraft und werden durch die Energie analoger Verstöße der Kinder und Enkel der Urheber dieser Programme weiter gestärkt, wenn sie nicht durch Richtlinien der Ethik und dem Streben zum Göttlichen blockiert werden.

Vor mir saß eine Frau und klagte über Unfruchtbarkeit. Sie war schon bei einigen Wunderheilern gewesen, doch das Ergebnis war gleich null. Ich erklärte der Frau die Ursachen.

„Sie hatten bereits viermal Selbstmordgedanken und haben in sich ein Programm der Vernichtung von Liebe und Leben aktiviert. Dieses Programm ist sehr stark und Ihr Organismus hat die Aufgabe, es aufhalten. Indem Sie die Liebe und die Gefühle, die Sie mit allen anderen Menschen vereinen, in sich unterdrücken, schaden Sie nicht nur sich selbst, sondern auch anderen."

Die Frau unterbrach mich:

„Mich interessieren nicht die anderen, ich will wissen, was konkret mit mir ist."

Ich erklärte geduldig weiter:

„Nun sagen Sie sich zu Ihrem Vorteil von allen Menschen los und verzichten erneut auf die Liebe. Solange in Ihnen dieses Gefühl erhalten bleibt, werden Sie nicht nur Probleme mit dem Kinderkriegen haben."

„Sagen Sie konkret, besteht Hoffnung auf Besserung? Was können Sie garantieren?"

Ich arbeitete bereits unter Überlastung. Jede unkorrekte Frage nahm mir Kraft.

„Ich kann Ihnen nichts garantieren, weil allzu viel von Ihnen persönlich abhängt."

Die Frau stand auf und ging wortlos weg. Ich betrachtete ihre Emotionen: Nur gut, dass sie sich nicht gekränkt fühlte und sich damit noch mehr Schaden zufügte.

Eine junge Frau von zwanzig Jahren kam in die Sprechstunde. Gewöhnlich frage ich nicht nach dem Anliegen, sondern schaue selbst nach. Den physischen Zustand der jungen Frau fand ich vollkommen zufriedenstellend, nur die Geistesstrukturen waren stark deformiert, was jedoch bislang kaum Auswirkungen auf die Gesundheit hatte. Ich sagte:

„Im Prinzip ist Ihr Gesundheitszustand vorzüglich, eine kleine Tachykardie, sonst aber nichts Ernstes."

Sie blickte mich apathisch und teilnahmslos an:

„Ich habe Diabetes."

Früher wäre ich über eine offenbar falsche Diagnostik erschrocken gewesen. Jemand ist schwer krank und ich sage ihm, er soll sich hervorragend fühlen. Doch als ich anfing, die Entstehungsursachen von Krankheiten zu untersuchen, verstand ich, dass Diabetes in erster Linie keine Krankheit, sondern eine Schutzreaktion des Organismus ist. Der Organismus hat die Aufgabe, die Programme der Vernichtung anderer Menschen, die in ihm vorhanden sind, aufzuhalten. Je gefährlicher und stärker das Zerstörungsprogramm ist, desto effektiver und zuverlässiger muss die Blockierung, d.h. die Krankheit, sein. Ich untersuchte die Ursache des Diabetes: Als 14-jähriges Mädchen hatte sie einen jungen Mann gemocht, sie war sogar sehr stark in ihn verliebt gewesen, doch sie hatten sich getrennt. Sie hatten sich deshalb getrennt, weil ihre Informationsfelder nicht übereingestimmt hatten. In der physischen Welt kann sich dies auf unterschiedliche Art und Weise äußern. Das Mädchen hatte daraufhin einen tödlichen Hass gegen den jungen Mann gehegt, hatte die Liebe vernichtet, die Trennung nicht überwinden können und ihn schließlich verwünscht. Diese Gefühle hatten die Entstehung des Diabetes hervorgerufen, denn es war ein Grundprinzip des Universums verletzt und somit die Verbindung des Mädchens zum Kosmos unterbrochen worden. Ein Lossagen von höchsten Gefühlen verzerrt die Feldstruktur des Menschen sehr stark und tritt auf physischer Ebene oft als unheilbare Krankheit zutage.

Eine Krankheit kann verschiedene Funktionen erfüllen. Die erste Funktion der Krankheit ist eine Warnung, die zweite eine Unterbrechung der Tätigkeit, welche die richtige Entwicklung des Menschen hemmt, die dritte die Beseitigung von Mechanismen, die die Verbreitung negativer Information zulassen. Wir müssen immer daran denken, dass wir Zellen eines einheitlichen Mechanismus namens „Menschheit" sind, die ihrerseits ein Teil eines einheitlichen Systems – des Universums – ist. Alle Hauptgebote der Weltreligionen stellen nichts anderes als die verschlüsselte Konzeption des Aufbaus der Welt und der

Regeln unserer Wechselbeziehungen mit ihr dar. Heute bietet sich uns die Möglichkeit, unsere Vorstellung von der Welt zu erweitern und das zu sehen, was früher nur den großen Eingeweihten vorbehalten war.

Die nächste Patientin sagte, dass sie über ihre Gesundheit nicht klagen könne, doch mit Problemen im Privatleben nicht zurechtkomme. Ein Mann liebe sie, sie liebe ihn auch, doch ständig entstünden irgendwelche Schwierigkeiten, die sie sich nicht erklären könne. Irgendwie würden sie ständig vom Schicksal getrennt. Ich führte Tests durch und suchte den Schuldigen. Die Ursache lag ziemlich weit zurück, in Ereignissen Anfang der 20er Jahre. Ihre Großmutter hatte sich durch ihr Verhalten von dem göttlichen Gefühl der Liebe losgesagt, ihre Handlungen waren darauf gerichtet gewesen, die Liebe zu vernichten. Anfang der 20er Jahre war ihre Großmutter eine Vernunftehe eingegangen, um ihren Grundbesitz zu retten. Die Familie war dennoch enteignet worden, die Großmutter hatte sich ohne Bedauern von ihrem Mann getrennt. Sie hatte der Enkelin bekannt, dass sie ihren Mann nie geliebt hatte. Doch er hatte sie sehr geliebt und lange darunter gelitten. Die Frau hatte Tränen in den Augen, sie erinnerte sich an diese Geschichte und sagte, dass sie mit Pjotr gegenwärtig auch völlig entzweit sei.

„Und wie hieß der erste Mann Ihrer Großmutter?"

Die Frau blickte mich an und sagte verblüfft:

„Pjotr!"

Ich untersuchte nun ihre Feldstruktur und führte eine medizinische Diagnostik durch. Das Hauptproblem der Patientin waren gynäkologische Erkrankungen.

„Vor acht Jahren war ein Mann in Sie verliebt."

„Ja", sagte sie.

„Hat er Ihnen gefallen?"

„Nein."

„Er hat Ihretwegen gelitten, und Sie haben die Liebe in ihm vernichtet. Anstatt sich im Guten zu trennen und zu zeigen, dass Sie keine Schuld trifft, sind Sie ziemlich brutal vorgegangen."

„Ja, heute würde ich anders mit ihm umgehen."

„Das, was Sie getan haben, ist die Ursache Ihrer Krankheiten. Hatten Sie nicht auch noch andere Probleme? Hatten Sie eine Fehlgeburt?"

„Zweimal. Ich wollte Kinder haben, aber es wurden Fehlgeburten."

„Sie erwarteten die Geburt von Jungen?"

„Ja. War das ein Grund?"

„Da Sie die Liebe zum Mann vernichtet haben, waren die Jungen unter diesen Umständen nicht überlebensfähig. Haben Sie jetzt Kinder?"

„Eine Tochter."

„Wollen Sie noch weitere Kinder?"

„Ich hatte einen Unfall, eine schwere Hüftverletzung und einen Beckenbruch, ich kann keine Kinder mehr bekommen."

„Verstehen Sie, dass diese Verletzungen nicht zufällig waren?"

„Jetzt schon."

Oft lässt sich schwer glauben, wie sehr unsere Handlungen den physischen Zustand beeinflussen, doch jeder neue Fall liefert unwiderlegbare Beweise dafür in Form der Heilung der Krankheit, wenn ihre Ursache richtig behandelt wird.

Einmal sah ich auf Besuch bei Bekannten einen Videofilm von der Hochzeit der Nichte des Hausherrn, die vor einem Jahr stattgefunden hatte. Die Hochzeit war großartig gewesen: Eine junge schöne Braut, ein glücklicher Bräutigam, fröhliche Verwandte. Als ich die Braut betrachtete, nahm ich unwillkürlich eine Diagnostik vor und sah, dass der jungen Familie sehr ernste Probleme drohten.

„Lade unverzüglich deine Nichte ein“, sagte ich zu dem Hausherrn. „Sie muss geheilt werden, sonst kann es große Schwierigkeiten bei der Geburt des Kindes geben.“

„Vor drei Monaten hatte sie eine Totgeburt“, antwortete er.

„Sie soll trotzdem kommen. Das ist erst der Anfang.“

Ich nahm eine gründlichere Diagnostik vor und sah im Feld der jungen Frau Deformationen, die durch Verletzungen der höchsten Gesetze hervorgerufen worden waren. Ich hatte es mit einem klassischen Fall einer aussterbender Sippe zu tun.

„Du weißt, dass auf der Sippe mütterlicherseits ein Fluch lastet?“, fragte ich.

„Ja, eine Wahrsagerin sprach davon.“

„Hat sie die Ursache genannt?“

„Nein, die Benennung von Ursachen ist nicht ihre Stärke.“

„Ruf umgehend alle Verwandten der mütterlichen Linie zusammen. Totgeburten, unheilbare Krankheiten und schwere Leiden treten in eurer Sippe aus einem ganz bestimmten Grund auf.“

Am nächsten Tag saßen vor mir alle Verwandten. Ich zeichnete ein Bild dessen, was mit ihnen geschah.

„Euer Großvater mütterlicherseits hat während der Schwangerschaft seiner Frau eine Verletzung zugefügt, für die alle seinen Nachkommen büßen müssen. Er hat sich von dem Kind im fünften Schwangerschaftsmonat losgesagt. Warum ist die Strafe dafür so hart?

Im fünften Schwangerschaftsmonat bildet das Kind mit Gott und dem Universum eine vollkommene Einheit. Da der Mensch für das normale Leben regelmäßig Kontakt zum Universum aufnehmen muss, verwendet er hierfür die in seinem Feld verschlüsselten Erinnerungen des fünften Monats. Wenn sich der Vater oder die Mutter in dieser Zeit von ihm lossagen, was bei einem heftigen Streit unterbewusst und automatisch erfolgen kann, dann übernimmt das Kind als Erbe nicht nur das Programm der Vernichtung seiner Kinder, sondern auch des Universums. Die Zelle erhält das Programm zur Vernichtung des Organismus und der Organismus reagiert darauf entsprechend. Blockieren lässt sich dieses Programm nur durch Streben zu Gott und Erfüllung mit Liebe. Folgt der Mensch dieser Strategie nicht, ist der Untergang seiner Sippe unvermeidlich."

Ich sah, wie sich die vor mir sitzenden Menschen in Gedanken Gott zuwandten, wie sie sich moralisch aufrichteten und aus ihrem Feld die Strukturen der Verdammnis wichen. Und erneut fühlte ich mich in meiner Überzeugung bestärkt, dass die Heilung vor allem durch Einsicht erfolgen muss.

Unsere Kinder haben heute enorm größere Energiemöglichkeiten, als die Kinder unserer Vorfahren vor einigen Generationen. Doch wir widmen der Entwicklung ihres Geistes allzu wenig Aufmerksamkeit, kümmern uns vor allem um die berufliche Orientierung und das künftige materielle Wohlergehen unserer Nachkommenschaft.

Neulich kam es bei einer Bekannten, einer Seherin, zu einem Vorfall – der Hund war paralysiert, seine Hinterpfoten waren gelähmt.

Sie bat mich, die Ursache zu finden. Was ich erblickte, war erstaunlich: Die Frau war im dritten Monat schwanger, als das Kind, oder vielmehr die Frucht, begann, auf den Hund eifersüchtig zu werden, und ein Programm der Vernichtung des Tieres aktivierte. Ich untersuchte die Ursache für die hohe Aggression des Kindes, die Mutter betete für das Kind, und am nächsten Tag war der Hund wieder gesund.

„Ihr Kind hat große Fähigkeiten", erklärte ich der Bekannten. „Diese werden aber durch eine falsche Orientierung fehlgeleitet. Sie müssen jeden Tag dafür beten, dass das Kind gutmütig ist und Gott mehr als die irdischen Güter liebt. Sie sollten in aller Aufmerksamkeit Ihr gesamtes Leben überprüfen und Ihre Haltung zu Vielem ändern. Wenn das Energiefeld des Kindes jetzt nicht geändert wird, dann können seine großen Fähigkeiten durch das System der Feldselbstregulierung blockiert werden, und es wird im Leben große Schwierigkeiten haben. Legen Sie dem Kind die Bibel auf den Leib und beobachten Sie, wie es darauf reagiert – geht es ihm schlecht geht und reagiert es aggressiv, ist die Lage ernst."

Zum Glück nahm das Kind die Bibel gut auf, allerdings das Neue Testament besser als das Alte Testament. Untersuchungen zeigen, dass das Kind bereits vor der Geburt aktiv mit der Umwelt kommuniziert, und auf seinen Geistes- und physischen Zustand vor allem das Energiefeld und die Ethik der Mutter einwirken. Im fünften Schwangerschaftsmonat bildet das Kind mit Gott eine Einheit und erhält von ihm seine Fähigkeiten. Im dritten, vierten Monat wird die Frau von Prüfungen heimgesucht, die auf unterschiedliche Weise zum Ausdruck kommen können, doch eben von ihrem Ergebnis hängen der Charakter und das Leben des künftigen Kindes ab. Es geht vor allem darum, dass die Orientierung auf die Werte des Geistes immer größer ist als alles andere.

Mich konsultierte eine Bekannte, die Ärztin ist. Ich hatte ihr Kind vom Hautausschlag geheilt, indem ich auf die Ursachen hingewiesen hatte – ihre Verletzung der Gesetze des Universums einige Jahre vor der Geburt des Kindes. Jetzt wollte sie unbedingt überprüfen, ob es neue Verletzungen gab. Ich sah im Feld starke Strukturdeformationen, die negativ auf ihr Schicksal einwirkten. Die Gesetzesverletzung verwies darauf, dass sie mit ihren Worten das Gefühl der Liebe in einem anderen Menschen getötet hatte, weswegen für sie und die Kinder große Schwierigkeiten entstehen könnten. Die Frau konnte sich an nichts Derartiges erinnern, und so suchten wir etwa eine

Stunde nach der Ursache, die in Folgendem bestand: Die Frau hatte einen Bekannten, einen jungen Arzt, mit dem sie sich oft traf. Einmal war er zu ihr mit einem jungen Mädchen gekommen, in das er verliebt gewesen war. Nachdem die Frau das Mädchen gesehen hatte, sagte sie:

„Lass dir sagen, dass du mit ihr nicht glücklich wirst, sie wird dich verlassen. Sie braucht einen anderen Mann als dich."

Kurze Zeit später hatten sich die jungen Leute tatsächlich getrennt: Die Frau hatte den Bekannten ungewollt darauf programmiert, das Gefühl der Liebe zu unterdrücken. Das war dem jungen Mann dann wiederholt passiert, denn die einmal erteilte Programmierung arbeitete in seinem Feld weiter und zerstörte immer wieder die Beziehungen zu Frauen.

Oft denken wir nicht darüber nach, wie leicht wir einem Menschen und damit gleichzeitig auch uns selbst schaden können. Diese scheinbar harmlose Bemerkung der Frau schadete mindestens drei Personen – dem Bekannten, ihr selbst und ihrem Kind, und diese Kette ließe sich noch fortsetzen.

Neulich, als ich die Ursachen der Krankheit einer Frau analysierte, sah ich in ihrem Feld die Strukturen eines Fluchs seitens der Mutter. Auf die Gesundheit der Frau hatte sich dies nicht besonders ausgewirkt.

„Hatten Sie 1972 Konflikte mit Ihrer Mutter?"

„Ja, sie war unzufrieden damit, dass ich heirate."

„War sie dagegen?"

„Kategorisch. Aber ich sagte, dass ich auf jeden Fall heiraten würde."

Ich untersuchte die Karmastrukturen und sah ein erstaunliches Bild.

„Ich bitte Sie, sich nicht zu wundern. Haben Sie etwas über frühere Leben gehört?"

„Ja."

„Im Ihrem letzten Leben starben Sie an Krebs. Ihr jetziger Ehemann war im letzten Leben Ihr Verlobter. Ihre Mutter war Ihre Mutter. Und auf ihren Willen hin haben Sie auf ihn verzichtet und ihn nicht geheiratet, obwohl Sie ihn sehr liebten. In diesem Leben wurden Sie vor dieselbe Prüfung gestellt, und Sie haben sie bestanden. Deshalb hat sich alles glücklich gefügt, und sogar der ungewollte Fluch der Mutter hat Sie nicht getroffen. Aber die Mutter hat die erneute Prüfung nicht bestanden. Indem sie kategorisch gegen Ihre Liebe und Ehe protestierte, hat sie ihren Fehler wiederholt. Wenn die Zelle gegen den Organismus ankämpft und versucht, ihn sich unterzuordnen, verwandelt sie sich in eine Krebszelle."

Die Frau wurde nachdenklich und sagte dann:

„1975 ist meine Mutter an einem Sarkom gestorben."

In diesem Augenblick machte ich mir Gedanken über die Menschheit und darüber, dass wir mit unserem Pragmatismus und unserer Erdgebundenheit immer mehr beginnen, uns von den „göttlichen Gefühlen" loszusagen.

Die wichtigste Erbinformation wird nicht nur genetisch, sondern auch auf der Feldebene übertragen. Die Mutter ist über das Feld unverbrüchlich mit dem Kind verbunden, deshalb wirken die Emotionen der Mutter aktiv auf das Kind ein. Wenn diese aus Hass und Trennung vom geliebten Menschen bestehen, ist das für das Kind katastrophal. Die negative Feldstruktur der Frau bestimmt somit zahlreiche künftige Leiden ihrer Kinder.

Ich analysierte die von meiner Patientin verletzten Gesetze zur Wahrung der Liebe und sagte: „Ihre Töchter haben eine dermaßen starke Anreicherung negativer Programme, dass eine Unfruchtbarkeit nicht auszuschließen ist."

„Nach ihrem Horoskop ist ihnen ebenfalls Unfruchtbarkeit beschieden", antwortete sie.

„Die Astrologie ist sekundär, die Geburtszeit des Kindes wird von seiner Feldstruktur, d.h. dem Karma, bestimmt."

Im Verlauf meiner Arbeit konnte ich mich davon überzeugen, dass die Vorhersagen des Horoskops unter bestimmten Bedingungen geändert werden können.

Eine Fernsehkorrespondentin rief mich an und bat um ein Interview. Sie war eine gute Gesprächspartnerin und eine sehr aufmerksame Zuhörerin. Ihre Fragen halfen mir, die im Verlauf der Studien gesammelten Materialien zu systematisieren. Es war angenehm, mit jemandem zu sprechen, der sich ausreichend professionell mit Problemstellungen der Bioenergetik auskennt, auf einen Fernsehauftritt verzichtete ich jedoch, um Rummel zu vermeiden und in Ruhe meine Studien fortsetzen zu können.

Da wir es nicht schafften, alle Fragen zu erörtern, verabredeten wir uns für den nächsten Tag. Doch da kam es zu einer Panne. Wir warteten etwa eine Stunde aufeinander an verschiedenen Orten und waren fest davon überzeugt, uns dort verabredet zu haben. Die Situation war absurd, die Korrespondentin rief mich an, während ich versuchte, sie im Hotel aufzusuchen, und erst eine Stunde vor ihrer Abreise trafen wir uns endlich. Die Frau war sehr empört und musste sich große Mühe geben, um ihre Kränkung zu überwinden; dies gelang ihr auch, so dass wir im Weiteren regelmäßig miteinander telefonierten.

In einem Gespräch erwähnte sie, dass ihr dem Horoskop nach vorherbestimmt sei, in einigen Jahren zu sterben. Ich begann, ihre Karmastrukturen zu analysieren.

„Nach den Informationen, die ich erhalten habe, wird Ihr Kind kurz nach der Geburt sterben. Die befallene Zone ist der Kopf. Das zieht eine Reihe von Krankheiten und Leiden, darunter Verletzungen der Psyche, und leider auch den Todesfall, zwei Jahre nach dem Tod des Kindes, nach sich."

„Bedeutet es, dass die Vorhersagen des Horoskops wahr

sind?“, fragte sie mit schlecht verhüllter Besorgnis.

„Es geht nicht um das Horoskop, sondern um Ihre Energiestrukturen oder, mit anderen Worten, Ihr Karma. Die Sterne bestimmen Ihr Schicksal, denn Sie wurden in einem bestimmten Augenblick geboren, der von Ihrer Energiekonstruktion abhängt. Wenn Sie durch die Entwicklung des Geistes und Streben nach dem Göttlichen Ihre Energiekonstruktion ändern, ändern sich auch Ihr Karma und Ihr Schicksal.“

Ich erklärte die größten Verstöße, die verhinderten, dass die Harmonie der Feldstruktur der Frau wiederhergestellt wurde, und nahm die erforderliche Korrektur vor. Sie war schwanger. Nach einiger Zeit spürte ich, dass ihr eine ernste Gefahr drohte, und rief sie an.

„Wenn Sie nicht die Verärgerung über Ihren Mann überwinden, wird der Karma-Mechanismus aktiviert. Im dritten, vierten Schwangerschaftsmonat haben Sie die Prüfung bestanden, konnten die Kränkungen und Beschwerden gegenüber Ihrem Mann blockieren, doch jetzt ist eine sowohl für Sie, als auch für das Kind sehr gefährliche Situation eingetreten. Wenn Sie gesund und glücklich sein wollen, vergessen Sie die „Alltagslogik“.

Eine Zeit lang beobachtete ich in Fernbehandlung ihr Feld: Es wurde harmonisch und stabil. Nach der Geburt des Kindes rief mich die glückliche Mutter an:

„Sie hatten Recht, das Kind wäre fast umgekommen. Wie die Ärzte sagten, hatte sich die Nabelschnur um den Hals gewickelt.“

Doch noch überraschender bestätigten sich meine Warnungen drei Monate später bei einer Ultraschalluntersuchung des Kindes. Beim Kind wurde ein mikroskopisch kleines Blutgerinnsel im Gehirn festgestellt. Wenn die Beschwerden und Kränkungen nicht rechtzeitig ausgeräumt worden wären, hätten sich die Ereignisse nach dem im Horoskop vorhergesagten Szenario entwickeln können.

Die Logik der Liebe und der Verzeihung steht über jeder Astrologie und Wahrsagerei. Durch Streben nach Harmonie, nach Gutem und Göttlichem kann das negative Karma ausgeglichen werden.

Das Schicksal und der Charakter des künftigen Kindes werden im Informations- und Energiefeld der Eltern vor seiner Zeugung formiert. Im Augenblick der Zeugung existieren sie bereits und prägen die Zukunft des Kindes. Wenn sich die Eltern unschlüssig sind, ob sie das Kind wollen, erfolgt ein Angriff auf diese Strukturen, sie werden deformiert und teilweise zerstört. Äußerst negativ auf die Feldstrukturen des künftigen Kindes wirken sich sowohl die Festlegung auf ein bestimmtes Geschlecht, als auch die Ablehnung einer Tochter oder eines Sohnes durch einen Elternteil aus. Selbst Zweifel daran, ob das Kind erwünscht ist, ganz zu schweigen von versuchter Abtreibung, zerstören sein Schicksal, sein Glück, seine Gesundheit sowie diejenigen Strukturen, die für seinen Umgang und seine Einheit mit den Menschen verantwortlich sind.

Ein Mädchen von fünfzehn Jahren erklärt beispielsweise: „Ich möchte keine Kinder haben." Es verstärkt emotional das Programm, und nach einigen Jahren könnte es ein schwerkrankes Kind zur Welt bringen, woran es selbst schuld wäre, ohne auch nur zu ahnen, dass dies das Ergebnis einer einst abgegebenen unüberlegten Äußerung ist.

Die Eltern erwarteten einen Sohn, doch eine Tochter wurde geboren. Tagelang haderten sie mit dem Schicksal, fanden sich dann damit ab, lieben heute das Mädchen sehr, nur ist es oft krank. Das doppelte Zerstörungsprogramm, das sowohl von der Mutter als auch vom Vater geschaffen wurde, ist nirgendwohin verschwunden und arbeitet zuverlässig weiter im Feld des Kindes.

Ein Mann hatte seine schwangere Frau gekränkt, woraufhin

sie sich einredete: „Es war falsch, ein Kind von ihm zu bekommen.“ Danach kränkte er sie noch mehrmals, und die Frau wollte so ein „glückliches Leben“ nicht mehr führen. Dies alles blieb im feinen, ungeschützten Feld des künftigen Sohnes zurück. So wurden ihm bereits sehr schädliche Medikamente verabreicht, und er hatte bereits mehrere Krankenhausaufenthalte hinter sich, doch seine Gesundheit lässt sich nicht wiederherstellen.

Während der Krankheit des Kindes ist es wichtig, die Bedingungen für die richtige Genesung zu schaffen. Was bedeutet das? Die Eltern müssen vor allem an den Geist und erst dann an seinen Körper denken. Deshalb kann es dem Kind nur schaden, wenn es mit Medikamenten und Nahrung vollgestopft wird.

Neulich sprach ich mit dem Vater eines Mädchens, das an einer schweren Krankheit fast gestorben wäre. Ich betrachtete das Feld des Mädchens vor der Krankheit und danach und war verblüfft. Die starken Deformationen, die die Krankheit hervorgerufen hatten, waren fast vollständig verschwunden. Ich suchte nach der Ursache für diese erfolgreiche Heilung, und die Ursache war die Liebe des Vaters zur Tochter. Ein beträchtlicher Teil der Programme der Zerstörung und Lossagung vom Universum wurde durch die Liebe neutralisiert.

Und zwar die Liebe, nicht die Anhänglichkeit. Mit Liebe kann man heilen, mit Anhänglichkeit hingegen nur schaden. Deshalb hängt während der Krankheit der Kinder sehr viel vom Verhalten, von der Ethik und sogar von der Ernährung der Eltern selbst ab. Das Vermeiden von Fleisch, Alkohol, Delikatessen und Übersättigung ist für die Eltern sogar noch wichtiger als für das Kind. Alle Kränkungen, gegenseitigen Beschuldigungen und Beschwerden über die Umwelt müssen beigelegt werden. Der geistige Zustand der Eltern gleicht dem geistigen und körperlichen Zustand ihres Kindes. Um das Kind vor

Krankheiten und Leiden zu bewahren, müssen die Eltern vor allem eines begreifen – das Kind muss einen gesunden Geist haben.

Vor mir saß ein junger Mann und legte seine Probleme dar. Seit zwei Jahren hatte er starke Schmerzen in den Beinen, hatte die Beine massieren lassen und Heilbäder genommen. Dank der verordneten Behandlungen waren nach einigen Monaten die Schmerzen verschwunden, doch nun hatte die Sehkraft begonnen, stark nachzulassen. Das war ein typischer Fall: Bei der Lossagung von dem Kind in Worten, Gedanken und Taten vor der Zeugung oder während der Schwangerschaft werden die Feldstrukturen in drei Zonen – Kopf, erstes Chakra, Beine – deformiert. In diesem Fall handelte es sich um das Zusammenwirken starker Verstöße auf väterlicher und mütterlicher Linie, deshalb war die Felddeformation im Bereich der Beine bei der traditionellen Heilung in die nächste Zone – den Kopf – übergegangen. Der Prozess, der sich früher über Jahrzehnte hingezogen hätte, lief nun innerhalb von Monaten ab. Das ist auch die Ursache für die Hilflosigkeit, die die Ärzte in letzter Zeit empfinden. Wenn früher die Krankheit an einer Stelle lokalisiert worden war, wurde sie lange behandelt und der Mensch „wurde gesund“ (obwohl die Krankheit in Wirklichkeit auf ein anderes Organ überging und sich dort konzentrierte). Doch heute bietet das unreine Karma der Menschheit ein anderes Bild. Die Krankheit setzt sich nicht an einer Stelle fest, sondern „wandert“ während der Behandlung durch verschiedene Organe. Nun ist nicht mehr nur ein Bereich des Feldes des Menschen krank, sein gesamtes Feld ist verzerrt. Die Orientierung auf den physischen Körper, auf die Folge und nicht auf die Ursache ist sinnlos und gefährlich; ebenso sinnlos sind die aufgewendeten zahllosen Mittel, mit denen die Krankheit und nicht deren Ursache bekämpft wird. Daran sind nicht die Ärzte schuld, vielmehr ist das Denken der Menschheit unvollkommen und orientiert sich kindisch auf die Folge, weil es die Ursache nicht sehen will. Wir alle verhalten uns mit unserem Streben nach den Segnungen der Zivilisation wie Kinder, für die das buntbemalte Spielzeug wesentlich wertvoller als die erforderlichen und lebenswichtigen Dinge ist.

Früher war es die Religion, die dem Menschen richtige Verhaltensregeln vermittelte, und er wusste: „Gottes Wille geschehe!" Das war eine hervorragende Blockierung der negativen unterbewussten Einwirkung auf den Menschen und die Umwelt. Der Mensch konnte sich in den Lauf der Ereignisse einmischen und sich ihnen aus persönlichen Interessen entgegenstellen, doch in der Seele war er verpflichtet, die Harmonie mit der Umwelt zu wahren, denn die Seele ist das Feld, und eben auf dieser feinen Feldebene wird er zum einheitlichen Ganzen mit dem gesamten Universum.

Manchmal wird vollkommen unerwartet bestätigt, dass wir noch weit davon entfernt sind, die Ursachen vieler Ereignisse unseres Lebens zu begreifen.

Der Chefarzt eines Krankenhauses kannte die Grundprinzipien des Systems der Feldselbstregulierung, doch er hatte es nicht eilig damit, sie in der Praxis anzuwenden. Als er aber während einer Krankheit mehrere Tage lang hohes Fieber hatte, gegen das keine Medikamente halfen, erinnerte er sich an meine Studien und ging in sich: „Mein Gott, ich habe mich sehr schuldig gemacht. Ich weiß nicht, was ich Schlimmes getan habe und kann die Ursache nicht feststellen, doch vergib mir meine Schuld. Gib mir Einsicht und lass mich in Zukunft solche Fehler vermeiden..." Nach zwei Stunden sank das Fieber auf 37,2°.

Bei den Lesern kann sich eine sehr pessimistische Stimmung breit gemacht haben und die Meinung entstanden sein, dass die Lage der Menschheit in Anbetracht der Anreicherung negativer Taten schrecklich und hoffnungslos erscheint. In Wirklichkeit ist die Lage besser, als man sich auf den ersten Blick vorstellen kann, weil tatsächlich ein Mechanismus zur Blockierung und Reinigung des Karmas existiert.

Dafür ist vor allem die Erkenntnis erforderlich, dass jeder Mensch und jedes Ereignis, das uns aus dem Gleichgewicht bringt, Teil des Universums ist. Deshalb muss sich der innere Zustand weitestgehend dem Gefühl der Demut nähern. Je feiner die Feldebene, desto weniger ist sie von unserer Persönlichkeit abhängig, desto weiter entfernt ist sie von der Logik des Körpers. Jeder Mensch kann sich durch richtiges Verhalten, richtige Einstellung zur Welt und richtige Ernährung helfen. Und es gibt noch eine weitere sehr wichtige Eigenschaft – das beharrliche Streben.

Anfang der 70er Jahre stieg ich mit einer Gruppe im Gebiet des Rizasees zu den Wasserfällen hinauf. Wir kletterten ruhig und gemächlich, kamen nach etwa vierzig Minuten oben an und traten an den Steilhang heran. Ich sah aus großer Höhe den zurückgelegten Weg und den schmalen Pfad, von dem aus unser Aufstieg begonnen hatte. Damals drängte sich mir eine Assoziation mit dem menschlichen Leben auf, und ich spürte deutlich, dass der Mensch unvergleichlich Größeres durch ständiges, ununterbrochenes Streben als durch einen einmaligen kurzen Ruck erreichen kann.

Den effektivsten Mechanismus zur Blockierung und Reinigung des Karmas bildet das permanente, ununterbrochene Streben nach Vervollkommnung des Geistes.

Heute wird viel darüber gesprochen, dass es notwendig ist, zu Gott zurückzukehren. Der Mensch kann von der Berührung mit dem Göttlichen sehr fern sein, wenn er nur „Ich glaube an

Gott" sagt und regelmäßig in die Kirche geht. Der Glaube an Gott ist ein Prozess, an dem das Geistige und das Physiologische beteiligt sind.

Das wird an einem sehr einfachen Beispiel deutlich. Wenn die Zelle begonnen hat, in Dissonanz zu den Aufgaben des Organismus nur für sich selbst zu arbeiten, dann beginnt der Prozess des Zerfalls und der Verschlackung. Um die Einheit mit dem Organismus wiederherzustellen, reicht der Wunsch danach allein nicht aus, vielmehr ist schwere, regelmäßige und angestrengte Arbeit zur Reinigung der Zelle und Wiederherstellung der Harmonie erforderlich.

Seele und Geist der Menschheit sind heute unglaublich „verschlackt", die schwer erkrankten Zellen des Organismus müssen absterben, und die Prozesse, die wir gegenwärtig beobachten, zeugen vom Beginn dieser Arbeit. Die unermüdliche bewusste Arbeit an der Vervollkommnung von Körper und Geist ist der einzige Rettungsweg. In einer seiner Predigten sagte Vater Men[8]: „Man muss streben, sich bemühen, jeden Tag und jede Stunde Anstrengungen unternehmen, mit sich ringen, etwas erreichen, doch wissen, dass wir morgen noch keine Ergebnisse sehen können und es notwendig sein wird, erneut zu kämpfen. In uns darf weder Befriedigung noch Stolz aufkommen... Befinden sich im Herzen noch Stolz, Tadel und Groll, dann ist es noch immer fern von Gott."

Was bedeutet Demut aus der Sicht des Energiefelds?

Wer demütig alle Prüfungen des Lebens auf sich nimmt, spart gewaltige Kräfte, die sonst für die fruchtlose Gegenwehr in der gegebenen Situation aufgewendet werden müssten. Dieser Vorrat steht entsprechend für die innere Geistes- und Selbstentwicklung zur Verfügung.

8 Alexander Wladimirowitsch Men (1935-1990), russisch-orthodoxer Priester und Religionsphilosoph, einer der führenden russisch-orthodoxen Theologen der Neuzeit (Anm. der Redaktion).

Ich werde oft gefragt, ob man die Fähigkeiten der Kinder steigern und die Lernerfolge verbessern kann. Die Unlust zum Lernen entsteht beim Kind auf sehr einfache Weise. Während der Schwangerschaft sagt sich die Frau vom Gefühl der Liebe für den Mann, das Kind oder die Umwelt los. Das formt ein Programm der Lossagung vom Informationsfeld des Universums, welches die Möglichkeiten des Kindes, mit der Information zu arbeiten, blockiert. Dem Kind fällt das Lernen schwer, und es hat kein Verlangen danach. Eine liebende Mutter, die es sich selbst oder einem anderen nicht erlaubt, an dem Gefühl der Liebe und der Einheit mit dem Göttlichen zu zweifeln, bringt begabte Kinder zur Welt. Somit entsprechen die Fähigkeiten der Kinder der Ethik ihrer Eltern und Verwandten.

Ich untersuchte ein Kind, dessen unterbewusste Aggression sehr hoch war. Schuld daran trug die Schwester des Vaters, die Tante, die vor der Geburt des Kindes eine unethische Handlung begangen hatte. Beispiele wie dieses verdeutlichen anschaulich die Begriffe „Sippe“ bzw. „Sippenhaftung“, der seit jeher auf den Gesetzen der Bioenergetik beruhten. Gerade die Mitglieder einer Sippe, insbesondere bis zum vierten Glied, befinden sich in einer engen Einheit auf der Feldebene.

Hat der Name Einfluss auf das Schicksal des Kindes?

Wenn die Eltern einen Namen für ihr Kind auswählen, wird er im Karma des Kindes fixiert und wirkt auf seine Feldstrukturen ein. Es gibt neutrale Namen, wohlwollende Namen, die positiven Einfluss haben – das lässt sich anhand des Energiefeldes ermitteln.

Manchmal stellt sich heraus, dass der im Karma fixierte Name nicht dem Namen entspricht, der dem Menschen gegeben wurde. Zum ersten Mal stieß ich darauf, als ich mit einer Mutter die Probleme ihres Sohnes Juri analysierte. Irgendwie lief alles darauf hinaus, dass er einen anderen Namen haben sollte.

„Ja, wir wollten ihn zuerst Artur nennen, doch dann haben wir uns für Juri entschieden“, sagte die Mutter.

Ich betrachtete das Energiefeld. Der karmische Name des Jungen war Artur.

Der Name wird in das Energiefeld des Menschen eingegeben und hängt vom Karma desjenigen ab, nach dem das Kind benannt wird. Früher gab man aus gutem Grund den Kindern die Namen von Heiligen. Das helle, reine Karma des Heiligen vereinte sich mit dem Karma des Kindes, schützte es und arbeitete für sein Wohl. Wenn wir das Kind nach einem Verwandten nennen, gehen wir ein Risiko ein, denn dessen Fehler und Mängel muss das Kind, das zusammen mit dem Namen einen Teil des Karmas des Menschen übernommen hat, abarbeiten. Wenn man dem Kind den Namen eines anderen gibt, muss daher der negative Teil des Karmas blockiert werden, indem in Gedanken darum gebeten wird, dass in den Namen des Kindes nur das vom Namensgeber eingeht, was edel ist und nach Liebe, Einheit, Edelmut, Güte und Gott strebt.

Eine sehr überzeugende Bestätigung dafür, in welchem Maße wir füreinander verantwortlich sind, erhielt ich während einer Vortragsreise. Nach dem Vortrag kam eine Frau von etwa vierzig Jahren zu mir und erzählte Folgendes. Ihre Kinder waren schon fast erwachsen gewesen, als sie sich für ein weiteres Kind entschieden hatte. Wahrscheinlich hatte sie häufig höchste Gesetze verletzt, denn das Kind starb unmittelbar nach der Geburt. Sie wollte es nicht einmal beerdigen lassen, ließ es in der Entbindungsklinik zurück und reiste wortlos ab. Nach einem Monat starb ein Verwandter von ihr, dann ein weiterer und auch ein dritter. Das Städtchen ist klein, Freunde machten sich Gedanken um die Ursache und wie der Familie geholfen werden konnte. Sie fuhren zu einer Seherin, die sagte, dass sie nichts tun könne – die ganze Sippe sei dem Untergang geweiht. Indem sie ihr Kind in der Klinik zurückließ, beging die Frau eines der Verbrechen, für das eine Strafe nicht abwendbar ist.

Kinderliebe gehört zu den höchsten Gefühlen des Universums. Deshalb kann jede Form der Verletzung dieser Liebe sehr schwere Folgen nach sich ziehen, unabhängig davon, ob es sich nun um Lossagung vom Kind, Verzicht auf Kinder oder Ablehnung von Schwangerschaft, ganz zu schweigen von Schwangerschaftsunterbrechung, insbesondere im fortgeschrittenen Stadium und wenn der Vater ein geliebter Mensch ist – und zwar nicht nur in Worten und Handlungen, sondern auch bloß in Gedanken – handelt.

Zu mir kamen zwei Patienten. Die Frau hatte eine Eileiterzyste, der Mann litt an Schmerzen im Kreuz und einer akuten Prostatitis. Beides Krankheiten, die mit der Verletzung des Energiefeldes des ersten Chakras verbunden sind. Es handelte sich um ein und dieselbe Ursache. Die Frau hatte ihrer Freundin zur Abtreibung geraten, der Mann hatte darauf bestanden, dass seine Frau die Schwangerschaft unterbricht. Das bedeutet also, dass dieser geäußerte und gedachte Wunsch, einen werdenden Menschen zu vernichten, eine Gesetzesverletzung darstellt, für die der Mensch mit seiner Gesundheit und seinem Schicksal büßen muss.

Bei einer wunderschönen jungen Frau waren Feldstrukturen im Bereich des Kopfes und des Unterleibs deformiert, was auf künftige gynäkologische Erkrankungen hindeutete. Sie waren ausgelöst worden, als sie Selbstmordgedanken gehegt hatte. Nach der Schwangerschaftsunterbrechung und der Unterdrückung der Zuneigung für den Geliebten erfolgte die Aktivierung dieses Prozesses.

Ich denke besorgt daran, was mit uns in einigen Jahren sein

wird. Wir sind absolut unwissend. Die junge Frau wird mit Tabletten behandelt, doch selbst wenn sie in die besten Kliniken der Welt eingewiesen würde, wird sie niemand heilen können, denn der Krankheit liegt die Erkrankung von Geist und Seele zugrunde. Ein Mensch, der die Liebe in sich vernichtet hat, kann nicht mit Tabletten geheilt werden.

Eine junge Frau hatte eine schwere Hauterkrankung und ich nannte ihr die Ursache:

„Ihre Großmutter hatte während der Schwangerschaft den Wunsch, das Kind zu töten und abzutreiben."

„Das kann nicht sein", antwortete die Frau. „Meiner Großmutter sind sechs Kinder gestorben, und das siebte Kind, das am Leben geblieben ist, war meine Mutter."

Ich betrachtete die Ursache für den Tod der Kinder. Die Großmutter war aus irgendeinem Grund gegen die erste Schwangerschaft gewesen, und dieser Wunsch war sehr stark. Ein Programm zur Vernichtung des keimenden Lebens hatte sich in ihrem Feld gebildet, die stark empfundenen Gefühle des Hasses auf das künftige Kind hatten sich im Unterbewusstsein befunden und bei jeder Schwangerschaft das Programm der Vernichtung des Kindes aktiviert, das Vernichtungsprogramm hatte also im Unterbewusstsein weitergearbeitet. Dieses Programm war auch im Unterbewusstsein und im Feld der vor mir sitzenden Frau vorhanden und rief schwere Hauterkrankungen hervor.

Die nächste Patientin bat mich, ihrem Sohn zu helfen. „Mein Sohn hat starke Schmerzen in den Beinen, manchmal knickt er sogar ein, das Gehen fällt ihm schwer."

Ich analysierte die Ursache.

„Fünf Jahre nach Ihrer Geburt war Ihre Mutter schwanger. Das Kind war unerwünscht, deshalb versuchte sie, es abzutreiben, und nahm irgendwelche Gifte. Doch vergeblich, das Kind wurde geboren. Aber die Ablehnung des Kindes, der Anschlag auf sein Leben und die Liebe bildeten im Feld der Mutter Deformationen, die Ihre Feldstrukturen im fünften Lebensjahr verzerrt und zerstört haben, und Ihr Sohn, der diese vererbt hat, muss nun auf physischer Ebene mit seinem Beinleiden dafür büßen."

Das Verhalten einer Frau fünf Jahre vor der Geburt des Kindes, während der Schwangerschaft sowie in der Zeit von der Geburt bis zu seiner Pubertät hat einen starken Einfluss auf sein Schicksal und seine Gesundheit. Eine Methode, um negative Programme, die von unseren Vorfahren in das Unterbewusstsein eingegeben wurden, zu blockieren, besteht darin, dass sich die Frau während der Schwangerschaft an gute Taten der Verwandten erinnert.

Eine weitere Frau erzählte über ihr Leben, oder vielmehr war ich derjenige, der erzählte, während sie meine Ausführungen bestätigte.

„1957 hatten Sie einen Schwangerschaftsabbruch, danach begann die Verschlechterung Ihres Gesundheitszustands."

„Ja, nach der Abtreibung hat sich das Schicksal gleichsam gewendet, ich erkrankte an Tuberkulose."

„Fünf Jahre später wurde Ihre Tochter geboren?"

„Ja, nach der Geburt der Tochter besserte sich die Gesundheit, die Tuberkulose verschwand. Allerdings hatte das Kind einen starken Hautausschlag und später verschiedene Hauterkrankungen." Viele Frauen wissen, dass sich ihre Gesundheit nach der Geburt von Kindern bessert. Man erklärt sich dies damit, dass während der Schwangerschaft der Organismus aktiviert wird und eine Erneuerung erfährt. Natürlich veredelt die Liebe, die die Mutter für das Kind empfindet, ihre Feldstrukturen und verbessert den physischen Zustand. Es gibt aber einen weiteren Grund, von dem viele Menschen nicht ahnen. Die

Mutter übergibt ihre Krankheiten dem Kind, d.h. die Gesundheitsstörungen der Mutter, mit denen sie ihr Karma abarbeitet, gehen in das Feld des Kindes über, und das Kind beginnt zu leiden. Das Karma wird zwischen Mutter und Kind geteilt. Was sind die ersten Anzeichen, dass die Feldstrukturen des Kindes nicht in Ordnung sind? Das sind Hautausschlag, Allergien, häufige Lungenerkrankungen in der Kindheit sowie Nierenerkrankungen. Die Kinderkrankheiten sind Deformationen der Feldstrukturen, die sie von den Eltern erhalten haben.

Patienten mit einer komplizierten Krankheitsgeschichte „führe" und kontrolliere ich permanent in Fernbehandlungen. Das ist erforderlich, um ein vollständiges Bild von der Krankheit und ihren Ursachen zu erhalten. Die Einwirkung und die Erkenntnis gehen Hand in Hand. Es ist schwieriger, die Seele zu heilen, als den Körper. Wenn es erforderlich ist, einem Kind mit Deformationen des Charakters und des Schicksals zu helfen, rennt man oft mit dem Kopf gegen die Wand. In solchen Fällen ist oft deutlich zu spüren, wie unvollkommen die Methode noch ist – und ich selbst als Heiler und Philosoph noch bin. Doch nach langer Arbeit kann es sein, dass die Erleuchtung kommt und ein Schritt zur Weiterentwicklung der Methode getan werden kann.

Neulich bat mich eine Bekannte, den Sohn ihrer Freundin zu untersuchen. Der Junge ist zweieinhalb Jahre alt, doch er hat einen unglaublich bockigen Charakter. Jeder Wunsch muss ihm sofort erfüllt werden, sonst wirft er mit Gegenständen nach den Eltern und den Anwesenden. Dabei ärgert er sich auch noch sehr, wenn er nicht trifft.

Vor kurzem machte der Großvater dem Jungen ein Angebot: „Wenn du artig bist, nehme ich dich im Wagen mit." Er fuhr ihn spazieren, brachte ihn nach Hause – und der Enkel nahm ein Spielzeugauto und warf es dem Großvater ins Gesicht.

Ich bat den Vater und die Mutter, gemeinsam zur Konsultation zu kommen, denn die Ursache lag in ihnen beiden. Sie kamen mit dem Jungen. Nach fünfzehn Minuten war mein Arbeitszimmer verwüstet, die Tischlampe zerschlagen, die Kassette aus dem Tonbandgerät gezerrt und zerstört. Dann erwischte er Farbtuben und begann, sie mehr oder weniger erfolgreich seinen Eltern an den Kopf zu werfen. Hier lag eine mächtige Anreicherung des negativen Familienkarmas des Vaters und des persönlichen Karmas der Mutter vor. Während der Schwangerschaft hatten sich die Eltern oft gestritten und einander gehasst, deshalb begann das Paket der Vernichtungsprogramme autonom zu arbeiten und machte sich das Bewusstsein des Kindes untertan. Keinerlei Maßnahmen konnten die Aggression zügeln. Von Interesse war, dass bei dem Jungen die Parameter der unterbewussten und bewussten Aggression nur gering waren. Somit wurde sein Verhalten von der Weltanschauung, dem Verhalten und dem geistigen Zustand der Eltern zum damaligen Zeitpunkt bestimmt.

Die verborgenen Kränkungen und gegenseitigen Beschuldigungen der Eltern bestimmen das Verhalten des Kindes, und mit der Reinigung seines Karmas ist es nicht getan. Nach zwei Sitzungen sah ich eine stabile Verbesserung der Feldstrukturen beim Kind und eine ausgewogene Ausrichtung der Geistesstrukturen. Doch eine wirkliche Erneuerung und Änderung des Bewusstseins erfolgen erst nach etwa drei Monaten, deshalb war nicht mit einem sofortigen Erfolg zu rechnen. Ich wies die Eltern darauf hin, dass zehn, fünfzehn Tage auf die Harmonisierung des Feldes gewartet werden müsse.

Nach fünf Tagen rief die Bekannte an:

„Dem Jungen geht es schlecht – er bekommt keine Luft, die Mutter ist in Panik.“

Ich redete mit der Mutter und erklärte ihr, was mit dem Kind passiert war.

„Sie erwarteten einen sofortigen Erfolg. Das Energiepotential der Seele ist tausendmal größer als das Energiepotential des Körpers, deshalb gibt es beim Kind bisher noch keine sichtbaren Änderungen. Am vierten Tag ließen Sie Ihrer Verärgerung über mich freien Lauf und verletzten damit die höchsten Gesetze. Dem Kind geht es deshalb schlechter, das müssen Sie verstehen. Wenn ich begonnen habe, Ihr Kind zu heilen, dann werde ich alles mir Mögliche tun, um ihm zu helfen. Ihre Vorwürfe schaden mir, Ihnen und dem Kind."

Nach einigen Tagen kam die Mutter zu mir und ich erklärte ihr: „Jeder Mensch in diesem Leben wird geboren, um durch Überwindung irdischer Versuchungen und Leiden seine Seele und seinen Geist zu entwickeln und zu vervollkommnen. Jeder hat eine Hauptprüfung im Leben, etwas, bei dem er ständig auf die Probe gestellt wird, seine Schwachstelle sozusagen. Im früheren Leben haben Sie Ihren Mann, Ihren Sohn und Ihren Vater gekränkt. Sie haben sie einfach mit Füßen getreten. Deshalb wurden Sie in einer Familie mit analogen Karmaprogrammen geboren. Das verstärkt Ihre Programme, und es ist unsere Aufgabe, sie zu blockieren. Ihre Hauptprüfung im Leben müssen Kränkungen durch Ihren Mann und Ihren Sohn sein. Der Sohn tut es bereits sehr aktiv. Bei Ihrem Mann kann das Programm noch stärker zum Ausdruck kommen. Wenn Sie dies ertragen können, ohne es dem Sohn oder dem Mann übel zu nehmen, ist das Karma beseitigt, die Prüfungen hören auf und alles wird gut. Wenn Sie dies nicht können, dann kommen zum Familienunglück noch Krankheiten und weitere Leiden hinzu." Die Frau schaute mit verlorenem Blick vor sich hin, und ich fuhr fort:

„Ihre Hauptversuchung im Leben wird der Wunsch sein, Ihren Mann und Ihren Sohn zu erniedrigen und zu beleidigen. Wenn Sie sich beherrschen können, wird der Sohn gesund, wenn nicht – bereiten Sie sich auf eine Strafe vor."

Ich betrachtete nochmals die Karmastrukturen, behandelte die Frau und ihren Sohn, dann verabschiedeten wir uns bis auf weiteres.

Nach einigen Tagen rief erneut die Bekannte an: „Der Mutter und dem Kind geht es schlecht, es hat erneut Atemnot und Krämpfe."

Die Ursache war wieder dieselbe. Dienstagabend waren bei der Mutter Zweifel aufgekommen, ob ich helfen, ob ich die Seele und nicht nur den Körper heilen könnte. Gefolgt waren Klagen, Lossagung vom Göttlichen und Forderungen nach schnellen Ergebnissen und einem sichtbaren Effekt. Das hatte sich unmittelbar auf das Verhalten des Kindes ausgewirkt: Es hatte einen Spielkameraden im Kindergarten gebissen. Die Mutter war enttäuscht gewesen und hatte schlecht über mich gedacht. Auf der Feldebene hatte ein Angriff stattgefunden. Da mein Feld ausgeglichen gewesen war, war der Angriff zurückgekehrt und hatte sich gegen die Mutter und das Kind gerichtet.

Ich erklärte erneut die Ursachen und stellte die Feldstrukturen wieder her.

„Soll ich Ihnen einen Rat geben, auf welche Weise Sie gesund bleiben und lange leben können? Richten Sie niemals Forderungen an jemanden oder etwas. Nicht an das Schicksal, nicht an Gott, nicht an die Vergangenheit und nicht an die Menschen. Äußerlich erscheinen Sie gelassen, doch im Innern ist jede Ihrer Forderungen ein Programm der Vernichtung desjenigen, an den Sie diese richten. Die Zelle darf nicht aus ureigenen Interessen an den Organismus Forderungen stellen. Sie darf dies nicht, denn das wäre das Programm des Zerfalls des Organismus. Eine solche Zelle wird abgestoßen und erkrankt. Wir sind daran gewöhnt, an alle Forderungen zu stellen – an den Staat, an den Chef, an die Kollegen, an die Verwandten."

Einige Tage vergingen. Ich interessierte mich für den Zustand des Jungen. Die Mutter sagte, dass bisher keine Änderung eingetreten sei, doch wenn man ihm mit der härtesten Bestrafung drohe, höre er auf, mit Gegenständen zu werfen, während früher selbst dies nicht gewirkt habe. Nun, Gott sei Dank, das Feld war ausgeglichen, der Heilungsprozess schritt voran.

In Fernbehandlung beobachtete ich den Jungen weiter. Ich fand eine weitere Ursache seiner Aggression – ein Selbstmordprogramm. Die Kränkungen der Eltern, d.h. die Programme der gegenseitigen Zerstörung, hatten ein Programm der Selbstzerstörung des Kindes von seiner Geburt an aktiviert. Um nicht umzukommen, kehrte er dieses Programm, das nach innen gerichtet war, nach außen um und gab es den Urhebern zurück.

Nach der Korrektur wurde das Feld des Kindes weicher und wärmer. Es schien, als sei eine der Hauptursachen des Verhaltens nun behoben.

Es vergingen fünf weitere Tage und ich sprach mit der Bekannten. „Weißt du, die Mutter war gestern absolut schockiert: Der Sohn kam zu ihr und hat ihr den ganzen Abend die Hand gestreichelt." In solchen Augenblicken spüre ich, wofür ich lebe.

Wenn ich Frauen heile, dann betrachte ich unbedingt auch ihre Kinder. Ein Gespräch von drei Minuten kann das Kind vor jahrelangen schweren Prüfungen und Krankheiten bewahren. Ich teile der Mutter mit, was beim Kind aus meiner Sicht die Hauptprüfung darstellt und wo seine Schwachstellen sind.

Einer vor mir sitzenden Frau erklärte ich, dass die Ursache der Krankheit des Sohnes ihr Verhalten während der Schwangerschaft sei. Sie dachte, dass ihr Mann sie verlassen würde, und hatte in sich die Liebe zu ihm getötet, sie hatte sogar Selbstmord begehen wollen. Das Kind hatte einen nur schwachen Kontakt zum Göttlichen, zum Universum. Das wirkte sich auf seinen psychischen und physischen Zustand aus.

Ich erklärte die Ursachen und wies darauf hin, dass für Sie die Hauptprüfung darin bestehe, „göttliche Gefühle" für Ihren Mann und für sich zu bewahren.

„Man wird Sie ständig provozieren, sich vom Göttlichen loszusagen, doch Sie müssen standhalten."

„Aber wie leben denn die anderen?", fragte sie.

„Die anderen haben einen inneren Vorrat an Kontakt zum Göttlichen. Egal wie weit sie sich äußerlich losgesagt haben, im Inneren, im Unterbewusstsein, haben sie einen guten Kontakt. Sie hingegen haben wiederholt die Prüfung nicht bestanden. Deshalb haben Sie eine akute Tachykardie, Schmerzen in der Bauchspeicheldrüse, Kolitis und gynäkologische Beschwerden. Habe ich die Diagnose richtig gestellt?"

„Ja", sagte die Frau erstaunt und zögerlich. „Vor einem halben Jahr war ich im Krankenhaus."

„Im Moment bildet sich auf der Feldebene bei Ihnen ein Uterusfibrom. Wenn Sie wegen Ihrer sinnlosen Forderungen die Gefühle in sich unterdrücken, dann wird das Uterusfibrom zur Wirklichkeit."

„Aber wie haben denn die Menschen früher gelebt?"

„Wissen Sie, es gibt eine Redewendung: ‚Die Jugend isst den vergoldeten Lebkuchen und hält ihn für das tägliche Brot.[9] Früher waren wir durch die Bemühungen der Propheten, der Heiligen, die Gebote und ein richtiges Verhalten fest mit dem Universum vereint, wobei äußerlich nur wenige Anstrengungen dafür unternommen wurden. Jetzt müssen wir uns dies mit unserem Schweiß und Blut selbst erarbeiten."

„Sagen Sie, und welche Hauptprüfung, welche Gefahr erwartet meinen Sohn?"

Ich betrachte die Karmastrukturen:

„Die Hauptprüfung ist die Alkoholsucht."

---

9 Russische Redewendung. Die Bedeutung liegt darin, dass ein Mensch die Vorzüge und Annehmlichkeiten seiner Jugendjahre meist nicht zu schätzen weiß (Anm. der Redaktion).

Die Frau sah mich erstaunt an:

„Er ist drei Jahre alt, doch er zittert schon vor Begierde, wenn er Bier sieht, und verlangt danach. Wie kann man ihm helfen?“

„Vor allem müssen Sie die Ernährung des Kindes ausgleichen. Was bedeutet seine Alkoholsucht? In erster Linie, dass er ein Sklave seines Wunsches ist und diesen nicht überwinden kann. Das geschieht, weil der Geist des Kindes erdgebunden ist. Wenn der Geist erhöht wird, werden der Körper und seine Bedürfnisse kontrolliert. Der Mensch steht über den Dingen, nicht die Dinge über ihm. Lassen Sie nicht zu, dass das Kind zu viel isst. Esslust erdet den Geist ungemein.“

Die Frau seufzte:

„Und ich versuche alles, um ihm etwas Leckeres zu kochen. Als er geboren wurde, hat er immer nur geschrien. Ich habe ihm ständig etwas zu essen gegeben, damit er nicht schreit.“

„Sein Unterbewusstsein spürte den schwachen Kontakt zum Universum, und durch Schreien versuchte er, ihn zu verstärken. Indem Sie ihn überfütterten, schufen Sie ein trügerisches Komfortgefühl. Er gewöhnte sich daran und fand die Quelle seines Komforts nicht im Geist, sondern im Körper. Die körperlichen Bedürfnisse begannen, die Bedürfnisse des Geistes zu überwiegen. Der Geist begann, sich zu deformieren.“

„Was kann man denn tun?“

„Nicht überfüttern, auf keinen Fall zwischen den Mahlzeiten irgendwelche Häppchen geben. Nur wenig Nahrung, und zu festen Tageszeiten. Weniger Fleisch, denn es „nagelt“ einen regelrecht an die Erde. Die Nahrung sollte aus einfacher, vegetarischer Kost bestehen. Alle Delikatessen sind zu streichen, das Kind braucht sie nicht. Es ist vor allem auf die Bedürfnisse des Geistes zu orientieren. Ein Minimum an Salz, denn es erhöht die unterbewusste Aggression. Versprechen Sie niemals dem Kind, eine Delikatesse oder Spielzeug zu kaufen. Das

Kind soll von Genüssen des Geistes träumen. Versprechen Sie einen Theater- oder Museumsbesuch. Der Mensch träumt auf der Ebene der sehr feinen Feldstrukturen, und wenn im Traum dorthin etwas Materielles und Irdisches gelangt, werden sie unvorstellbar stark geerdet. Machen Sie unerwartete Geschenke. Eine Mutter, die sagt ‚Wenn du brav bist und gut lernst, kaufe ich dir dieses und jenes', macht ihr Kind zum geistigen Sklaven, der von der ersehnten Sache beherrscht wird, und schafft ungewollt ein Programm der Vernichtung alles Heiligen um materieller Güter willen. Das war auch der Hauptgrund für den Untergang früherer Zivilisationen.

Die Entwicklung der Ethik des Kindes ist die beste Medizin gegen negative Bestrebungen.

Ihr Verhalten wirkt ebenfalls stark auf das Kind ein. Wenn Sie die „göttlichen Gefühle" für Ihren Mann unterdrücken, hat das gleichfalls Einfluss auf das Kind.

„Ich glaube, man hat ihn behext. In letzter Zeit verhielt er sich mir gegenüber immer böse."

„Von Hexerei kann hier keine Rede sein. Die Ursache liegt bei Ihnen. Er reagiert auf Ihre unterbewussten Beschwerden mit bewussten."

„In einer Frauenzeitschrift habe ich Ratschläge russischer Hexenmeister gelesen, wie man einen anderen Menschen behexen kann. Es heißt, dies sei nicht gefährlich."

„Um jemand zu behexen, muss man in dem Menschen die „göttlichen Gefühle", die ihn beschützen, töten, denn Hexerei ist ein widernatürlicher gewaltsamer Prozess, der die Strukturen des Geistes zerstört. Doch hierbei kommt es auch zum Zerfall des Geistes und des Schicksals desjenigen, der die Hexerei ausführt. Auf das Schicksal von Kindern, besonders künftiger, wirkt sich das katastrophal aus." Die Frau nickte zustimmend.

„Ich war immer der Meinung, dass man mit Gewalt nichts erreichen kann."

„Natürlich. Was ist denn Hexerei? Das ist die Ausnutzung göttlicher Möglichkeiten für egoistische Ziele, die Unterordnung höchster Karmastrukturen unter augenblickliche taktische Interessen. Wenn für die einzelne Zelle die Frage ihrer ureigenen Interessen und ihres Überlebens über die Interessen des Organismus gestellt wird, wenn sie sich nach ihren eigenen Gesetzen entwickelt, die sich von den Gesetzen, nach denen der Organismus lebt, unterscheiden, dann kann dies in einen onkologischen Prozess hinüberwachsen. Wird in die feinen Feldstrukturen, in denen alles einheitlich ist, mit konsumorientierten und irdischen Zielen eingedrungen, werden sehr starke Schutzprozesse aktiviert. In Abhängigkeit vom Ausmaß des Eindringens wird ein Mechanismus des einzelnen Menschen, seiner Sippe, einer Gruppe von Menschen und sogar, wenn es sich um schwere Verstöße handelt, der ganzen Menschheit in Gang gesetzt."

„Wenn die Frau mit dem geliebten Menschen leben will, was soll sie dann tun?"

„Ich werde Ihnen ein „fürchterliches" Geheimnis verraten. Mit der Entwicklung des eigenen Geistes kann man den Ehemann nicht nur „behexen", sondern ihn auch wirklich glücklich machen."

Die Frau verabschiedete sich, und ich beobachtete noch einige Zeit ihre Aura und die ihres Kindes. Das Feld wurde goldfarben, weich und warm. Es kam das Gefühl auf, dass alles Lebende auf der Erde sich jetzt über die Erleuchtung seines Teils freute.

Ein anderes Kind hatte Enzephalopathie. Drei Jahre vor seiner Geburt war in der Familie heftig gestritten worden, man hatte an Scheidung gedacht, seine Mutter und sein Vater waren sogar lebensmüde gewesen. Diese starken Selbstzerstörungsprogramme, die von den Eltern so „einmütig" bis zur Geburt des Kindes gebildet worden waren, befanden sich in seiner Feldstruktur. Der Erwachsene ist stärker geschützt und der Zerstörungsprozess verläuft bei ihm bedeutend langsamer, während das Kind, das von den Eltern zwei starke Selbstzerstörungsprogramme erhalten hatte, mit einer Hirnhautentzündung büßen musste. Die Mutter konnte es nicht glauben:

„Heißt das, das Kind kann gesund werden, wenn das Programm beseitigt wird?“

„Die Gesundheit Ihres Kindes hängt vom Zustand seiner Geistesstrukturen ab, und diese sind deformiert. Wenn sie ausgeglichen werden, wird das Kind gesund.“

Eine Frau litt an Unfruchtbarkeit. Ich begann mit der Diagnostik. Es handelte sich, dem Energiefeld nach zu urteilen, um eine Polyzystose der Eierstöcke.

„An Ihrer Krankheit sind Sie selbst schuld.“

Die Frau war verwundert.

„Vor einigen Jahren haben Sie eine unethische Tat begangen, das ist die Ursache der Unfruchtbarkeit. In dem Mann, der Sie sehr liebte, haben Sie die Liebe vernichtet, noch dazu auf sehr grausame und unerwartete Weise. Ihre Verbindungskanäle zum Kosmos sind blockiert, das Energiepotential ist niedrig. Können Sie sich erinnern, was geschehen ist?“

„Ich hatte einen Verlobten, wir wollten heiraten, doch ich lernte einen anderen Mann kennen, der mir sehr gefiel, und heiratete ihn. War ich denn nicht im Recht? Ich habe den geheiratet, den ich mehr liebte.“

Ich erklärte der Frau, dass ein liebender Mensch von Gefühlen erfüllt ist, deren Vernichtung in sich selbst oder in einem anderen Menschen ein schweres Verbrechen darstellt.

Nach der Logik des Lebens lässt sich Unfruchtbarkeit durch eine Operation beheben. Das macht die moderne Medizin. Doch mit der Vernichtung der Liebe und der Unterbrechung des Kontakts zum Höchsten, dem Universum, hat die Frau die feinen Geistesstrukturen beim Mann und sich selbst zerstört. Das unter solchen Bedingungen geborene Kind könnte deformierte Strukturen der Ethik aufweisen. Der Organismus der Frau blockiert es und möchte kein Kind zur Welt bringen, das entweder schwer erkranken, sterben oder anderen Menschen Schaden zufügen kann. Wenn bei der Frau die Parameter des Geistes niedrig wären, würde es nicht zur Unfruchtbarkeit kommen, sondern sie würde ein Kind mit „schwarzem" Karma zur Welt bringen. Doch ihre Ethik und das Schutzsystem sind vollkommen ausreichend, um zu spüren, welche Gefahr ihren Kindern und Enkeln droht. Wir denken gewöhnlich, dass dies eine Krankheit ist, kämpfen mit uns selbst, mit dem eigenen Organismus, der eigentlich versucht, sein Geschlecht vor Entartung zu schützen.

Ich erklärte der Frau diese Gesetzmäßigkeiten und sah, dass sich ihre Feldstrukturen langsam ausglichen.

„Was soll ich tun?", fragte sie.

„Sie müssen sich vor allem bewusst werden, dass die Vernichtung der Liebe ein Verbrechen ist, und dies nicht auf herkömmlicher, sondern auf höchster, auf Geistesebene einsehen. Wenn Sie alles einsehen, braucht sich der Organismus nicht zu wehren und das Schutzsystem zu aktivieren. Der zuverlässigste Schutz des Geistes vor seinem Verfall ist die Deformation der groben Strukturen des Körpers. Ihre Zerstörung veranlasst den Menschen, den Schwerpunkt vom Körper auf den Geist zu verlagern, und das rettet ihn."

„Denn wer am Fleisch leidet, der hört auf von Sünden", steht in der Bibel geschrieben (1. Petrus 4,1).

Ich erinnere mich an eine junge Frau mit ähnlicher Erkrankung, sie hatte eine vollständige Eileiterverstopfung. Die einzige Ursache war, dass ihre Urgroßmutter abgetrieben hatte, und zwar so, dass die Deformation der Geistesstrukturen letztendlich zum physischen Schutz des Organismus der Urenkelin führte. Nach unserem Gespräch begann die Rückbildung der Verschlüsse. Ich empfahl der Frau, sich nochmals untersuchen zu lassen. Die Ärzte lehnten die Untersuchung mit der Begründung ab, dass ihre Krankheit nicht auf der Energieebene geheilt werden könne, nur eine Operation könne ihr helfen. Die Frau war gezwungen, sich an eine Gemeinschaftspraxis zu wenden, und sie brachte mir zwei Wochen später die Röntgenbilder. Die Verschlüsse hatten sich vollkommen zurückgebildet.

Derartige Fälle bestätigen, dass die Ursache vieler gynäkologischer Krankheiten auf der Feldebene zu suchen ist und oft einen Schutz vor der Geburt nicht vollwertiger Nachkommenschaft darstellt. Indem die moderne Medizin diesen Schutz immer aktiver zerstört, trägt sie in Unkenntnis der Ursachen der Krankheit dazu bei, dass eine physisch und moralisch nicht lebensfähige Generation zur Welt kommt. Während die Medizin den Menschen vor einer konkreten Krankheit rettet, öffnet sie gleichzeitig die Schleusen für die Entwicklung negativer Prozesse, die die Immunität der gesamten Menschheit verringern.

Was die Medizin gegenwärtig unternimmt, erinnert an das Gleichnis vom Reiter.

Ein auf dem Weg herangaloppierender Reiter fragt einen Bauern:

„Wie komme ich nach X?“

„Sie reiten in die falsche Richtung.“

„Macht nichts, ich habe ein hervorragendes Pferd!“

„Aber Sie müssen in entgegengesetzter Richtung reiten“, versucht der Bauer, ihn zur Vernunft zu bringen.

„Macht nichts, ich habe Proviant für viele Tage.“

„Je besser Ihr Pferd ist und je mehr Proviant Sie haben, umso weiter entfernen Sie sich vom Ziel.“

Je bedeutsamer der Sieg der medizinischen Wissenschaft

ist, umso weiter rückt das eigentliche Ziel in die Ferne.

Wir sind gewohnt zu denken, dass die Antikörper das wichtigste Schutzorgan des Organismus und des Körpers sind. Dabei vergessen wir eine einfache Wahrheit: Seele, Geist und Körper sind eine Einheit. Das Unterbewusstsein und das Bewusstsein sind das Feld, und der physische Körper ist eine Unterart, der dialektische Gegensatz dieses Feldes. Und der höchste Schutz des Organismus ist der Schutz der Feldstrukturen des Geistes. Wenn daher der Organismus vor der Frage des Überlebens steht, müssen vor allem die strategischen Strukturen des Geistes, die uns mit der Urquelle verbinden, überleben.

Wir dürfen die Lehren der Geschichte nicht vergessen. Im antiken Sparta war Folgendes Brauch: Wenn ein Kind kränklich und physisch schwach zur Welt kam, warf man es ins Meer, um die Gesundheit der Nachkommenschaft zu erhalten. Doch letzten Endes ging der Staat an der Entartung des Geistes zugrunde.

Die Philosophie, den Menschen nur als physischen Körper wahrzunehmen, führt zur Einseitigkeit im Denken der gesamten modernen Medizin. Die wichtigsten Heilmethoden bestehen darin, das kranke Organ zu entfernen, zu beschneiden, zu säubern und zu richten.

Dies wäre richtig, wenn der Mensch nur aus einem Körper bestünde, doch der Mensch besteht zugleich auch aus einem Feld, wobei das Feld bedeutender ist als der Körper.

„Zwischen Hut und Schuhsohle ist für mich nicht Raum genug“, sagte Walt Whitman.

Die Gesetze des menschlichen Geistes sind gleichzeitig auch die Gesetze für den Körper, doch zwischen ihnen besteht keine feste Korrelation. So wie diese Gesetze einheitlich sind, so können sie auch gegensätzlich sein. Und wenn die Medizin beginnt, in das Gebiet des Feldes und des menschlichen Geistes einzudringen und dabei ihre charakteristischen Methoden der Einwirkung auf den Körper – Schneiden, Entfernen und Nähen – beibehält, führt das zu anfangs unmerklichen, aber dennoch sehr ernsten Deformationen der Geistesstrukturen.

Die Logik derjenigen, die den Körper heilen, ist: erst handeln, dann analysieren. Die Logik des Geistes ist: erst analysieren, dann handeln.

Die in der modernen Medizin verwendeten Methoden der Hypnose, Psychotherapie und außersinnlichen Wahrnehmung sind der Versuch, die Logik des Körpers mit der Logik des Geistes mechanisch zu verbinden. In diesem Fall bleibt letztere auf der Strecke. Da die Philosophie und die Logik des Geistes die Strategie bilden und der Körper die Taktik darstellt, hat im Moment der augenblickliche taktische Erfolg alles andere verdrängt. „Nach uns die Sintflut" ist die Logik des Körpers. Aber wird es nach uns auch noch etwas anderes geben?

Wir haben gelernt, durch einen chirurgischen Eingriff Menschen von Kurzsichtigkeit zu heilen und wenden diese Methode im Fließbandverfahren an. Es gibt nicht nur in zahlreichen Städten unseres Landes Kliniken, in denen problemlos eine entsprechende Operation vorgenommen werden kann, auch andere Länder können unsere Hilfe in Anspruch nehmen.

Aber gibt es jemanden, der die Ergebnisse dieses „Sieges" analysiert hätte?

Die Ursache der Kurzsichtigkeit ist die Verzerrung der Feldstrukturen im Bereich des Kopfes, die durch ein Hassgefühl, das im Feld des Menschen feste Strukturen bildet, hervorgerufen wird. Bei einer Augenoperation verschwinden diese Strukturen nirgendwohin, sie setzen auf der Feldebene die Zerstörung fort, verlagern sich in andere Organe des Körpers oder in die Parameter des Geistes des Menschen.

Operationen der Organtransplantation oder -entfernung führen ebenfalls zu solchen Ergebnissen. Es ist gut, wenn der

Mensch gleichzeitig versucht, seinen Geist – die wahre Ursache – zu heilen, Fehler zu erkennen und in seiner Seele etwas zu ändern.

Noch schlimmer können die Ergebnisse einer inkompetenten Einmischung auf der Energieebene sein.

In Andrej Tarkowskis Film „Der Spiegel" gibt es eine Szene, in der ein Junge mit Hilfe von Hypnose vom Stottern geheilt wird. Ich habe analysiert, was passiert, wenn Stottern auf diese Weise geheilt wird. Bei einem Stotterer sind die Parameter des Schicksals entstellt. Ich überprüfte sie vor und nach der Heilung. Die Parameter blieben unverändert. Da die Hypnose nicht auf die Ursache der Krankheit einwirken konnte, konnte sie diese nur an eine andere Stelle verlagern. Deshalb suchte ich, wohin die Verlagerung erfolgte. Wie sich herausstelle, hatte die Einmischung der Hypnose die Ursache in die Zukunft verlagert, es fand eine vollständige Zerstörung der Karmastrukturen des Schicksals der drei künftigen Leben des kranken Kindes statt. Ist dies nicht eine wahre Katastrophe?

Wenn man nicht zur Ursache der Krankheit vordringt, kann man sie nur auf ein anderes Organ, auf das Schicksal, die Psyche des Menschen oder seine künftigen Leben verlagern, bzw. alles auf seine Kinder abwälzen. Der Mechanismus bleibt erhalten. Ohne Änderung des Geistes kann die Krankheit nicht geheilt werden.

Ich erinnere mich an ein Gleichnis, das mir ein junger Arzt erzählt hat. Allah rief die Menschen zu sich und erteilte ihnen Strafen für Gesetzesverletzungen, wobei dem Arzt die größte Strafe zuteil wurde. Der Arzt war empört:

„Warum denn? Ich bin Mediziner, ich helfe den Menschen, befreie sie von ihren Leiden!"

Allah antwortete:

„Weil ich die Krankheiten für die Sünden der Menschen

schicke, und du sie daran hinderst, diese zu erkennen."

Ich denke, dass die Religion, die Erkenntnisse für ein richtiges Verhalten vermittelt, viel mehr für die physische Gesundheit des Menschen getan hat als die Medizin.

Ich lernte einen Mann kennen, den ein Wunderheiler von einer schweren Krankheit geheilt hatte – er war auf Krücken gegangen, auf die er nach der Heilung nicht mehr angewiesen war. Die Freude des Kranken und seiner Familie war verständlich. Ich sprach mit ihm und spürte, dass seinem Sohn ein großes Unheil drohte. Ich führte Tests durch und sah, dass der Junge umkommen könnte. Die Ursache lag darin, dass beim Mann väterlicherseits ein starkes Programm der Vernichtung der Söhne vererbt worden war, das durch Krankheiten der Beine blockiert wurde. Nach der Heilung war das Programm von den Schicksalsstrukturen des Mannes auf den Körper und das Schicksal seines Sohnes übertragen worden.

Es ist gefährlich, sichtbare Probleme zu beseitigen, ohne ihren Auslöser zu finden und ebenfalls zu beseitigen. Früher verlagerte sich die Krankheit von einem Organ auf ein anderes, jetzt verdrängen Methoden außersinnlicher Wahrnehmung und modernster Medizin (Psychogeneratoren und Geräte, die auf der Feldebene arbeiten) die Krankheit vom Körper auf die Seele, das Schicksal, die Psyche und sogar auf künftige Generationen oder eigene künftige Leben.

Der Psychogenerator, der mit den Informationsfeldern arbeitet, bewirkt eine akute Besserung auf der physischen und dichten Feldebenen und eine vollständige Zerstörung der feinen Ebenen. Im Fernsehen wurde eine Frau gezeigt, die mit dem Psychogenerator behandelt wurde, der laut Werbung „Tausende Wunderheiler ersetzen kann". In Fernbehandlung nahm ich eine Diagnostik der Frau vor. Ich sah eine vollständige Heilung auf physischer Ebene und eine Übertragung der Deformationen auf ihre Geistesstrukturen, auf das Schicksal und vier künftige Leben. Ein Teil der Deformationen wurde auf ihre Kinder verlagert.

Wenn die Krankheit als das Böse betrachtet wird, bekämpft man sie, wobei sie von einer Stelle auf eine andere verlagert wird. Wenn aber verstanden wird, dass die Krankheit den Verfall des Geistes bremst, und die Ursachen ihres Entstehens beseitigt werden, dann verschwindet die Krankheit von selbst.

Die Unvollkommenheit unserer Philosophie und unserer Weltauffassung führt uns zur Selbstvernichtung.

Ich sprach mit einem Bekannten über die moderne Medizin in Anwesenheit seines Sohns, der an einer medizinischen Hochschule studierte. Der Sohn hatte starke Kopfschmerzen, er nahm Tabletten ein, doch die Schmerzen hatten nicht nachgelassen. Ich drückte auf einen Punkt am Hals, rüttelte ihn etwas durch – und die Schmerzen verschwanden. Die Reaktion des jungen Mannes war bemerkenswert:

„Vater, warum muss man überhaupt studieren, wenn man auf diese Weise heilen kann?“

Der Vater antwortete, dass das Studium trotzdem unerlässlich sei. Ich schwieg; um diese Frage zu klären, hätten zwei Minuten wohl kaum ausgereicht.

Die Methode, von der in diesem Buch die Rede ist, gestattet es, Erkrankungen viele Jahre vor dem Auftreten der ersten Anzeichen von physischen Beschwerden zu heilen. In einer bestimmten Entwicklungsetappe der Methode dachte ich, dass die Karmadiagnostik die Medizin vollständig ersetzen könnte. Dann verstand ich eine elementare Wahrheit – das Wesen der Methode besteht darin, Ereignissen, die stattfinden können, vorzubeugen, doch unser Bewusstsein, das auf die Bedürfnisse des Körpers orientiert ist, kann nicht alle Prozesse voraussagen. Deshalb geht es nicht um die Ablehnung der modernen Medizin, sondern um das dialektische

Zusammenwirken der Medizin des Geistes und der Medizin des Körpers – wobei die Priorität auf der Heilung und Entwicklung des Geistes liegt – sowie um die grundlegende Änderung der Prinzipien der modernen Medizin, also um die Vereinigung und gegenseitige Ergänzung, und nicht um den Austausch einer Weltauffassung durch eine andere.

Indem sie sich nur mit dem physischen Körper beschäftigt, entfernt sich die Medizin immer mehr von ihrer Hauptaufgabe – den Menschen zu heilen, denn der Mensch ist vor allem Geist und Feld.

„Ein Mensch, der Philosoph und Mediziner zugleich ist, ähnelt Gott", sagte Hippokrates. Früher waren Philosophie, Religion und Medizin ein einheitliches Ganzes. Ein einziger Mensch konnte in sich das ganze Wissen vereinen. Und er konnte heilen. Jetzt gibt der Arzt Spritzen, operiert, verabreicht Tabletten, führt Verordnungen aus. Ist nicht auch eine andere Variante möglich?

Doch, das ist sie.

Ein behandelnder Arzt, der über eine hohe Ethik und geistige Werte verfügt, heilt nicht nur den Körper, sondern gleichzeitig auch die Seele. Der Psychiater Bechterew[10] sagte, dass es sich dann um einen wahren Arzt handelt, wenn es dem Kranken schon nach dem Arztbesuch besser geht. Es gibt viele Fakten, die belegen, dass alleine das Erscheinen eines Arztes im weißen Kittel den Zustand des Kranken bessert. Leider wird in der Medizin in den letzten Jahrzehnten immer mehr Aufmerksamkeit den Diagnostik- und Heilgeräten als der Persönlichkeit des Arztes gewidmet.

Neulich bat mich eine Bekannte, ein neues Gerät zu testen, das ihr Forschungszentrum erhalten hatte. Sie sprach begeistert

10 Wladimir Mihailowitsch Bechterew (1857-1927), berühmter russischer Neurologe, Neurophysiologe und Psychiater (Anm. der Redaktion).

von den Möglichkeiten des Gerätes, das auf das Feld des Menschen einwirkt und gestattet, ohne Medikamente zu heilen. Ich beschloss zu klären, auf welche Weise das Gerät wirkt, und diagnostizierte einen nach dem Zufallsprinzip ausgewählten Patienten, der mit dem Gerät behandelt wurde. Der Mann hatte in Afghanistan gedient und litt an einem Magengeschwür. Ursache des Geschwürs waren die hohe bewusste Aggression und das Hassgefühl, das er im Krieg empfinden musste. In seinem Feld hatten sich starke Programme der Vernichtung von Menschen gebildet. Die Karmastrukturen waren deformiert. Nach der Einwirkung des Geräts reinigte sich das Feld des Patienten, die Deformation verschwand und der physische Zustand der Organe besserte sich wesentlich. Ich betrachtete die feineren Energiestrukturen der Organe und sah, dass das Energiefeld des endokrinen Zentrums und des ersten Chakras beträchtlich schlechter als vor der Behandlung geworden war. Ich betrachtete die Parameter der Ethik, der Erfüllung mit Liebe und der Aggression, und mir wurde alles klar: Das Geschwür war vernarbt, die äußere Aggression war stark verringert, dafür hatte die unterbewusste enorm zugenommen. Das Geschwür hatte die Ausbreitung des Zerstörungsprogramms in den tiefen Schichten des Unterbewusstseins blockiert. Nach der Heilung hatte sich die Aggression aus dem Bewusstsein in das Unterbewusstsein verlagert. Die Parameter der Ethik und der Seele hatten sich verringert, und die Erfüllung mit Liebe, einer der stabilsten Parameter, der für die Gesundheit der Kinder und unsere Gesundheit in Zukunft verantwortlich ist, war auf einen kritischen Wert gesunken. Insgesamt sah ich ein Bild, das in der ganzen Welt zu beobachten ist: Die Vernichtung der strategischen Ressourcen des Organismus um der zeitweiligen Gesundheit des physischen Körpers willen. Dieses Gerät, wie auch Dutzende andere, die bereits geschaffen wurden und noch in Entwicklung sind, sind die höchste Errungenschaft der modernen Medizin und entsprechen vollkommen ihren Anforderungen und ihrer Philosophie – die Folgen zu beseitigen, ohne die Ursachen der Krankheit zu hinterfragen. Die Geräte gleichen die gröbsten Schichten der Karmastrukturen aus, treiben die Krankheit nach innen, doch beseitigen sie nicht. Die nach innen vertriebene Krankheit zerstört nun nicht mehr irgendein Körperteil oder Organ, sondern die Immunität des Organismus insgesamt. Indem sie konkrete Krankheiten besiegt, verurteilt die moderne Medizin die Menschheit zum generellen, langsamen, qualvollen Verfall und Tod. Da die Krankheit aber dazu dient, falsches Verhalten und Denken, meistens im Unterbewusstsein, zu blockieren, beschleunigt die Aufhebung dieser Blockierung den Zerfallsprozess beträchtlich.

Durch die Analyse der Feldstrukturen der Gesellschaft und der Menschheit sowie von Informationen aus unterschiedlichen Quellen kam ich zu folgendem Schluss: In den letzten einhundertfünfzig Jahren ist die Aggression der Menschheit immer weiter angestiegen, und da die Blockierungen zwischen Bewusstsein und Unterbewusstsein zerstört sind, nimmt die unterbewusste Aggression intensiv zu. Unsere Aggression wird auf die Feldebene, auf das Universum, übertragen. Um diesen Prozess aufzuhalten, müssen sich, den Ergebnissen meiner Untersuchungen zufolge, seit Herbst 1995[11] zwangsläufig Programme der Selbstvernichtung der Menschheit aktivieren. Solchen Bedingungen können nur Menschen mit ausgeglichenen Geistesstrukturen standhalten und darin überleben.

Ich wünsche sehr, dass diese Prognose falsch ist und sich nicht bestätigt, aber dafür besteht heute nur wenig Hoffnung.

Die vielversprechendsten Geräte stellen die besonders tiefenwirksamen Leptonen-Psychogeneratoren dar. Wahrschein-

[11] Das vorliegende Buch ist vom Autor im Jahr 1993 veröffentlicht worden und wurde originalgetreu übersetzt; hieraus ergeben sich Diskrepanzen bei einigen Zeitangaben (Anm. der Redaktion).

lich werden sie in nächster Zeit verstärkt bei der Heilung von Krankheiten eingesetzt. Meine Untersuchungen zeigen, dass die Feldstrukturen, die genetische Informationen enthalten, zuverlässig vor Energieeinwirkungen geschützt sind. Es sind nur zwei Ausnahmen möglich – bei Einwirkungen durch Menschen mit höchsten Fähigkeiten und durch den Psychogenerator.

Das immer tiefere Eindringen in die Karmastrukturen zwecks Beseitigung von Krankheiten muss die Forscher unausweichlich zu den Zonen führen, in denen sich die Programme befinden, die den genetischen Code von Pflanzen, Tieren und Menschen bestimmen. Dieser Prozess kann außer Kontrolle geraten, und dann beginnt zunächst die Vermischung und Verknüpfung des genetischen Karmas benachbarter Programme, d.h. des Menschen und der Tiere, und danach die vollständige Vermischung der Programme aller lebenden Wesen. Bereits in der nächsten Zeit ist das Auftreten von Mutanten möglich, die gleichzeitig die genetische Struktur des Menschen und des Tieres aufweisen. Solche Mutationen entstehen manchmal auch in der Natur, doch nach Informations- und Energieeinwirkungen kann ihre Zahl lawinenartig zunehmen. Versuche, die Zsjan Kantschdshen[12] aus der Stadt Chabarowsk durchgeführt hatte, zeigten, dass bereits mit einfachen Geräten genetische Codes von verschiedenen Tieren und Pflanzen verbunden werden können. Es ist auch nicht ausgeschlossen, dass Forscher versuchen – ohne zu ahnen, dass sie dabei Selbstmord begehen – mit den genetischen Codes des Menschen und des Tieres zu experimentieren. Die Gefahr solcher Experimente besteht darin, dass das Programm der Verknüpfung genetischer Codes des Menschen und des Tieres, wenn es erst einmal entstanden ist und realisiert wurde, in den Informationsstrukturen der Biosphäre existieren und sich weiterentwickeln wird. Das Verbrechen gegen den

12 In Russland wohnhafter chinesischer Forscher (* 1933), der durch Experimente mit Energiefeldern und unkonventionelle Heilmethoden landesweite Berühmtheit erlangt hat (Anm. der Redaktion).

Menschen wird, wie Untersuchungen ergaben, als Programm an viele Generationen zur Verwirklichung weitergegeben. Das System der Feldselbstregulierung schützt das Informationsfeld. Und wenn nicht Krankheit die Zerstörung der feinen Feldstrukturen des Geistes blockiert, dann wird der effektivste Blockierungsmechanismus von allen in Gang gesetzt – der Tod.

Ein sehr aufschlussreicher Fall wies mich auf einen weiteren Parameter des Selbstregulierungssystems hin – die Eigenliebe.

Eine Frau, die mich aufsuchte, war in einer recht ordentlichen gesundheitlichen Verfassung. Geringfügige Störungen waren dadurch entstanden, dass sie 1978 eine Frau gehasst hatte. Lange versuchte sich die Patientin, daran zu erinnern, war sich jedoch keiner solchen Gefühle bewusst. Es musste also tiefergehend untersucht werden. Wie sich herausstellte, war der Hass gegen sie selbst gerichtet.

„Wie kann man sich selbst hassen? Vielleicht hegten Sie Selbstmordgedanken?“, versuchte ich zu klären.

„Nein.“

Die Frau sagte, dass sie generell keine Lust zu leben habe. Tests zeigten, dass Lebensunlust und Selbstmordgedanken verschiedene Dinge sind. Lebensunlust ist ein bedrückendes Lebensgefühl, wobei auch nur geringe Schwierigkeiten in diesem Zustand ausreichend sind, um Selbstmordgedanken aufkommen zu lassen.

Zunächst hielt ich dies für die Ursache, doch dann fand ich heraus, dass das bedrückende Lebensgefühl eine Folgeerscheinung ist und vom Familienkarma des Menschen, von Gesetzesverletzungen seiner Vorfahren bestimmt wird. In diesem Fall hatte die Mutter der Frau einen Menschen gehasst und ihn verwünscht. Das hatte in ihrem Feld eine Orientierung auf die Selbstvernichtung gebildet, die erhalten geblieben und an die

Kinder weitergegeben worden war, was eine langsame Vernichtung der Sippe bewirkte. Das Programm arbeitete träge und unauffällig, schaffte eine freudlose innere Einstellung zum Leben, war manchmal mehr oder weniger ausgeprägt, doch allmählich kappte es die Wurzeln der Sippe. Ein Mensch mit einer solchen Orientierung auf die Vernichtung kann viel leichter eine für ihn gefährliche Handlung begehen, wird sein Leben und das Leben anderer gering schätzen und kann vielen von ihm abhängigen Menschen schaden. Ich untersuchte das Feld des Sohnes dieser Frau – es befand sich in einem analogen Zustand. Wegen der Unterdrückung der Eigenliebe war eine starke Deformation des Feldes vorhanden, was bedeutete, dass sich dieser Mechanismus weiter entwickelte.

Obwohl der junge Mann sich bisher hervorragend fühlte und gesund war, befand er sich, ohne es zu ahnen, in Gefahr, weil die Programmierung auf Vernichtung, die von den Vorfahren initiiert worden war, weiter unheilvoll arbeitete und sich auf unerwartete und unerklärliche Weise offenbaren könnte.

Eine Frau kam zum zweiten Mal in meine Sprechstunde. Bei der ersten Sitzung hatte ich nicht nur ihr, sondern auch ihrem Mann geholfen. Sie war mit dem Ergebnis der Heilung sehr zufrieden, doch innerlich glaubte sie nicht, dass es durch Fernbehandlung, ohne mit ihrem Mann zu sprechen oder ihn zu sehen, möglich war, ihm zu helfen. Deshalb wollte sie mich auf die Probe stellen. Sie holte aus ihrer Handtasche ein Foto und bat mich, darauf ihren Mann zu finden. Ich zeigte darauf.

„Richtig. Und könnten Sie auch die Person finden, die fünf Jahre nach dieser Aufnahme gestorben ist?“

Ich sah sofort den Menschen, dessen Schicksalsparameter entstellt waren, und zeigte auf ihn. Sie war erstaunt:

„Wie haben Sie das erraten?“

Ich winkte nur müde ab. Ich bin Profi. Das sind keinerlei

Wunder, sondern schwere Anstrengung, das Ergebnis langer Arbeit, Entwicklung und Vervollkommnung der eigenen Fähigkeiten.

Vor einigen Monaten suchte mich eine Bekannte auf.

„Ich bin in Panik", sagte sie. „Ich habe eine Freundin, wir kennen uns seit langem, heute kam sie zu mir und erklärte mir ihre Liebe. Sie empfindet für mich irgendwelche seltsamen Gefühle.

Liegen hier irgendwelche Abweichungen vor?"

Ich führte Tests durch und sagte ihr, dass es leider Abweichungen gäbe.

„Kann man diese beseitigen? Ich weiß nicht, was ich weiter tun soll: Die Frau wird zunehmend verrückt."

Das war ein sehr interessanter Fall, und ich begann, Untersuchungen zu diesem Thema vorzunehmen: Können sexuelle Abweichungen durch das Karma bedingt sein? Immerhin wird Homosexualität auf der ganzen Welt als nichts Außergewöhnliches betrachtet, es bestehen nicht nur entsprechende Klubs, sondern auch die Überzeugung, dass dies eine vollkommen normale Erscheinung sei. Wenn Homosexualität das Ergebnis von Deformation von Karmastrukturen ist und sich korrigieren lässt, kann man von einer bestimmten Krankheit sprechen. Ich betrachtete die Karmastrukturen der Frau und stellte fest, dass die entstandenen Abweichungen auf ein Erlebnis ihrer Großmutter zurückzuführen waren: Ihre beste Freundin, zu der sie große Zuneigung gespürt hatte, hatte sie stark beleidigt. Die Freundin hatte mit Worten und einer schlimmen Tat ihre Freundschaft zerstört und starken emotionalen Stress hervorgerufen. Diese Orientierung auf die Zerstörung der Liebe zur Frau war vererbt worden, und um sie zu kompensieren, verstärkte das Unterbewusstsein das Ausmaß der Zuneigung zu Frauen, was in diesem Verhalten zum Ausdruck kam. Ich führte in Fernbehandlung eine Korrektur dieser Strukturen durch und sah, dass sich die Gefühle der Frau änderten.

„Jetzt wird für Sie alles wieder gut werden. Es wird keine Übergriffe mehr geben, Ihre Freundin wird sich vollkommen anders verhalten.“

So geschah es auch, die Freundin kam am nächsten Tag zu ihr und sagte verlegen, dass sie nicht verstehen könne, wie sie so etwas hätte sagen können.

Oft können wir uns überhaupt nicht vorstellen, wie sehr in unserem Bewusstsein die Vorstellung von der Welt heutzutage entstellt ist. Homosexualität kann als Versuch entstehen, die sterbende Liebe und Zuneigung eines Menschen zu anderen zu kompensieren. Der Mensch muss alle Menschen lieben, und die sexuelle Liebe stellt nur einen Teil der allgemeinmenschlichen Liebe, der Liebe zu den Menschen als göttliche Schöpfung, als schönes Teilchen des Universums dar. Wenn diese innere humanistische Liebe zu den Menschen fehlt, dann kann als Kompensationsversuch Homosexualität entstehen. Doch das ist eine Krankheit, eine Abweichung von der Norm und das Ergebnis dessen, dass in uns die Liebe stirbt.

Die Abkühlung der menschlichen Liebe führt dazu, dass die Zahl der Homosexuellen zunimmt – und das wiederum ist die weitere Vernichtung der Liebe, der Zerfall von Geistes- und physischen Strukturen. Eine Frau, die ihr biologisches Verhalten entstellt, provoziert die Entartung ihrer Nachkommenschaft auf der Ebene der Feldstrukturen. Ein Mann, der homosexuell ist, zieht sich den Zerfall des Geistes, der Seele, des Schicksals und die Verringerung des Energiepotentials zu. Der Zerfall der Karmastrukturen ist beim Mann weniger ausgeprägt als bei der Frau. Doch insgesamt vernichtet Homosexualität diejenigen Feldstrukturen im Menschen, die für die Immunität, den Widerstand gegen onkologische Krankheiten und die Gesundheit der Nachkommenschaft verantwortlich sind. Bei aktiven Homosexuellen kommt es zur Unterdrückung der Liebe und des

Lebens beim Partner, ihre Kinder können zu Gewalt gegen andere Menschen und zur Grausamkeit neigen. Passive Homosexuelle vernichten die Liebe und das Leben in sich, ihre Kinder können Opfer verschiedener Verbrechen werden und die Feldstrukturen ein Programm der Selbstvernichtung haben. Zum Vergleich führe ich Parameter von liebenden Menschen an: Ethik, Seele, Schicksal, Erfüllung mit Liebe haben Höchstwerte, die unterbewusste Aggression Minimalwerte. Mann und Frau, die einander lieben, verbessern ihr Karma, heilen sich selbst und ihre Nachkommenschaft.

Dritte Ursache

Jeder Satz ist eine Informationsgruppierung. Das Wort ist kein „freier Vogel“[13], sondern ein Programm, ein Organismus, der im Feld mit anderen Programmen zusammenwirkt.

Als ich in der altindischen Philosophie gelesen hatte, dass der Geist am beständigsten und der Körper eine Illusion ist, konnte ich dies nicht glauben. Der Gedanke von Lao-Tse, dass alles Schwache und Schutzlose das Feste und Starke besiegt, erschien mir ebenfalls als eine Metapher.

Wenn man mit Heilmethoden des Geistes arbeitet, ist man erstaunt, wie stark die Abhängigkeit des Körpers vom Geist und von den Feldstrukturen ist. Im Alltag äußern wir uns oft gedankenlos negativ über andere Menschen, uns selbst und unser Schicksal. Diese Angewohnheit zerstört beim Menschen ... die Zähne. Ich untersuchte Dutzende von Fällen und stellte fest, dass am gefährlichsten üble Nachrede über Angehörige und Verwandte und die Verwünschung von Nahestehenden sind. Zu diesen Verstößen kommen die Karmaprogramme der Eltern und früherer Leben hinzu, doch besonders gefährlich ist die

13 Der Autor zitiert eine russische Redewendung, derzufolge das Wort kein Vogel ist: einmal aus dem Munde „herausgeflogen“, lässt es sich nicht wieder einfangen (Anm. der Redaktion).

Unzufriedenheit mit sich selbst. Die Ursache von Parodontose sind üble Nachrede über den Vater, Belastung des Karmas und falsche Ernährung. Emotionale Ausgeglichenheit und Abbau der unterbewussten Aggression werden durch den regelmäßigen Verzehr von Gemüse verstärkt. Und auch die Effektivität der Phy-totherapie wird vor allem dadurch bestimmt, dass sie ebenso auf die Geistesstrukturen wie auf die physischen Strukturen einwirkt.

Warum sind üble Nachrede und böser Wille so gefährlich?

Wenn wir an jemanden denken, entsteht eine Energiebrücke zwischen uns und der Person, an die wir denken, es findet ein Informations- und Energieaustausch statt. Deshalb ist jeder negative Gedanke ein Energieangriff und kann schaden. Selbst das innere Einverständnis mit einem lästernden Menschen kann gefährlich sein. Üble Nachrede und schlechte Gedanken über Menschen fügen dem Menschen, über den gelästert wird, ein Trauma und eine entsprechende Zerstörung seiner Karmastrukturen zu. Das Wort verstärkt jedes Programm. Gegenwärtig ist das Energiefeld der Erde so beschaffen, dass sogar übelwollende Gedanken über einen Menschen ausreichen, um ihm zu schaden. Nach der Analyse vieler Fakten kam ich zu dem Schluss, dass die Menschheit vor einigen Jahrhunderten begonnen hat, sich aktiv von den Prinzipien der Harmonie der Welt abzuwenden, und daher ist jetzt das Energiefeld der Erde mit negativen Programmen überlastet. Wenn jemand schlecht über einen anderen denkt, aktivieren sich die gemeinsamen negativen Karmaschichten und so kann man dem anderen, auch ohne ihm Böses gewünscht zu haben, unwillkürlich schaden. Wir attackieren und töten einander im Unterbewusstsein, ohne dies zu ahnen. Es findet ein lawinenartiger Prozess der Selbstvernichtung statt, wozu nicht einmal die Aktivierung negativer Emotionen erforderlich ist, es reicht bereits das von der Menschheit angereicherte negative Potential. Deshalb reicht es jetzt nicht mehr aus, „gut“ zu sein und niemandem zu schaden; unser Unterbewusstsein ist bereits dermaßen stark deformiert, dass es selbst für die Bewahrung der eigenen Seele und des Körpers nicht genügt, keinen Schaden zuzufügen. Unter den heutigen Umständen ist die Hauptbedingung für das Überleben die bewusste, zielgerichtete Arbeit daran, sich selbst zu ändern. Es ist nicht genug, einfach „gut“ zu sein, man muss aktiv „gut“ sein. Jeder gutmütige und anständige Mensch läuft Gefahr zu verderben, ganz zu schweigen von denen, die höchste Gesetze verletzen. Die Ideale und Gebote, nach denen die Menschen Tausende von Jahren lebten, sind heute vergessen und in den Hintergrund gedrängt, deshalb muss der Mensch aktiv und bewusst an der Wiederherstellung der Ethik, des Humanismus und der Erkenntnis der Harmonie der Welt arbeiten. *„Liebet eure Feinde“* (Lukas 6,27) ist ein Appell an den Geist des Menschen, auf einen Schlag nicht mit einem Energieschlag zu antworten. Es ist die Aufgabe des ethisch gebildeten Menschen, niemals negative Gefühle ins Unterbewusstsein eindringen zu lassen.

Ein Mensch, der seinen Tag mit dem Wunsch „Herr, gib meinen Angehörigen und Bekannten Gesundheit und mir Geduld und Toleranz.“ beginnt, blockiert sich selbst vor vielen Verstößen.

Hier ist ein Beispiel, wie ein einziger Satz wirken kann. Ein junger Mann kränkt ein Mädchen; sie sagt: „Das werde ich dir nie vergessen!“ Hierbei passiert Folgendes: Es wird ein Programm entweder der Vernichtung oder der Trennung gebildet – das, was in der Bioenergetik „Verwünschung“ genannt wird. Das heißt, dass man heutzutage leider mit jeder kategorischen harten Äußerung sich selbst und dem anderen Menschen schadet.

In der Sprechstunde klagte ein Mann über Schwäche und Schlaffheit. Die Parameter seines Energiefeldes waren sehr niedrig, durchs Testen konnte die Ursache gefunden werden: „Sie haben eine Nachbarin, mit der Sie sich streiten?"

„Ja."

„Sie fühlen sich durch sie gekränkt, das deformiert Ihr Feld und deshalb sinkt Ihr Energiepotential. Doch der Hauptgrund ist, dass Sie schlecht über sie reden. Die Schlaffheit verschwindet, wenn wir diesen Verstoß beseitigen, und das Feld gleicht sich aus."

Ein negatives Urteil über einen anderen lässt das Energiepotential stark absinken. Wenn der Mensch lästert, dann fügt er demjenigen, über den er lästert, und gleichzeitig sich selbst ein Trauma zu, denn dabei kommt es zur Deformation und Zerstörung seiner eigenen Feldstruktur und einem Energieverlust. Ein übler Gedanke über einen Menschen, ein negatives Wort an seine Adresse – das ist ein Angriff auf der Energieebene, und die Vergeltung dafür ist bekannt: *„Richtet nicht, auf dass ihr nicht gerichtet werdet. Denn mit welcherlei Gericht ihr richtet, werdet ihr gerichtet werden; und mit welcherlei Maß ihr messet, wird euch gemessen werden."* (Matthäus 7,1). Das durch üble Nachrede zugefügte Trauma muss nicht unbedingt auf physischer Ebene zutage treten, nicht sofort müssen Krankheiten ausbrechen. Die feinen Strukturen zerfallen langsam. Auch wenn der Mensch sich hervorragend fühlt, kommt es bei ihm zu einer Verzerrung der Geistesstrukturen, was nicht sofort auffallen muss, da sie eine gewaltige Kapazität haben. Später dann, wenn ihm Unglück widerfährt und seine Verwandte und Kinder krank werden, wird wohl keiner vermuten, dass die Ursache dieser Leiden die einstige üble Nachrede ist.

Wir töten uns selbst, ohne es zu bemerken. Üble Nachrede verkürzt unser Leben, vernichtet uns physisch wie geistig und beeinflusst die Lebensdauer.

Ich untersuchte, welches Hauptmerkmal den Langlebigen eigen ist. Ihre Ernährung ist sehr unterschiedlich, ihr Verhalten ebenfalls, doch sie alle zeichnen sich durch Gutmütigkeit aus. Für Gutmütigkeit ist typisch, dass keine Angriffe auf andere Menschen auf der Energieebene geführt werden und damit die eigene Unverwundbarkeit gewährleistet wird. Wir sterben früh, weil wir permanent dabei sind, unsere Seele und unseren Körper zu zerstören. Die Japaner sind ein Volk der Langlebigen und zugleich das wohl höflichste Volk der Welt.

Doch am gefährlichsten ist die üble Nachrede über einen geliebten Menschen. Die Einheit auf der Feldebene kann unterschiedlich sein, aber zwischen liebenden Menschen ist sie am größten. Das Gefühl der Liebe erhebt den Menschen, deshalb hat jede negative Einwirkung äußert gefährliche Folgen.

Während der Arbeit an dem Buch haben wir uns oft im Verlag versammelt, und an einem dieser Treffen nahm ein junger Autor aus Moskau namens Slawa teil. Wir tauschten Informationen aus, erörterten und begutachteten neue Literatur, die er mitgebracht hatte. Bei einer seiner Reisen hatte Slawa einen sehr interessanten Seher, der über einmalige Fähigkeiten verfügte, kennen gelernt. Er konnte einem seiner Patienten sagen:

„Fahre nach Hause, dort unter dem Tor links liegt eine Schere mit einer Beschwörung vergraben. Wenn du sie ausgräbst, wird alles gut." Der Patient fuhr nach Hause und fand tatsächlich die Schere unter dem Tor.

Während unseres Gesprächs über das Buch von Slawa kam zur Sprache, dass der Seher auf Slawa nicht einwirken konnte.

„Du hast einen sehr starken Schutzengel, ich kann dir nicht helfen", hatte er zu Slawa gesagt. Wir saßen zusammen und unterhielten uns, als ich plötzlich spürte, wie mir jemand Energie entzog. Durch Tests stellte ich fest, dass dies Slawas Werk war.

Ich korrigierte sofort seine Feldstrukturen, merkte aber, dass den anwesenden Frauen schlecht wurde. Ich begann, Slawas Parameter zu überprüfen, und entdeckte ein Programm der Vernichtung von Frauen in seinem Unterbewusstsein.

Das war für ihn vollkommen überraschend.

„Können Sie mir etwas über Ihr Privatleben erzählen?", bat ich ihn.

„Nicht sehr glücklich, ich ließ mich vor acht Jahren scheiden und habe fürs Erste nicht die Absicht, wieder zu heiraten."

Ich erklärte, dass die Ursache der missglückten Ehe das Programm der Vernichtung von Frauen war, das sich in seinem Unterbewusstsein befand und von seinem Vater vor seiner Geburt gebildet worden war. Nach der Korrektur harmonisierte sich das Feld.

In einem Betrieb hielt ich eine Sprechstunde mit Diagnostik und Heilung ab.

Eine Mitarbeiterin kam zwei Stunden nach der Behandlung zurück und klagte über große Schmerzen im Bereich des dritten Auges. Ich sah die Ursache der Krankheit auf der Energieebene – eine Verwünschung und ein Zerstörungsprogramm.

„Als Sie aus der Sprechstunde kamen, haben Sie etwas Schlechtes über mich gesagt", erklärte ich der Frau.

„Ich bitte Sie, ich habe doch nichts Schlechtes über Sie gedacht oder gesagt. Ich sagte nur:

‚Armer Herr Lazarev, er ist sehr müde, vollkommen fertig."

„Ihr Mitleid hat mir geschadet."

„Darf man denn kein Mitleid mehr haben?"

„Man kann einem Menschen helfen und Mitgefühl empfinden, aber bedauern darf man ihn nicht. Mitleid ist auf den Körper gerichtet und kann dem Geist und der Seele des Menschen schaden. Während einer Sprechstunde hat einmal eine Patientin eine andere bedauert, und nach zwei Monaten hatte sie eine analoge Erkrankung und musste operiert werden. Sie vergessen, dass heutzutage alle Menschen ein hohes Energiepotential haben, daher schlägt jeder Fehler in eine starke Deformation der Feldstrukturen mit den sich daraus ergebenden Folgen um.

Krankheit ist kein Übel, sondern ein Weg, um das Programm des geistigen Zerfalls aufzuhalten. Wenn Sie jemanden bedauern, wollen Sie seine Krankheit, sein Unglück nicht, denken nur an die Folge und vergessen die Ursache, womit Sie dem Zerfall des Geistes Vorschub leisten. Hier handelt es sich um eine sehr feine Grenze, denn wenn äußeres Mitgefühl und der Wunsch zu helfen ins Innere eindringen, können sie ins Gegenteil umschlagen. Innerlich muss die Krankheit als gesetzmäßig und vernünftig, als Hebel zur Entwicklung des Geistes anerkannt und demütig akzeptiert werden. Die Krankheit hat eine Doppelfunktion: Demut auf der inneren sowie Hilfe und Mitgefühl auf der äußeren Seite ermöglichen es, die Harmonie mit dem Universum zu bewahren und sich diesem gegenüber nicht zu beklagen. Die Krankheit war niemals nur das Gute oder nur das Böse, sondern stets beides."

Vierte Ursache

Als ich das Problem des Vampirismus untersuchte, wollte ich herausfinden, warum der Mensch zum Vampir wird. Vampirismus ist durchaus kein harmloser Vorgang, das Zusammenwirken der Menschen auf der feinen Feldebene ist wesentlich komplizierter, als wir es uns vorstellen. Vampirismus ist nicht nur die Entnahme einer bestimmten Energiemenge, die Verletzung der Feldhülle und die Schaffung von Bedingungen für den anschließenden Energieverlust, sondern auch die Beschädigung der feinen Feldstruktur, die zur Entstellung der Karmalinien des Schicksals, der Gesundheit und der Psyche führen kann. Ich habe wiederholt beobachtet, dass nach einer starken Energieentnahme psychische Abweichungen auftraten. Bei einem Menschen, der fremde Energie zu nutzen beginnt, werden die Verbindungskanäle zum Kosmos blockiert, was eine Verringerung seines Energiepotentials hervorruft. Dieser Prozess lässt sich schwer aufhalten, er verurteilt die Kinder von Vampiren zu schweren Krankheiten, denn sie werden mit bereits blockierten Verbindungskanälen zum Universum geboren. Entweder sie fallen Vampiren zum Opfer und ihr Körper wird zerstört, oder sie treten als Vampire auf und zerstören ihre Seele weiter. Vampirismus stellt somit ein kompliziertes und schwerwiegendes Problem dar. Hierzu einige Beispiele aus meiner Praxis.

Eine Frau kam zum dritten Mal in meine Sprechstunde. Die Diagnostik der Tochter in Fernbehandlung zeigte, dass ihr in der Musikschule einer der Dozenten Energie entzog. Die Ursache war karmabedingt: Auf väterlicher Linie gab es Vampirismus, der Schutz des Mädchens war durchbrochen, deshalb wurde ihr Energie entzogen. Ich testete den Vater. Er hatte Energie entzogen, doch nicht er selbst, sondern wiederum sein Vater war schuld. Dieser verhielt sich sehr egoistisch gegenüber der Mutter, unterdrückte und schikanierte sie, so dass sie ihm aus Furcht Energie abgab.

Egoismus und Brutalität führen zur Abkopplung vom Universum, und dann muss der Mensch anderen Menschen Energie entziehen. Und das zerstört den Schutz seiner Kinder, die Kinder erkranken schwer, es kann zu psychischen Störungen und anderen Leiden kommen. In diesem Fall hatte der Egoismus des Großvaters teilweise das Karma des Sohnes und der Enkelin „verschlungen".

Ein junger Mann erzählte:

„Ein drogensüchtiger Randalierer, ein total verkommener Mensch und notorischer Dieb, kam ständig zu meiner Wohnung und versuchte, die Tür aufzubrechen. Er zerschlug Lampen, riss Telefonkabel heraus und verhielt sich demonstrativ aggressiv. Neulich wollte er die Tür eintreten. Ich stand hinter der Tür und betete für ihn. Anfangs attackierte der Randalierer wie immer die Tür, dann ließ er davon ab, und ich hörte, wie er sich leise entfernte. Zuvor war dies nie passiert; normalerweise begann er, wenn er wegging, an die Türen der Nachbarn zu klopfen, Scheiben und Lampen zu zerschlagen." Was war mit ihm geschehen?

Die Tests zeigten eine starke heilsame Einwirkung des Gebets auf die Ethik, die Psyche, das Schicksal und das Verhalten des Randalierers.

Wenn jemand für die Seele eines anderen betet, hat das eine bedeutend stärkere Einwirkung als die Handlungen eines professionellen Wunderheilers, weil das Gebet auf die feinen Strukturen einwirkt.

Die Tests der Energieparameter des Randalierers vor dem Gebet zeigten eine hohe Aggression, psychische Abweichungen und eine sehr geringe Bindung zum Universum. Was hatte das Verhalten des Randalierers bestimmt? Er hatte unterbewusst das hohe Energiepotential des jungen Mannes gespürt, hatte randaliert und ihn verärgert – dadurch hatte er fremde Energie erhalten. Nach dem Gebet hatte er ebenfalls Energie erhalten, aber von anderer Qualität, und sie hatte begonnen, ihn zu ändern. Für ihn war das offensichtlich unerwartet und unnachvollziehbar eingetreten, deshalb hatte er sich leise entfernt. Es war etwas Ungewöhnliches geschehen, er war sich seines Zustands nicht mehr bewusst gewesen.

Die Tests nach dem Gebet ergaben: Die Ethik hatte sich wenig verändert, obwohl eine Einwirkung auf Geistesebene erfolgt war, d.h. sie hatte andere Parameter beeinflusst, vor allem das Verhalten und die Psyche. Der Mann war praktisch psychisch gesund geworden, doch die Parameter des Körpers und sein physischer Zustand hatten sich etwas verschlechtert. Das Gebet kann manchmal die Parameter des Körpers verschlechtern, wenn sich Körper und Geistesstrukturen in Konfrontation miteinander befinden. Wenn der Geist gestärkt wird, kann der Körper vorübergehend schwächer werden, doch das Verhalten und der Charakter des Menschen normalisieren sich.

Hauptursache der Verletzung der Psyche, des geringen Kontakts zum Universum und des aggressiven Verhaltens dieses Mannes war das Verhalten seines Vaters und dessen wiederholten Selbstmordversuche gewesen. Das Programm der Selbstvernichtung, das der Vater aktiviert hatte, bestimmte das traurige Schicksal des Sohnes. Nach der Korrektur der Karmastrukturen des Vaters hatte die Verbindung des Sohnes zum Kosmos stark zugenommen. Das Gebet des jungen Mannes hatte das Verhalten des Randalierers geändert, doch die Verbesserung des Kontakts zum Kosmos gelang erst nach einer tiefergehenden Korrektur.

Es war interessant, die Untersuchungen weiterzuführen.

„Um welche Zeit kam dieser Mann für gewöhnlich?"

„Es scheint seltsam, doch er erschien immer in den glücklichsten Augenblicken meines Lebens, zur ungünstigsten Zeit. Das hat mich sehr belastet."

Ist das nun ein Zufall? Nein. Er erschien in den glücklichsten Augenblicken, weil das Wohlbefinden des Geistes dem Organismus des Menschen Energie zuführt. Wahrscheinlich spürte er dies unterbewusst und wollte diese Energie für sich.

Wie verhalten sich Leute, die Energie brauchen? Sie reizen und quälen das Opfer, versuchen auf verschiedene Weise, sich diesen Menschen untertan zu machen, denn es ist schwierig, einem Ebenbürtigen Energie zu entziehen, leichter ist es bei einem Unterworfenen. Warum ist jemand ein Sadist? Seine Eltern haben sich von der Einheit mit der Welt, den höchsten Gefühlen, losgesagt. Das hat die Kanäle, die mit dem Kosmos verbinden, vollständig blockiert. Zerrüttung und Verfall der Feldstrukturen haben eingesetzt – somit kann Energie kann nur noch von anderen Menschen bezogen werden. Handelt es sich um ein Kind, dann beginnt es, die Mutter zu ärgern und zu nerven, bis sie es ständig anschreit und böse ist – und ihm damit Energie abgibt. Das Kind schikaniert und kränkt seine Altersgenossen, schlägt Tiere – und erhält so ebenfalls Energie; es verlacht und verhöhnt Erwachsene – und erreicht wieder sein Ziel. Das heißt, wenn ein anderer Mensch physisch und geistig gequält wird, ist dies eine Form von Vampirismus.

Doch manchmal ist es die Mutter selbst, die die Bedingungen für Vampirismus beim Kind schafft. Nachdem sie etwa im Eilverfahren einen Lehrgang für kontaktlose Massage absolviert hat, beginnt sie beim geringsten Unwohlsein des Kindes, mit den Händen zu heilen, womit sie ihm grobe physische, aber keine Geistesenergie vermittelt, oder sie ist ständig verärgert und schreit das Kind an, womit sie dem Kind ebenfalls grobe Energie abgibt und ihm so beibringt, von fremder Energie zu leben.

Eine Mutter, die für die Gesundheit ihres Kindes betet, gibt ebenfalls Energie, doch handelt es sich dabei um Geistesenergie, die heilt und ihm hilft, sich richtig zu entwickeln.

Möglich ist auch ein vorsätzlicher Vampirismus, d.h. eine direkte Energieentnahme, doch dafür sind gewisse Kenntnisse der Bioenergetik und das Gefühl dafür, was Energie ist, erforderlich.

Für einen Menschen mit zerfallenden Geistesstrukturen wird es immer schwieriger, Kontakt zum Universum zu unterhalten, um Energie aufzufüllen, deshalb nutzt er immer öfter fremde. So beginnt der lawinenartige Prozess des Vampirismus und der Abkopplung vom Kosmos, der oft in einer schweren Krankheit endet. Der Vampir gleicht dem Drogensüchtigen, der heute den Genuss empfindet, für den er morgen bitter zahlen wird. Manchmal können unzureichend ausgebildete Wunderheiler ihren Kindern und Verwandten unbewusst Energie entziehen, so dass diese dann krank werden.

Geheilt werden darf nur auf Geistesebene, mit Genesungswünschen und durch genaue Diagnostik, jedoch nicht durch Energiezuführung. Der Kranke will im Unterbewusstsein die Ursachen der Krankheit beseitigen, aber eine Energieeinwirkung behindert diesen Prozess. Kaum jemand weiß, wie schwer die Strafe für Vampirismus ist und wie wenig Chancen bestehen, aus diesem Zustand herauszukommen. Wenn eine bioenergetische Einwirkung stattfindet und Energie entnommen wird, erfolgt eine Deformation der Feldstrukturen des Opfers, die lange erhalten bleibt und zu Krankheiten führen kann, für die auch der Angreifer sowie seine Kinder und Verwandten büßen müssen. Eine der besten Methoden, sich vor einem Menschen ohne Ethik, der versucht Energie zu entziehen, zu schützen, ist das Gebet, denn dies hilft gleichzeitig auch ihm bei der Änderung seiner deformierten Geistesstrukturen. *„Segnet, die euch fluchen; tut wohl denen, die euch hassen; bittet für die, so euch beleidigen und verfolgen.“* (Matthäus 5,44).

Hier ist ein weiterer Fall von Vampirismus. Eine Frau bat mich, ihrer jüngsten Tochter und der Enkelin, der Tochter des ältesten Sohnes, zu helfen. Ich führte Tests hinsichtlich der Tochter durch. Das Mädchen war vierzehn Jahre alt und ging zur Schule. Sie wies starke Deformationen der Feldstrukturen neben dem Kopf auf, die durch Vampirismus seitens eines Mannes hervorgerufen wurden.

„Hat das Mädchen oft Kopfschmerzen?“

„Ja.“

„Ist sie blass und ermüdet leicht?“

„Ja, sie wird schnell müde, besonders im Mathematikunterricht."

„Wissen Sie, hier geht es nicht um Mathematik. Ein Mann, möglicherweise ein Lehrer, entzieht dem Mädchen Energie. Die Ursache ist, dass ihr Vater einst Ihnen Energie entzogen hat. Deshalb ist der Schutz des Mädchens durchbrochen, und sie kann Opfer von Vampiren werden."

Ich betrachtete den Fall der Enkelin. Auch bei der Enkelin war ein Vampir am Werk. Der Schuldige war der Vater, er entzog seiner Frau Energie. Doch damit war die Kette nicht unterbrochen. Der Vater musste sich Energie besorgen, weil die Großmutter, die zu mir gekommen ist, 1962 einem bestimmten Mann Energie entzogen hatte. Fünf Jahre später hatte ihr Mann ihr Energie entzogen, deshalb war ihr Schutz durchbrochen. Es war ein Prozess entstanden, in dem „das Opfer den Verbrecher provoziert". Die Großmutter hatte ihren Schutz durchbrochen, und nun fand eine Kettenreaktion statt, es litten Sohn, Tochter und Enkelin. Sie waren dazu verurteilt, Energie abzunehmen oder abzugeben, und riefen damit den Zerfall der feinen Feldstrukturen und die allmähliche physische Zerstörung hervor. Lediglich eine einzige nicht ethische Handlung der Großmutter bewirkte den physischen und geistigen Verfall der ganzen Familie. Verantwortungslosigkeit auf der Ebene des Energiefeldes endet tragisch.

Die nächste Patientin war eine junge Frau mit zahlreichen Problemfeldern. Ich erklärte ihr, wodurch sie höchste Gesetze verletzte, und zeigte, wie dies auf ihren Charakter, das Schicksal und die Gesundheit einwirkte. Ihre Verbindungskanäle zum Kosmos waren blockiert, woran ihr Vater schuld war, weil er sich von der Einheit mit dem Universum losgesagt hatte, was das geringe Energiepotential der Tochter zur Folge hatte. Die Tochter bestätigte, dass ihr Vater Atheist und Materialist sei.

„Es geht nicht darum, ob der Mensch an Gott glaubt oder nicht. Der Mensch ist eine Zelle eines einheitlichen Organismus, und er muss nach den Gesetzen dieses Organismus leben. Wenn der Mensch dies nicht versteht, sind seine Kinder zum Verfall des Geistes und sodann auch des Körpers verurteilt."

Ich betrachtete die Feldstrukturen der jungen Frau: Da sie ein geringes Energiepotential hatte und ihre Verbindung zum Kosmos minimal war, war sie auf Vampirismus angewiesen und entzog mir Energie. Die junge Frau spürte dies nicht, hatte aber festgestellt, dass sich Kinder in ihren Armen nicht wohlfühlten und wehrten. Das Feld des Kindes ist schutzlos, ihm kann man leicht Energie entziehen, doch sein Einfühlungsvermögen schützt es. Wie wir uns erinnern, hat man früher kleine Kinder immer vor fremden Blicken verborgen, damit ein Mensch ohne Ethik ihnen nicht schaden konnte.

Während eines Vortrags kam die Rede auf Vampirismus. Ich erklärte den Mechanismus, wie die Selbstzerstörung des Menschen erfolgt, wenn er anderen Energie entzieht. Am Vortrag nahmen Menschen mit außersinnlichen Fähigkeiten teil. Ein Zuhörer, ein ziemlich selbstbewusster junger Mann, erklärte, dass er ein hervorragendes Mittel gegen Vampire habe. Ich bat ihn, das genauer zu erläutern, weil das von Interesse sei.

„Wenn ein Vampir Energie entzieht, muss man ihm in Gedanken eine Eiterbeule anbieten, soll er sie doch nehmen."

„Wenn Sie ständig von Vampiren angegriffen werden, dann werden Sie bei einer solchen Verteidigung schließlich selbst zur „Eiterbeule". Denn als was wir uns darstellen, zu dem werden wir. Ich rate von solchen Empfehlungen ab. Wenn Sie spüren, dass Ihnen jemand Energie entnimmt, dann bitten Sie darum, dass diesem Menschen die göttliche Liebe und Energie gegeben werden, die ihn ändern, die Seele reinigen und mit dem Kosmos verbinden."

Später testete ich die Ratschläge des jungen Mannes auf ihre Folgen: Ethik, Geist, Seele und Verhalten haben negative Werte. Das bedeutet den vollständigen Verfall der feinen Geistesstrukturen. Wenn jedoch gebetet wird, dem Vampir göttliche Liebe und Energie zuteil werden zu lassen, dann erhöhen sich die Parameter seiner Ethik stark. Durch bewusste Hilfe wird derjenige gerettet, der bewusst oder unbewusst Energie entzieht. Dieser Fall zeigt aufschlussreich, dass die Technik der Gewalt, die heute relativ oft automatisch aus der physischen Welt in die Geisteswelt, die Welt der Bioenergetik, übertragen wird, selbstmörderisch ist. Der Mensch wird seine Verwandlung kaum bemerken. Selbst wenn er mehrmals Gewalt auf der Geistesebene ausgeübt hat, spürt der Mensch nicht, wie seine Seele zerfällt, denn er ist gewohnt, in erster Linie das zu sehen, was mit dem Körper geschieht.

Und das Wichtigste: Bei dem Tandem „Vampir-Opfer" gewinnt immer das Opfer, denn für das Opfer ist Vampirismus das Signal für seine geringe Bindung an das Göttliche. Vampirismus drängt das Opfer zwangsläufig zu höchsten Energien, Energien der Ethik. Beim Vampir läuft der umgekehrte Prozess ab – es findet ein zunehmender Verfall der feinen Geistesstrukturen statt, die göttliche Energie erhalten.

Fünfte Ursache

Es ist allgemein bekannt: „Einem Toten sagt man nichts Schlechtes nach." Warum? Zwischen der feinen Welt der Toten und unserer physischen Welt sind Kontakte möglich, und wenn diese entstehen, schadet das beiden Welten.

Eine „Verknüpfung" der Felder eines lebenden und eines toten Menschen findet statt, wenn höchste Gesetze verletzt werden. Die Religion und die Bestattungsbräuche aller Völker der

Welt sind auf die Trennung der Felder der Lebenden und der Toten ausgerichtet: Die Totenmesse der Christen, die Feuerbestattung der Inder und dergleichen dienen der Trennung der Felder und dem gedeihlichen Übergang der Feldstrukturen des Verstorbenen zu den Hierarchieebenen des Universums.

Wenn der Mensch dem Verstorbenen eine Kränkung nachträgt, dann wirkt sich dies negativ auf ihn aus und kann zu verschiedenen Krankheiten, psychischen Störungen und Veränderungen des Charakters führen.

Fühlt sich der Sterbende vor seinem Tod durch jemand anderen gekränkt, kann dies ebenfalls zu einer „Verknüpfung" der Felder führen; wahrscheinlich ist es gerade deshalb üblich, stets den letzten Willen des Menschen zu erfüllen.

Hat eine Frau vor der Geburt des Kindes abgetrieben, dann kann sich das Feld der getöteten Frucht mit dem Feld des später geborenen Kindes vereinen, und es kann sehr kränklich zur Welt kommen, unter Angst und Zwangsvorstellungen leiden.

Während eines Urlaubs am Meer lernten wir eine Familie mit zwei Kindern kennen. Die jüngere Tochter hatte große Höhenangst, nachts schrie sie ständig. Ich führte eine Diagnostik durch und sah, dass die Mutter vor der Geburt der Tochter eine Schwangerschaftsunterbrechung gehabt hatte, und so hatte sich das Feld des nichtgeborenen Kindes hatte mit dem Feld des Mädchens vereint. Ich erklärte der Frau ihre Schuld, sie sah diese ein, ging in die Kirche und bat um Vergebung für das nichtgeborene Kind. Danach harmonisierte sich das Feld des Mädchens, es hörte auf, nachts zu schreien.

Das war einer der ersten Fälle, bei denen ich spürte, wie stark die Bedeutung des Wortes ist und wie dieses heilen kann.

In meine Sprechstunde kam eine Frau, deren Feld eine starke Verzerrung, eine sogenannte Verwünschung aufwies. An dieser Verwünschung war sie selbst schuld, weil sie sich gegenüber ihrem vor langer Zeit verstorbenen Großvater schlecht verhalten hatte. Da das Feld des Menschen Informationen über alle Verwandten enthält, befanden sich die gegen den verstorbenen Großvater gerichteten Emotionen im Feld der Frau und verzerrten es, d.h. die Kränkung des Großvaters richtete sich gegen sie selbst. Es ist sehr gefährlich, Menschen, mit denen man auf der Energieebene eng verbunden ist – Eltern, Kinder, den geliebten Menschen, Verwandte – etwas nachzutragen und sie zu hassen. Je stärker die Liebe und Zuneigung, umso gefährlicher ist jedes negative Gefühl gegenüber dem geliebten Menschen.

In Moskau bat man mich, eine Frau zu diagnostizieren, die sich sehr schlecht fühlte. Sie glaubte, an Diabetes erkrankt zu sein, doch die Ärzte verneinten dies, konnten jedoch die Ursache ihres schlechten Befindens nicht erklären. Ich betrachtete das Feld – im Bereich des Solarplexus strömte Energie aus. Ich suchte nach der Ursache.

Die Frau erzählte, dass vor einem Monat ihre Großmutter, eine professionelle Magierin, verstorben sei. Vor dem Tod hatte sie gern noch einmal die Enkelin sehen wollen, doch die Frau hatte nicht rechtzeitig kommen können. Die Großmutter war gestorben, ohne die Enkelin gesehen zu haben. Die Frau hatte eine äußerst starke Verbindung mit dem Astralleib, deshalb fand ein solcher Energieverlust statt. Ein Merkmal dieses Lecks ist das ständige unterbewusste Gefühl der Angst.

Ich überlegte, wie ich dieses entfernen konnte. Ich schlug vor, in der Kirche für das Seelenheil der Großmutter eine Kerze anzuzünden, doch die Frau hatte dies, wie sie sagte, bereits wiederholt getan. Da entschied ich mich für ein Experiment. Ich kann spirituellen Kontakt zu den Seelen Verstorbener aufnehmen und ihre Haltung zu Lebenden spüren. Ich vermutete, dass die Großmutter der Enkelin vor dem Tod etwas übergeben wollte, deshalb organisierte ich ihre Begegnung. Ich fokussierte meine Konzentration, rief die Seele der verstorbenen Großmutter, stellte zwischen ihnen einen Energiekontakt her und verließ das Zimmer.

Als ich nach einigen Minuten zurückkehrte, erzählte die Frau, dass sich ihre Hände mit den Handflächen nach oben gedreht hätten und etwas geschehen wäre. Das Feld der Frau war vollständig wiederhergestellt, das Angstgefühl war verschwunden. Das bedeutet, dass sie getan hat, was die Großmutter wollte.

Einige Zeit später stellte die Frau fest, dass sich nach diesem Ereignis sowohl ihr Befinden als auch das Verhalten anderer Menschen ihr gegenüber gebessert hatten. Es ist anzunehmen, dass eine Übergabe von Wissen und Erfahrungen stattgefunden hat. Doch solche Experimente habe ich seitdem nie wiederholt.

Die nächste Patientin bat, ihrer Tochter zu helfen – sie hatte seltsame Träume, in denen immer die vor anderthalb Jahren verstorbene Großmutter vorkam. Die Großmutter sprach mit der Enkelin, gab ihr Ratschläge und erörterte Ereignisse, die nach ihrem Tod stattgefunden hatten.

Es waren noch keine vierzig Tage seit dem Todestag vergangen, als die Großmutter die Enkelin im Schlaf fragte:

„Sag mir, wie hat man mich beerdigt? Ich kann mich an nichts erinnern…"

Und als man die Sachen der Großmutter ins Wochenendhaus brachte, beklagte sie sich bei der Enkelin:

„Warum hat man meine Sachen ins Wochenendhaus gebracht?"

Die Enkelin erklärte, dass die Sachen daheim nicht mehr gebraucht würden, weil die Großmutter gestorben sei. „Nein, ich bin noch nicht gestorben", hatte darauf die Großmutter geantwortet.

Das ist ein typisches Beispiel für die Verbindung der Felder

der verstorbenen Großmutter und der Enkelin, und die Ursache hierfür war, dass sich die Enkelin stark durch ihre Großmutter gekränkt gefühlt hatte. Das Nachtragen einer Kränkung gegenüber einem verstorbenen Menschen ist eine der Ursachen, aus welchen die normale Blockierung der Felder aufgehoben wird.

Manchmal hat ein vor langem verstorbener Mensch Informationen über Ereignisse der materiellen Welt und kann sogar ihren Lauf beeinflussen.

Einmal hatte ich ein interessantes Erlebnis. Ich lernte eine Frau mit hervorragenden Fähigkeiten für Bioenergetik kennen. Vor vielen Jahren war ihr Vater verstorben, und plötzlich erschien er ihr zu gewisser Zeit regelmäßig im Schlaf. Anfangs war sie erschrocken gewesen, dann hatte sie sich daran gewöhnt, hatte Kontakt zu ihm aufgenommen. Er warnte sie oft vor möglichen Unannehmlichkeiten und gab ihr Ratschläge.

Ich beabsichtigte, in den Süden in Urlaub zu fahren, war nicht gerade in Bestform und fühlte, dass etwas Schlimmes passieren könnte. Ich sprach mit der Frau und bat sie, sich an ihren Vater zu wenden, damit er mir helfe und mich schütze, falls etwas Unvorhergesehenes geschehen würde.

Einige Tage am Meer vergingen ohne Vorkommnisse, doch als ich dann an einem Tag badete und weit ins Meer hinaus schwamm, spürte ich plötzlich einen dermaßen heftigen Schmerz im Knie, dass ich befürchtete, nicht mehr ans Ufer zurückschwimmen zu können. Es stellte sich heraus, dass ich eine Gelenkbänderzerrung im rechten Knie hatte. Als ich später Tests vornahm, stellte ich fest, dass ich dank der indirekten Hilfe des Vaters meiner Bekannten großes Glück gehabt hatte und mit einem Trauma davongekommen war.

Diese Situation war entstanden, weil ich mich vor der Reise von einer Frau stark gekränkt gefühlt hatte. Logisch gesehen hatte sie sich unehrenhaft verhalten. Das war eine Prüfung gewesen, die ich nicht bestanden hatte, und somit musste entweder ein Unglück, ein Trauma oder eine Krankheit die Folge sein.

Als ich aus dem Urlaub zurückkam, sagte die Bekannte, dass sie im Schlaf wieder ihren Vater gesehen habe, wie er neben mir saß. Er habe gelächelt, ich hätte ebenfalls gelächelt und mein rechter Fuß wäre irgendwie unnatürlich verdreht gewesen.

Später, als ich die Karmafelder analysierte, begriff ich, dass ihr Vater die als Unheil für meine Verwandten ausstehende Strafe auf das Trauma meines Knies verlagern konnte, d.h. er hatte das Unglück auf einen Minimalschaden abgelenkt. Wie er diese Hilfe leisten konnte, vermochte ich damals nicht zu analysieren.

Ursache des Traumas war die tiefe Kränkung, die ich einfach nicht hatte überwinden können. Sie hatte zugenommen und war in Hass übergegangen, und am meisten litten darunter meine Angehörigen. Ich hatte das Gefühl, dass von mir etwas Fremdes Besitz ergriffen, mich unterjocht und in mir blinden Hass entfacht hatte. Für diese Gesetzesverletzung war als Buße ein großes Unglück fällig, das aber dank der Hilfe des Vaters meiner Bekannten abgewendet werden konnte.

Sechste Ursache

Neulich entdeckte ich bei der Arbeit mit einer Patientin einen wesentlichen Faktor, der die Gesundheit und das Schicksal vieler Generationen beeinflusst. Wahrscheinlich war früher mein Karmafeld nicht ausreichend rein gewesen, deshalb hatte ich diese Information nicht früher erkennen können. Es geht um folgende Sachlage: Jeder Selbstmordgedanke ist ausreichend, um den Menschen und seine Nachkommenschaft zu gefährden und zu vernichten.

Ich heilte eine Frau, die unter schrecklichen Kopfschmerzen litt, gegen die keine Medikamente geholfen hatten. Die Ärzte konnten keine sichere Diagnose stellen, deshalb suchte sie Abhilfe in der Bioenergetik. Als ich ihre Karmalinien betrachtete, stellte sich heraus, dass der Vater der Frau eine Tat, die an Selbstmord grenzte, begangen hatte. Das Selbstmordprogramm arbeitete im Feld der Frau und deformierte es sehr stark. Das Programm der Lebensunlust und die Versuche der Selbstzerstörung können sich viele Jahre im Unterbewusstsein des Menschen befinden. Die Frau hatte von ihrem Vater ein so mächtiges Selbstvernichtungsprogramm erhalten, dass der Organismus die starken Kopfschmerzen auslöste, um es zu blockieren. Nach zwei Sitzungen zur Korrektur der Feldstrukturen ließen die Kopfschmerzen nach.

Dann untersuchte ich, ob ein solches Programm oft bei Menschen vorkommt, und musste leider feststellen, dass jeder zweite Patient ein Programm des unterbewussten Suizids in seinem Feld hat. Dies äußert sich in Form von Apathie, Depression, manchmal in Jähzorn und unkontrollierbarer Aggression. Der Zustand, den die Ärzte Depression nennen, ist der geheime Wunsch, nicht mehr zu leben, und er kann viele Erkrankungen provozieren, die Gesetzesverletzung auf das Schicksal und den Charakter übertragen und das Leben des Menschen enorm erschweren.

Worin liegt die Ursache einer solchen „stillen" Lebensunlust eines Menschen? In erster Linie ist dies ein Selbstzerstörungsprogramm, welches im Feld entsteht, wenn einer der Vorfahren über einen längeren Zeitraum Gedanken über seine Unlust zu Leben hegte oder Selbstmordversuche unternahm. Selbst wenn dies drei bis vier Generationen zurückliegt, ist ein solches Programm äußerst stabil und wird an die Kinder weitergegeben.

Das Programm kann auch davon herrühren, dass die Eltern ihr noch ungeborenes Kind nicht wollen.

Das Feld des Menschen ist vor der Umwelt geschützt, doch für die Eltern ist es unverschlossen. Bereits geringste Verstöße seitens der Eltern während der Schwangerschaft bilden im Feld des werdenden Kinds ein Zerstörungsprogramm. Dieses Programm ist langlebig, denn es wurde von den Eltern eingegeben.

Enttäuschung darüber, dass das Kind klein, schwach und häufig krank ist, und Unzufriedenheit über Geschlecht, Aussehen und Launen des Kindes gehen, wenn sie nicht durch Liebe zu ihm und die Einsicht, dass das Kind ein Geschenk Gottes ist, blockiert werden, ins Innere und Unterbewusstsein über und setzen einen Vernichtungsprozess in Gang. Die langfristige Fixierung auf negative Emotionen gegenüber dem Kind gelangt ins Unterbewusstsein und beginnt, sich autonom zu entwickeln, d.h. das Bewusstsein verliert die Kontrolle über diese Emotionen und erkennt die von ihnen ausgehende Gefahr nicht mehr.

Das Feld der Eltern beginnt, das Feld des Kindes zu vernichten. Beim Kind wiederum werden augenblicklich zwei Gegenprogramme aktiviert: Die Vernichtung der Eltern als Gegenwehr sowie die Selbstvernichtung. Die starke Enttäuschung des Vaters darüber, dass eine Tochter und kein Sohn geboren wurde, kann, auch wenn sie nur einen Tag angehalten hat, nach vielen Jahren zu wiederholten Selbstmordversuchen der Tochter führen und an die Enkel weitergegeben werden. Die unterbewussten Programme im Feld der Kinder gehen mit dem Alter, besonders während der Pubertät, ins Bewusstsein über, und es kommt zu Unstimmigkeiten in den Beziehungen zwischen Eltern und Kind. Fünf Minuten langes, inneres Verstoßen des Kindes können mit vielen Jahren Entzweiung, Vorwürfen, Kränkungen und Hass teuer zu stehen kommen.

Deshalb ist die Einhaltung der Normen der Ethik und des Geistes für die Gesundheit wichtiger als Pillen und Spritzen.

Ein weiteres, sehr wichtiges Merkmal: Das Selbstmordprogramm kann durch jedes starke Fremdprogramm, das auf die Veränderung des Verhaltens des Menschen gerichtet ist, aktiviert werden. Der Organismus reagiert auf Gewalt mit dem Wunsch, nicht mehr leben zu wollen.

Ich habe untersucht, ob ein äußeres Programm, das speziell in das Unterbewusstsein eingegeben wurde, auf den Menschen negativ einwirken und Nebeneffekte hervorrufen kann. Es stellte sich heraus, dass dies der Fall ist. Jedes starke Programm kann die vom Selbstvernichtungsprogramm vorgesehene Gegenwirkung auslösen.

„Und wie sieht es mit der Kodierung gegen Alkoholsucht und Rauchen aus?", fragte mich meine Assistentin.

Ich untersuchte in Tests einige Personen, die sich einer Kodierung unterzogen hatten, und stellte Selbstmordprogramme fest, die seit dem Augenblick der Kodierung in ihrem Feld auftraten. Der sich hinziehende Selbstmord kommt in Form von Erbitterung und erhöhter Reizbarkeit, aufkommenden Selbstmordgedanken und anderen negativen Veränderungen im Verhalten des Menschen zum Ausdruck.

Eine Frau bat mich um Rat, ob Englisch in Schnellkursen erlernt werden könne.

„Ich muss nach Amerika reisen, deshalb habe ich Kurse besucht, in denen man die Sprache unter Hypnose lernt. Nach einigen Unterrichtsstunden wurde mir irgendwie schlecht. Können Sie mir sagen, ob ich diese Kurse weiter besuchen sollte?"

Ich betrachtete die Feldstruktur – die Größe der Verzerrungen hatte einen Grenzwert erreicht, eine schwere Krankheit war „im Anmarsch". Ich überprüfte das Feld vor Beginn des Unterrichts – die Verzerrung war minimal.

Was hatte diese starke Felddeformation bei der Frau hervorgerufen? Ich setzte die Tests fort und fand die Ursache. Es war die Programmierung eines Menschen durch einen anderen – eine Verletzung des Informationsgesetzes.

Wenn Information gewaltsam in das Unterbewusstsein des Menschen eingegeben wird, erfolgt eine Deformation der Feldstruktur, die sich nach einiger Zeit durch eine Erkrankung auf physischer Ebene äußern kann. Bekanntlich wurde in Bulgarien der Versuch unternommen, Unterricht unter Hypnose per Fernsehübertragung durchzuführen. Die Unterrichtsteilnehmer eigneten sich in der Tat sehr viel mehr Informationen an, doch nach drei, vier Jahren traten bei ihnen Gedächtnisschwund, starke Verringerung der Immunität und andere negative Erscheinungen auf.

Eine junge Frau erzählte mir, dass sie die Hilfe eines Wundertäters in Anspruch nehmen wollte, um einen jungen Mann für sich zu gewinnen, den sie sehr mochte, der sich ihr gegenüber aber gleichgültig verhielt. Doch in letzter Zeit verspürte sie eine merkliche Verschlechterung ihres Gesundheitszustands.

Ich analysierte die Feldstrukturen der Frau und sah erstaunliche Dinge. Die Frau hatte sich einen Termin bei einem Wundertäter geben lassen, es hatten ein Kontakt der Feldstrukturen und eine Informationsübergabe stattgefunden, das Unterbewusstsein des Wundertäters hatte bereits begonnen, auf den jungen Mann einzuwirken und ihn zu einem Treffen mit der verliebten jungen Frau zu bewegen. Davon hatte auf bewusster Ebene noch niemand von ihnen eine Ahnung, in der physischen Welt war, außer den Gedanken und Wünschen der Frau, noch nichts präsent. Aber die Feldstrukturen der drei Menschen begannen bereits zusammenzuwirken, die Betörung des jungen Mannes und die Eingabe eines fixierten Programms in sein Unterbewusstsein wurden eingeleitet. Dies verzerrte die Feldstrukturen des jungen Mannes, und da die Betörung ein

Fremdprogramm in seinem Feld war, aktivierte es ein Selbstvernichtungsprogramm.

Die Frau, die den jungen Mann liebte, erlitt ebensolche Verzerrungen ihrer Strukturen und wurde krank. Auch der Wundertäter erlitt starke Feldverzerrungen.

Eine unethische Handlung bewirkte eine tragische Situation, deren Ursache niemand erkannte.

Gewalt führt immer zu Gegengewalt. Ich wurde gefragt, wie es sich mit den Patienten Kaschpirowskis[14] verhält, und meine Tests bestätigten diese Schlussfolgerung leider erneut. Jedes fixierte Programm, das den inneren Überzeugungen des Menschen fremd ist und unter Hypnose oder Suggestion eingegeben wird, kann zum Vernichtungsprogramm ausarten. Natürlich ist es in unserer heutigen Situation schwierig, jede Art der Programmierung des Menschen zu verbieten. Man darf nicht das Alte abschaffen, ohne Neues geschaffen zu haben. Es geht nicht darum, alle Medikamente, die wenig wirksam sind, aber das Karma des Menschen vergrößern, zu verbieten, und auch nicht darum, das System der Kodierung der Kranken abzuschaffen – es gilt, die Bemühungen auf die allmähliche Ersetzung von Gewalt, zu der die moderne Medizin neigt, durch die natürliche Entwicklung der Ethik des Menschen, die Wiederherstellung seiner Harmonie mit der Welt zu richten.

Vor etwa einem Jahr begann ich zu untersuchen, ob es möglich ist, Menschen auf natürliche Weise von ihrer Alkoholsucht zu befreien. Man bat mich, einem klugen, begabten Mann zu helfen, der von sich aus nicht mehr aufhören konnte zu trinken und an der Grenze zum chronischen Alkoholismus stand. Er glaubte nicht, dass ihm jemand helfen konnte.

14 Anatoli Michailowitsch Kaschpirowski (* 1934), russischer Hypnotiseur, der in der UdSSR durch seine „live" übertragenen Einwirkungen übers Fernsehen bekannt geworden ist (Anm. der Redaktion).

Ich traf mich mit ihm und sagte:

„Wissen Sie, aus welchem Grund Sie trinken? Der Mensch muss seine Umwelt lieben, und wenn er dieses Gefühl nicht hat, entwickelt sich in seiner Seele ein Zustand des Unbehagens und seelischer Qual. Der Mensch versucht, die seelische Qual mit Hilfe irgendwelcher Mittel zu lindern. Das führt zu Drogensucht, Alkoholismus und verschiedenen Formen der Toxikomanie. Die wahre Ursache von Drogensucht und Alkoholismus ist die geminderte Liebe in unserer Seele. Dieser Zustand entsteht durch starke Kränkungsgefühle und die Unterdrückung der Liebe zu anderen Menschen." Ich nannte ihm konkrete Fakten der Vernichtung der Liebe durch seine Eltern und durch ihn selbst.

Nach der Korrektur verschwand die gewaltige Felddeformation. Und eine wenige Tage später durchgeführte Kontrolle zeigte, dass das Feld rein geblieben und der Hang zum Alkohol verschwunden war. Nach einem halben Jahr prüfte ich erneut: Der Mann hatte aufgehört zu trinken und diese Krankheit überwunden.

Ein interessantes Erlebnis hatte ich in Jalta, wo ich einen Vortrag hielt. Ein Mann kam zu mir und erzählte Folgendes. Sein Nachbar war in einen Alkoholrausch verfallen, aus dem er sich nicht wieder befreien konnte.

„Ich ging zu ihm und beschloss, Ihre Methode anzuwenden. Ich fragte ihn: ‚Erinnerst du dich noch, was vor dem Alkoholrausch geschehen ist?' – Ja, es wurden Kartoffeln verkauft, und ich bin dabei leer ausgegangen und fühlte mich sehr gekränkt.' Er bat dafür um Vergebung – und überwand den Alkoholrausch."

Dieser Vorfall mag amüsant klingen, doch er gibt eine genaue Vorstellung davon, was der Mensch tun muss, um sich von solchen Lastern zu befreien. Vor allem darf man sich von der Umwelt nicht gekränkt fühlen, muss mit ihr in Harmonie leben und die Gegenwart in sich und seiner Seele lieben.

Harmonie ist Liebe. Vergangenheit, Gegenwart und Zukunft sind Objekte der Liebe. Der Mensch muss danach streben, die Liebe in sich zu spüren, dann empfindet er auch kein Bedürfnis, zu trinken.

Die Situation, die momentan in der Welt entstanden ist, entspricht dem gegenwärtigen Stand des Geistes der Menschheit. Immer mehr Geld wird für Drogen und ihre Bekämpfung ausgegeben, doch der Effekt ist minimal, die Drogen erobern immer mehr Raum. Das ist das Ergebnis der fehlenden Einsicht, dass nicht die Drogen, sondern die Ursache der Drogensucht bekämpft werden muss. Die Ursache ist das niedrige Niveau der inneren Liebe der Menschheit.

„Weil die Gesetzlosigkeit überhand nimmt, wird die Liebe in Vielen erkalten." (Matthäus 24,12), wurde über uns vor 2000 Jahren gesagt. Der Verzicht auf Liebe zu Gott und den „göttlichen Gefühlen", zu den Eltern und den Kindern, zu sich selbst und den geliebten Menschen, zur unbelebten Natur und unserer Umwelt ist in unserem Leben alltäglich geworden. All diese Verstöße aktivieren das Programm der Vernichtung der Liebe, was eine lawinenartige Entwicklung von Grausamkeit nach sich zieht, die durch Alkohol und Drogen nicht behoben werden kann. Um aus dem Zustand der heutigen Krise herauszukommen und ihre Übel loszuwerden, muss die Menschheit lernen, zu lieben – Gott, einander, das Universum, die Umwelt, die Vergangenheit, die Gegenwart und die Zukunft. *„Gott ist die Liebe."* (1. Johannes 4,16). Einige meinen, das sei kein Problem: gesagt – getan. Doch Liebe ist eine komplizierte Kunst, die in ständiger Arbeit erlernt werden muss.

Eine jede Zelle unseres Organismus muss, um vollwertig zu existieren, nicht nur permanent ihre Funktion ausüben, sondern auch die Gesetze der Einheit mit dem ganzen Organismus einhalten. Der Mensch ist eine Zelle des Weltalls, und seine Aufgabe besteht nicht nur darin, seine Funktion richtig zu erfüllen, sondern auch stets nach Kontakt und Einheit mit dem Universum, nach Liebe zu Gott zu streben. Unser Kontakt mit dem Göttlichen ist nicht nur durch Wunsch und Glauben, sondern auch durch die Reinheit des Geistes und des Körpers bedingt. Wir alle haben Kontakt zum Göttlichen, doch das Ausmaß ist unterschiedlich – je reiner der Mensch, umso größer ist der Kontakt.

Mein sechsjähriger Sohn kam einmal zu mir und klagte, ihm tue das Bein weh.

„Weißt Du, wer Gott ist? Lege die Hände auf die Knie und bitte um Vergebung für Papa, der im Alter von achtzehn Jahren nicht mehr leben wollte, deshalb tut dein Beinchen weh."

Er bat um Vergebung, und ich sah, wie sich sein Feld wiederherstellte.

Noch vor kurzem erklärte ich meinen Patienten, dass das Karma nur Erwachsene heimsucht und das Kind bis zum dreizehnten, fünfzehnten Lebensjahr geschützt sei, seine Kränkungsgefühle keinen Einfluss auf sein Karma hätte. Erst nach der Pubertät sei das Kind für seine Handlungen und Verstöße voll verantwortlich.

Im vergangenen Jahr hat sich das Energiefeld der Erde so stark verändert, dass jetzt nicht nur Kinder im Alter von sieben bis neun Jahren, sondern sogar von ein, zwei Jahren Energieschläge versetzen und sich gegenseitig vernichten, wie die Erwachsenen.

Ich betrachtete das Feld eines Mädchens und sah eine starke Verwünschung und einen blonden Mann. Sein Alter – zehn Jahre. Es war ein Mitschüler. Was wird aus unseren Kindern, wenn sie erwachsen werden? Wir haben die Schutzbarrieren zerstört und unsere Kinder haben von uns deformierte Feldstrukturen vererbt. Welche Krankheiten erwarten sie, was wird mit ihrer Psyche und ihren Kindern, wenn sie bereits jetzt im Kindesalter beginnen, einander auf Energieebene anzugreifen?

Oft antwortet man mir, wenn ich den Menschen sage, dass sie die Liebe in sich unterdrückt haben: „Aber ich habe sie/ihn gar nicht geliebt." Jedes Mal muss ich erklären, dass die Liebe ein großes Gefühl ist, dem wir uns hingeben müssen und das sich auf der ganzen Welt durchsetzen muss. Es ist die Liebe zum gesamten Organismus, dessen Name Universum ist. Die maßgebenden Gebote der Bibel sind die Gesetze der Welt des Geistes, des Zusammenwirkens der Menschen auf der Energieebene. Wenn jetzt eine Mutter mit einem Wort, einem Blick oder einer Geste, ganz zu schweigen von Taten, ihre Kinder vernichtet, begreift sie nicht, dass sie ein Programm eingibt, das nach ein, zwei Jahren das Kind unter ein Auto geraten lassen oder eine schwere Krankheit hervorrufen kann.

Wenn die Glieder eines Systems in Konkurrenz zueinander treten und das Zentrum missachten, zerfällt das gesamte System. Wenn das Gefühl der Liebe im Menschen verschwindet und durch eine andere Emotion ersetzt wird, werden die Blockierungen aufgehoben und die negativen Gefühle sind frei, Ihre Zerstörungswut auszuleben.

Ich erinnere mich an ein Gleichnis. Ein Mönch kommt zu einer Frau und sagt: „Lass mich übernachten." „Ich lasse dich, doch zuerst musst du entweder einen Ziegenbock schlachten, oder mit mir schlafen oder Wein trinken – wähle!" Der Mönch überlegt: „Den Ziegenbock schlachten kann ich nicht, das ist Mord; mit der Frau schlafen werde ich nicht, das ist Gotteslästerung; also trinke ich eben Wein, das ist die geringste Sünde." Und so trank er Wein – und erfüllte anschließend auch die anderen beiden Forderungen der Frau.

Liebe – das ist die Hauptstruktur, und solange sie unversehrt bleibt, führen andere Verletzungen nicht zu katastrophalen Ergebnissen. Der Mensch denkt, dass die Liebe eine seiner Emotionen ist, über die er frei nach seinem Ermessen verfügen kann. Dieser Glaube ist falsch.

Liebe umarmt die ganze Welt, sie ist das, wovon wir ein Teil sind. Liebe und Leben werden uns gegeben, und wir haben nicht das Recht, uns an ihnen zu vergreifen. Und wenn in uns Gefühle von Kleineigentümern zu triumphieren beginnen und wir die Liebe in uns vernichten, vernichten wir zugleich die höchsten Geistesstrukturen, die uns mit dem Universum verbinden; wir verfügen über etwas, was uns nicht gehört.

Siebte Ursache

Wir sind in den letzten Jahrzehnten unserer Geschichte sehr „verwildert" geworden und verstehen heute die einfachsten Dinge nicht mehr.

Wie viele von uns können eine richtige Antwort auf die Frage geben: „Was ist Essen?"

Die Nahrung wirkt vor Allem auf die Feldstrukturen des Menschen ein, und die Qualität dieser Einwirkung wirkt sich auch auf den Menschen aus. Ich untersuchte in Tests, was mit dem Energiefeld während des Essens geschieht, und war äußerst erstaunt zu erfahren, dass der Mensch die Nahrung mit dem ersten Chakra aufnimmt. Durch richtige Ernährung kann man den Menschen heilen, falsche Ernährung schadet ihm genauso wie falsche Weltanschauung und falsches Verhalten.

„Und Gott sprach: Sehet da, ich habe euch gegeben allerlei Kraut, das sich besamet auf der ganzen Erde, und allerlei fruchtbare Bäume, die sich besamen, zu eurer Speise." (1. Mose 1,29).

In der Bhagavad Gita[15] wird der Genuss von solchen Speisen untersagt, die nach der Zubereitung länger als drei Stunden gestanden haben: Sie sind nun „unreines“ Essen und können nur noch den Körper nähren, enthalten aber keine Nahrung für den Geist.

Im Judentum gibt es den Begriff „nicht koscheres Fleisch“. Das ist Fleisch, welches Blut enthält – es darf auf keinen Fall als Speise verwendet werden. Warum? Das Blut bewahrt die Angaben über das Leben des physischen Körpers, in ihm sind alle Informationen über seine Krankheiten, Gefühle sowie Emotionen enthalten, welche die Tiere beim Schlachten empfinden.

Einmal bat mich eine Frau, die Ursachen für das seltsame Verhalten des siebenjährigen Sohnes von ihren Verwandten zu analysieren.

Das Kind rauchte bereits, war sehr an Alkohol interessiert, versuchte mit erwachsenen Frauen zu flirten. Es hatte einfach nichts Kindliches mehr an sich, sein ganzes Verhalten war von unglaublicher Erdgebundenheit in ihren schlimmsten Erscheinungen geprägt. Ich analysierte die Ursachen. Alle Ethikparameter waren grenzwertig, im Kind „steckte der Teufel“, wie man umgangssprachlich sagt. Schuld daran war der Vater des Kindes, allerdings nicht sein Karma, sondern seine Lebensweise.

Die Parameter des Denkens, des Verhaltens und der Ernährung des Vaters waren sehr niedrig. Man kann sich kaum vorstellen, wie ein Mensch leben muss, um derart negative Parameter zu haben, was man tun muss, um das Feld seines Kindes vollständig zu zerstören.

„Welchen Beruf hat der Vater des Jungen?“, fragte ich die Frau.

„Er lebt auf dem Land, arbeitet als Fleischer, schlachtet Schweine.“

---

15 Ein vermutlich zwischen dem 5. und 2. Jahrhundert v. Chr. entstandener Text, der als eine der bedeutendsten Heiligen Schriften im Hinduismus erachtet wird (Anm. der Redaktion).

Ich überprüfte den Wert der unterbewussten Aggression des Jungen – dieser war gleich null. Das bedeutete, der Vater ging seiner Arbeit emotionslos nach.

„Aber er trinkt gerne das Blut der Tiere“, teilte die Frau mir mit.

Jetzt war mir alles klar. Die Feldstruktur des Vaters des Jungen erhielt über das Blut der Tiere Informationen darüber, was sie im Augenblick der Tötung empfanden.

Unsere entfernten Vorfahren waren bedeutend gebildeter als wir, als sie vor der Tötung eines Tieres beteten und es um Vergebung dafür baten, dass sie es als Speise verwenden mussten. Und damit blockierten sie die negativen Folgen, die wir jetzt mit der Nahrung aufnehmen, ohne darüber nachzudenken.

Ich konnte früher nicht verstehen, warum es traditionellerweise nicht gestattet ist, während des Essens zu lesen.

Wie sich herausgestellt hat, kann Essen bei der Lektüre eines Buchs, vor dem Bildschirm des Fernsehers, bei der Erörterung politischer und familiärer Probleme die Seele des Menschen traumatisieren, da während des Essens Informationen frei ins Unterbewusstsein gelangen können. Hierauf beruht auch die Zeremonie des Abendmahls, d.h. die Verbindung zum Göttlichen. Wenn aber der Geistliche während des Abendmahls an irdische Dinge denkt, kann vom Abendmahl im wahrhaften Sinne nicht die Rede sein.

Jeder Mensch hat eine Seele, einen heiligen Ursprung, einen menschlichen und einen tierischen. Im Normalzustand muss der Körper Nahrung vom Geist erhalten, der Geist von der Seele, die Seele von Gott. Die Ausklammerung eines Gliedes dieser Kette ist unzulässig, und ein Leben, das sich auf dem primitiven Prinzip der Sättigung alleine des Körpers, ohne Sorge um das Übrige, begründet, ist der sicherste Weg zum Rückschritt.

TECHNISCHE DIAGNOSTIK

Gegenwärtig gibt es viele Beweise für zutreffende Voraussagen künftiger Ereignisse und das Verhalten von lebenden und unbelebten Objekten. Relativ einfach ist es bei lebenden Objekten – ihr Verhalten kann man analysieren, verallgemeinern und ziemlich zutreffend prognostizieren. Auf unbelebte Objekte ist diese Methode nicht anwendbar, denn in der physischen Welt weisen diese auf den ersten Blick kein Verhalten, keine Programme für Strukturänderungen, für zeitliche und räumliche Entwicklung auf. Im gegebenen Zeitabschnitt ist ihr Zustand das Ergebnis des physischen Einwirkens anderer Objekte. Sie formieren sich als Ergebnis der Wechselwirkung der Programme des individuellen Feldes des einen Objekts mit den Feldern anderer Objekte. Das Entstehen genetischer Programme lebender Objekte unterscheidet sich vom Verhalten unbelebter Objekte nur durch zeitliche Parameter, so dass bei größeren Zeitabschnitten diese Unterschiede nicht mehr existieren.

Analysiert man die Evolution lebender Objekte auf der Erde, so kann man erkennen, dass sich die Realisierung der Programme beschleunigt, ebenso die Differenzierung der Objekte, denn das Tempo der Realisierung ist – bei gleichzeitiger Verstärkung der Feldeinheit – mit dem Tempo der Individualisierung, der Absonderung von der Umwelt verbunden. Die Hauptprogramme, die dem physischen Zustand lebender und unbelebter Objekte entsprechen, sind die Informations- und Energiestrukturen, deren Analyse es gestattet, die Zukunft sehr präzise zu prognostizieren.

Lebende und unbelebte Objekte haben zwei Körper – einen physischen und einen zeitlichen. Der zeitliche Körper wird im physischen Körper realisiert und von Informations- und Energiefeldern gebildet, deshalb kann von vorhandenen Informationsprogrammen bei existierenden unbelebten Objekten und der Wechselwirkung von Feld- und Energieprogrammen bei lebenden Objekten gesprochen werden.

Durch Einwirkung auf die Informations- und Energiestrukturen kann man den physischen Zustand und das Verhalten eines jeden Objekts verändern sowie seine Zukunft untersuchen. Telekinese, Ferndiagnostik und Korrektur lebender und unbelebter Objekte sind durch den oben erwähnten Mechanismus bedingt. Somit wird das Informationsprogramm auf physischer Ebene verwirklicht, doch es muss auch den umgekehrten Mechanismus geben – das ist die unbedingte Voraussetzung für die Existenz des Universums. Jedes Objekt lässt sich in eine Feldstruktur und in seinen Ursprungszustand wieder zurücktransformieren. Ein Elektron ist Teilchen und Welle zugleich, so dass sich die Welle in das Teilchen und das Teilchen in die Welle verwandeln kann. Damit lässt sich jedes Objekt auf die Ebene der Energie- und Informationsfelder transformieren, an jeden Punkt des Universums versetzen (weil in Informationsfeldern der Raum fehlt) und erneut auf physischer Ebene realisieren – dieses Prinzip liegt der Teleportation, der Einwirkung auf entfernte Objekte, unter anderem auf Wolken am Himmel, zugrunde.

Da die klimatischen, geochemischen und tektonischen Besonderheiten der Erde durch Informations- und Energieprozesse bedingt sind, ist es möglich, durch die Willenskraft des Menschen direkt auf Ereignisse und Objekte der Umwelt einzuwirken.

Die drohenden Naturkatastrophen zeugen nicht nur von den ökologischen Veränderungen, sondern auch von der Deformation der Informations- und Energiestrukturen der Erde.

Gegenwärtig wirkt der Mensch, der versucht, das Wetter zu gestalten und unbelebte Objekte zu beeinflussen, negativ auf das System der Feldselbstregulierung der Biosphäre ein und deformiert damit die Informations- und Energiestrukturen der Erde. Tests zeigen, dass bereits durch Unzufriedenheit mit dem Wetter die Feldstrukturen des Raums und somit auch der Mensch negativ beeinflusst werden.

Allen Untersuchungen, die lebende und unbelebte Objekte betreffen, müssen eine exakte Diagnostik und Mehrfachanalyse der möglichen Folgen der Einwirkung zugrunde liegen. Die traditionellen Methoden der technischen Diagnostik sind in der Regel auf die Feststellung bereits vorhandener Defekte ausgerichtet, die aus gewissen Gründen dem Beobachter oder den Kontrollgeräten verborgen bleiben. Untersuchungen der Feldstruktur ermöglichen, künftige physische Deformationen von Objekten vorauszusagen, denn der Ablauf der Ereignisse der physischen Ebene ist im Feldprogramm festgelegt. Die Analyse der verschiedenen Ebenen der Feldprogramme gewährleistet eine hohe Genauigkeit der Prognose. Da Diagnostik aber immer ein Eindringen und eine Wechselbeziehung mit den Feldern des Objekts bedeutet, können – wenn der Operator in seinem Feld Programme der Zerstörung oder Selbstvernichtung aufweist – diese in das Feld des unbelebten Objekts übergehen und Bedingungen für dessen Zerstörung schaffen. Der Mechanismus der Feldselbstregulierung aktiviert ein Gegenprogramm zur Vernichtung des Operators. Deshalb kann die Einwirkung auf unbelebte Objekte über Informations- und Energiestrukturen für die gesamte Menschheit gefährlich sein, denn auf der geistigen Ebene sind alle Menschen ein einheitliches Ganzes.

In der technischen Diagnostik sind die Ethik des Operators und die Reinheit der Karmastrukturen seines Unterbewusstseins nicht weniger bedeutend und notwendig, als bei der Hei-

lung eines Menschen. Das hohe Maß unterbewusster Aggression in den Informationsstrukturen der Menschheit kann in der nächsten Zeit eine Reihe globaler Katastrophen hervorrufen, die sich nicht durch eine Qualifikationssteigerung des technischen Bedienungspersonals verhindern lassen werden. Der Geist muss ökologisch denken, denn er bestimmt den Zustand der Umwelt.

Zum ersten Mal verwendete ich außersinnliche Tests zur Diagnostik unbelebter Objekte im Frühjahr 1991 in Jalta, als ich die Effektivität von Tests auf diesem für mich neuen Gebiet analysieren wollte. Ich wurde gebeten, anhand der Karte der Halbinsel Krim die Orte zu finden, die sich zum Weinanbau eigneten. Ich benutzte dafür die Rute. Die Orte lagen entlang der Küste, was auch der Agronom in unserer Gruppe bestätigte. Und die günstigsten Anbaugebiete für Äpfel befanden sich, meinen Angaben zufolge, weit von der Küste entfernt in der Mitte der Insel, was sich ebenfalls bestätigte. Dann suchte ich die Orte, die sich für den Aufenthalt des Menschen besonders eignen, wo Wasser und Luft rein sind, wo Sanatorien gebaut und Krankheiten am besten geheilt werden können. Die Ergebnisse waren sehr interessant. Alle vor der Revolution[16] errichteten Bauten, insbesondere Villen, befanden sich in Gebieten, die für die Gesundheit und das Schicksal des Menschen außerordentlich günstig sind. Viele Neubauten hingegen wurden an ungünstigen Orten errichtet. Offensichtlich spürten früher die Städtebauer intuitiv, wo man bauen kann. An den ungünstigsten Stellen befanden sich gewöhnlich Friedhöfe, Parks und Kulturzonen. Ständige Wohnorte wiesen in der Regel erhöhten Komfort aus der Sicht des Energieinformationsfeldes auf. Ich beschloss, auf der Karte den Ort zu suchen, der die höchste Zahl von Erkrankungen, einschließlich onkologischer Krankheiten,

[16] Der Autor spricht hier von der russischen Oktoberrevolution von 1917 (Anm. der Redaktion).

aufwies, und fand diesen Ort auch. Studien lassen vermuten, dass die Erdoberfläche dem Menschen unterschiedliche Existenzbedingungen gewährt – es gibt ungünstige und günstige Zonen, wobei sie mit keinerlei geochemischen oder geotektonischen Formationen zusammenhängen. Dieser Mechanismus ist mir bislang noch unklar, dennoch existiert er und wirkt auf das Leben des Menschen ein.

Auf der Krim waren die günstigen Zonen fleckenartig verteilt, während in St. Petersburg die Situation vollkommen anders war.

1991 wandte sich ein Professor des Polytechnischen Instituts mit einem Anliegen an mich. Er interessierte sich für meine Methode und hätte sie gern für Belange der technischen Diagnostik verwendet. Er untersuchte die Ökologie des Gebiets und wollte anhand einer Reihe von Experimenten herausfinden, ob es mit der Methode außersinnlicher Tests möglich wäre, den Zustand der Gewässer zu untersuchen. Ähnliche Studien wurden bereits durchgeführt. So können die Lager von Bodenschätzen nicht nur durch Überfliegen der entsprechenden Gebiete aufgespürt werden, wie es etwa Uri Geller getan hat, sondern auch anhand von Fotos oder einer Karte. Wir beschafften uns entsprechende Karten des Gebiets und begannen mit der Arbeit. Wir untersuchten den Newa-Fluss auf Verunreinigung mit Phosphor. Ich dachte, dass die maximale Konzentration an der Mündung auftreten müsste, doch sie befand sich am Oberlauf der Newa. Ebenso verhielt es sich mit Stickstoff. Der Grund hierfür war, dass im Oberlauf der Newa Phosphor und Stickstoff von den Feldern, die landwirtschaftlich schlecht bestellt wurden, in den Fluss gelangten. Im Lauf der Newa gibt es eine Stelle, an der die Verunreinigung mit Phosphor und Stickstoff auf Null fällt, danach erhöht und verringert sie sich allmählich wieder, d.h. es gibt im Flusslauf einen Abschnitt mit ganz sauberem Wasser.

Solche Abschnitte mit sauberem Wasser sind den Spezialisten bekannt, doch der Grund dafür bleibt nach wie vor unklar. Im Ausland haben Forscher ebenfalls wiederholt den „Effekt des sauberen Wassers“ an solchen Stellen beobachtet, wo es allen Berechnungen nach eigentlich stark verunreinigt sein müsste. Dann habe ich begonnen, die Ufer zu untersuchen. Dort, wo das Wasser der Newa sauber ist, verläuft eine Teilfigur des Kreises, der für den Aufenthalt des Menschen besonders günstig ist. In der Energiestruktur der Stadt gibt es eine sehr spezifische Formation, die die Sauberkeit der Gewässer fördert und den Aufenthalt des Menschen sehr günstig beeinflusst, aber es gibt auch Zonen, die für den Aufenthalt wenig geeignet sind. Das sind ebenfalls Kreisstrukturen. In Petersburg wurde, im Unterschied zu anderen Regionen, die Existenz starker, miteinander verbundener Kreisstrukturen des Energiefeldes festgestellt.

Heute können solche Studien nicht nur für die Errichtung von Wohnsiedlungen, sondern auch für die Planung des Standorts technisch gefährlicher Objekte von Nutzen sein.

Die nächste Etappe war dem Studium des Ladogasees gewidmet.

Der Fleck, der die Verunreinigung des Ladogasees mit Stickstoff aufzeigte, hatte die Form einer langen spitzen Zunge, die Verunreinigung mit Phosphor erschien klecksartig in der Mitte des Sees.

„Die „Zunge“, die Sie gezeichnet haben“, sagte der Professor, „ist absolut richtig, und sie wird vom Wolchow-Fluss hineingespült, an dessen Ufer sich ein Kombinat für Eiweißkonzentrate und viele Sowchosen befinden. Ja, der Wolchow führt eine gewaltige Menge Stickstoff mit sich. Auch Phosphor müsste sich in Form einer „Zunge“ ausbreiten.“

Ich prüfte nach, doch erneut erschien ein Fleck in der Mitte des Sees.

Wir stellten ein Programm zusammen, nach dem die erhaltenen Angaben zwei Monate lang bearbeitet wurden. Dafür, was ich in zwei Arbeitsstunden getan habe, sind bei herkömmlichen Studien einige Monate erforderlich. Als wir mit der Karte arbeiteten, wurden noch keine Untersuchungen zur Verunreinigung mit Phosphor durchgeführt. Später wurden auf dem Ladogasee Forschungsschiffe eingesetzt, deren Arbeitsergebnisse bestätigten, dass die maximale Verunreinigung mit Phosphor tatsächlich an der Stelle auftrat, auf die ich verwiesen hatte. Eine Informationskorrelation mit anderen war nicht möglich gewesen, weil die Mitarbeiter des Instituts noch keine Angaben hatten, ich leistete lediglich Erkundungsarbeit. Doch die Endergebnisse stimmten zu achtzig Prozent überein.

Sehr interessante Ergebnisse erbrachte auch die Ermittlung der Stelle, an der Wasser in eine große städtische Festhalle in St. Petersburg eindrang. Ich bat um einen Lageplan des Gebäudes und fand die vermutlich undichten Stellen. An einigen Stellen, auf die ich verwies, war der Fußboden bereits entfernt und saniert worden, einen Teil von Unfallzonen entdeckte ich, bevor dort Wasser austrat. Man fragte mich, woher das Wasser komme: von außen oder aus dem Gebäudeinneren? Ich fühlte, dass das Wasser von außen aus einem Rohr kam, das in geringer Entfernung von der Halle verlief. Bei der Überprüfung der Leitungskanäle sah ich deutlich, wie das Wasser floss, in welchem Zustand sich die Rohre befanden, spürte physisch das Verhalten des Wassers an den Abzweigrohren. Ich konnte sogar bestimmen, welches Metall sich im Wasser befand.

Für mich waren das neue Erkenntnisse. Ich begriff, wie leicht jemand, der die Methode außersinnlicher Tests beherrscht, von der medizinischen Diagnostik zur technischen überwechseln kann.

Bei der Darlegung der Ergebnisse der Diagnostik sagte ich,

dass die Möglichkeiten der Methode nichts Mystisches beinhalten würden. Es handele sich lediglich um die Offenlegung von Gesetzen, die noch nicht erkannt und Vielen unverständlich seien.

Die wichtigste Besonderheit der außersinnlichen Diagnostik besteht darin, dass ich nicht mit physischen Objekten, sondern mit ihren Feldern arbeite, denn Feld enthält wesentlich vollständigere und genauere Information, als das physische Objekt selbst.

„Bedeutet das, man hätte im Voraus feststellen können, was in Tschernobyl passieren würde?", wurde ich gefragt.

„Tests zeigen, dass zwei Jahre vor dem Unfall im Feld des Atomkraftwerks Tschernobyl Deformationen der Feldstrukturen aufgetreten sind, die zum Unfall geführt hatten."

„Kann heute eine Katastrophe in einem Atomkraftwerk vorausgesehen werden?"

„Ja, doch heute darf ich nicht jedes Atomkraftwerk untersuchen, denn mein Karma ist nicht rein genug. Seit über einem Jahr unternehme ich Anstrengungen, um mich zu ändern, doch die ethische Feldebene meines Unterbewusstseins ist nicht hoch genug."

Bei der Diagnostik eines jeden Objekts ist es erforderlich, mit ihm auf der Feldebene Kontakt aufzunehmen. Wenn Laien, die sich mit außersinnlicher Wahrnehmung beschäftigen, versuchen, ein Atomkraftwerk zu diagnostizieren, und ihnen dann plötzlich Haare ausfallen, dann brauchen sie sich nicht zu wundern. Doch das ist nicht das Wesentliche.

Da die Informations- und Energiefelder unterschiedlich sind und verschiedene Unterebenen aufweisen, könnte, im Falle dass mein Karma nicht ausreichend rein ist, bei der Diagnostik des betreffenden Objekts dessen Feldstruktur verletzt werden, und dies wiederum hätte tragische Folgen.

Die Leitung eines Unternehmens bat mich, die berufliche Eignung seiner Mitarbeiter auf der Grundlage von Fragebögen zu testen. Die Bioenergetik gestattet es, anhand der Schrift oder des Fotos nicht nur die fachlichen Fähigkeiten zu bestimmen, sondern auch seine Gesundheit und sein Schicksal, sowie alle Informationen, die mit dem Leben des Menschen verbunden sind, zu reproduzieren.

Ich begann zu analysieren und gab Empfehlungen für die Zusammenstellung und Bildung eines hochqualifizierten Kollektivs. Das Ergebnis war in dieser Form nicht voraussehbar: Nach einiger Zeit gingen die Mitarbeiter so sehr in ihrer Arbeit auf, dass sie nicht mehr nach Hause wollten und am Arbeitsplatz übernachteten, was zur Unzufriedenheit der Ehefrauen und zu zahlreichen Familienkonflikten führte.

In einem anderen Kollektiv, das ebenfalls auf der Grundlage von Energiefeldtests gebildet worden war, war dessen Leiter der erfolgreichen Arbeit und der Professionalität nicht mehr gewachsen, und das Kollektiv verlangte seine Ablösung.

Auf der Geistesebene haben die Felder lebender und unbelebter Objekte gleiche Eigenschaften und wirken aufeinander ein, deshalb hat jeder negative Gedanke, jede Emotion und jedes Verhalten Einfluss auf das unbelebte Objekt und kann ihm schaden.

Bei der Wechselwirkung der Informationsstrukturen des Menschen mit den Informationsstrukturen unbelebter Objekte können Zerstörungsprogramme des Menschen in das Feld des unbelebten Objekts übergehen. Deshalb müssen Piloten, das Bedienungspersonal von Atomkraftwerken und andere Spezialisten in besonders verantwortungsvollen Arbeitsbereichen gute Charaktereigenschaften und einen negativen Parameterwert der unterbewussten Aggression aufweisen, andernfalls können sie unbewusst eine Unfallsituation hervorrufen.

Die globale Zunahme der Aggression in den Strukturen des Unterbewusstseins der Menschheit beeinflusst das Energiefeld der Erde und kann Bedingungen für das Entstehen von Katastrophensituationen schaffen.

Bei allen berühmten Wundertätern und Heilern ist der Pegel der unterbewussten Aggression sehr niedrig, andernfalls wäre es sehr gefährlich, in die Informationsfelder des Universums einzudringen. Der Versuch, im Schnellverfahren die Zahl der Wundertäter ohne Berücksichtigung ihrer ethischen Voraussetzungen „zu vervielfachen", kann zu einem negativen Ergebnis führen.

Das Unterbewusstsein des Menschen kontrolliert das gesamte Universum, doch besonders hoch ist die Kontrolle im Radius von etwa sechzig Metern um den Menschen herum. Es findet eine Wechselwirkung mit allen lebenden und unbelebten Objekten und gleichzeitig auch eine Einwirkung auf sie statt. Selbst Bücher, die sich permanent im Nahfeld des Menschen befinden, gewährleisten eine Korrelation mit Informationen aus ihnen durch das Unterbewusstsein. Sehr aktiv erfolgt die Korrelation von Informationen im Schlaf, daher ist es gefährlich, wenn am Kopfende des schlafenden Kindes etwa Kriminalromane liegen.

Das Feld jedes lebenden und unbelebten Objekts enthält nicht nur Informationen über das Objekt selbst, sondern auch darüber, was in dessen Umgebung geschah. Die Feldstruktur eines jeden Gebäudes sammelt Informationen, wirkt mit unseren Feldern zusammen und wirkt auf sie ein. Wer sich in einem Zimmer streitet, ahnt nicht, dass dies auf die Gesundheit aller im Zimmer Anwesenden wirkt, denn es findet eine Anhäufung negativer Energie durch die Informationsstrukturen des Gebäudes statt.

Wenn der Mensch emotional die Feldstruktur eines Gegenstands zerstört, findet ein Gegenangriff auf ihn statt. Die Autonomie der Feldstruktur eines lebenden Objekts gleicht derjenigen des unbelebten. So hat das unbelebte Objekt die Möglichkeit, auf das lebende einzuwirken, mit ihm aktiv in Wechselwirkung zu stehen und Informationen auszutauschen.

Nachdem ich Kranke in der Sprechstunde behandelt hatte, blieb meine Uhr stehen, obwohl ich sie aufgezogen hatte. Ich erinnerte mich an Uri Geller, nahm sie in die Hand – und sie ging wieder. Es gibt einen Mechanismus, sie in Gang zu setzen, aber wie funktioniert er? Ich untersuchte die Feldstruktur um die Uhr herum und stellte eine Feldverzerrung von beträchtlicher Stärke fest. Mithin können unsere Emotionen die Feldstruktur des unbelebten Objekts deformieren und somit aktiv darauf einwirken.

Neulich rief meine Assistentin an und sagte, dass bei ihren Eltern der Fernseher kaputt gegangen sei. Ihr Vater sieht oft fern und reagiert sehr emotional auf wirtschaftliche und politische Ereignisse im Land. Ich testete das Feld des Fernsehers – es war von Hassprogrammen verzerrt.

Die Assistentin sagte zu ihrem Vater:

„Du musst verstehen, alles um dich herum ist lebendig – der Fernseher, der Kühlschrank, alle Gegenstände im Haus. Und wenn du schlecht zu ihnen bist, dann antworten sie dir ebenso."

Der Vater war sehr überrascht:

„Habe ich demnach so große Fähigkeiten, dass ich sogar den Fernseher beeinflussen kann?"

„Heute haben alle sehr große Fähigkeiten, und das hängt nicht von dir ab, sondern von dem, was in der Welt geschieht."

„Was soll ich nun tun?"

„Denke daran, dass du schuld bist, bitte um Vergebung für deine negativen Emotionen."

Eine halbe Stunde später hatte der Vater die für ihn neue Information verinnerlicht – der Fernseher lief wieder einwandfrei.

Unsere Gegenstände, Pflegeartikel und unsere Kleidung sammeln Informationen und speichern sie. Wenn uns jemand um eine Sache beneidet, kann der Neid eine Spur hinterlassen und uns schaden, wenn wir nicht durch eigene innere Güte geschützt sind.

Einmal bat mich eine Frau, ihr bei der Suche nach einer goldenen Kette zu helfen. Die Kette war sehr schön gewesen und hatte der Frau gefallen, doch plötzlich war sie verschwunden.

„Ich beschäftige mich eigentlich nicht mit solchen Dingen", antwortete ich. „Doch Sie mussten die Kette zwangsläufig verlieren, sonst hätte sie Ihnen Unannehmlichkeiten bereiten können. Im Feld der Kette befand sich nämlich ein starkes Selbstzerstörungsprogramm, das sich unter bestimmten Bedingungen hätte aktivieren können."

Die Frau glaubte mir zunächst nicht, doch nach einer Woche kam sie erneut in die Sprechstunde und erzählte mir überrascht, dass die Kette früher einer Frau gehört habe, die während der Blockade[17] Selbstmord begangen hatte. Auch wenn die Frau die Kette nicht trug und sie sich nur in ihrem Zimmer befand, wurden bis heute Informationen über die lange zurückliegenden Ereignisse in ihrem Feld gespeichert.

In meine Sprechstunde kam eine Frau mit allergischem Hautausschlag. Die Ursache konnte ich lange nicht finden, und

[17] Die Rede ist von der Leningrader Blockade (1941-1944), der Belagerung der Stadt Leningrad (heute St. Petersburg) durch deutsche und finnische Truppen im Zweiten Weltkrieg. Die Blockade führte zu mehr als 1 Mio. vor Allem durch Hunger bedingte Todesfälle in der Bevölkerung Leningrads (Anm. der Redaktion).

so war die erste Sitzung auf die Besserung ihres Gesamtzustands ausgerichtet. Bei der zweiten Sitzung sagte die Frau, dass sie bis dahin noch keine Besserung verspürt hätte. Ich suchte weiter nach möglichen Ursachen und stellte fest, dass die Allergie durch Pflanzen hervorgerufen wurde und die Krankheit meist dann auftrat, wenn die Frau daheim war. An jedem anderen Ort fühlte sie sich wohl. Ich bat sie, einen Plan der Wohnung zu zeichnen, und in der Küche wies ich im Bereich der Wandfläche auf die Stelle, wo sich die Pflanzen, die ihre Krankheit verursachten, befanden. Die Frau bestätigte, dass dort einige Zimmerpflanzen standen: Aloe, Tulpen, Narzissen. Ich betrachtete im Feld, wie sich die Pflanzen gegenüber der Frau verhielten. Etwas war nicht in Ordnung. Die Mutter der Frau hatte während der Schwangerschaft und nach der Geburt des Kindes Blumen nicht ausstehen können. Dieses Programm hatte sich in ihrem Unterbewusstsein festgesetzt, und die Frau, die davon nichts wusste, griff Blumen mit ihrem eigenen Feld an und wurde dafür entsprechend selbst attackiert.

Viele Allergien gegenüber Pflanzen, Fischen und Tieren gehen auf negative Emotionen unserer Vorfahren gegenüber diesen Objekten zurück. Unbelebte Objekte reagieren auf Gereiztheit und Hass, auch das kann eine Allergie auslösen. Negative Emotionen, die von Vorfahren oder in früheren Leben empfunden wurden, bleiben lange blockiert, bis der Mensch sie aktiviert, indem er den schlecht riechenden Lack, den verdorbenen Fisch, den lästigen Staub oder was auch immer ihn gerade stört, verflucht. Beispiele für den Einfluss unbelebter Objekte auf den Menschen lassen sich zahlreich anführen.

Eine Frau war mit ihren Kindern zur Erholung in einem Ferienheim, doch wegen des schlechten Wetters mussten sie die meiste Zeit auf dem Zimmer verbringen. Während die Kinder vor dem Fernseher saßen, wollte die Frau Bücher lesen, die sie seit langem interessierten. Doch die Fernsehsendungen störten und ärgerten sie, riefen ein Gefühl der Unzufriedenheit hervor. Nach der Rückkehr aus dem Ferienheim verschlechterte sich das Befinden der Frau sehr stark, doch kein Spezialist aus der Medizin konnte die Ursache ihrer Erkrankung finden – es war die während der zwei Wochen gegenüber dem Fernseher entstandene Antipathie und die Attacke des unbelebten Objekts auf Feldebene.

Eine andere Patientin hatte zahlreiche Gesundheitsprobleme, ihre Feldstrukturen waren stark deformiert. Ich analysierte die Ursachen: Die Frau hasste seit mehr als 20 Jahren das Kopiergerät, mit dem sie arbeitete.

„Es handelt sich um ein altes Gerät, es fällt ständig aus, deshalb gehe ich sogar ungern zur Arbeit“, erklärte sie.

Doch wer musste schließlich für die Antipathie büßen?

Ein junges Mädchen war schlecht gelaunt. Sie hatte wütend ihre Zigarettenkippe auf einer Motorhaube ausgedrückt. Und es konnte sich nicht vorstellen, dass dies die Ursache für die Kopfschmerzen war: Das Hassprogramm gegen ein bestimmtes Objekt war aktiviert worden, und es hatte darauf in gleicher Weise geantwortet, denn auf der Feldebene reagieren das lebende und das unbelebte Objekt gleich.

Jede negative Emotion gegenüber einem unbelebten Objekt kann eine Verzerrung der Feldstrukturen des Menschen hervorrufen. Wir brauchen nur an die Mutter zu denken, die mit der Hand gegen das Tischbein, an dem sich ihr Kind gestoßen hat, schlägt und beschwörend sagt: „Weine nicht, du siehst ja, dass wir ihm ebenfalls weh tun.“ Ein solches pädagogisches Verhalten ist die Ursache für das falsche Verhältnis zur Welt und die künftigen Probleme des Menschen.

Sehr kompliziert gestaltete sich mein Verhältnis zu dem Computer, mit dem der Text dieses Buches geschrieben wurde. Als ich einmal arbeiten wollte, stellte ich fest, dass mit dem Gerät etwas nicht in Ordnung war, auf dem Monitor zeigten sich irgendwelche Störungen. Ich versuchte, sein Feld zu korrigieren, und spürte, als ich den Kontakt zu dem Feld des Geräts herstellte, physisches Unbehagen. Ich diagnostizierte die Ursache und stellte eine Deformation der Feldstrukturen im Brustbereich fest. Solche Feldverzerrungen habe ich gewöhnlich, wenn ich jemanden gekränkt habe. Für den Leser ist das, was ich berichte, sicherlich nur schwer nachvollziehbar, doch ich teile lediglich die Fakten mit. Um das physische Wohlbefinden wiederherzustellen, musste herausgefunden werden, wer sich durch mich beleidigt fühlte und wie ich ihn gekränkt hatte. Nach einigen Minuten fand ich es heraus: Es war der Computer, und ich fand auch die Ursache – ein Zerstörungsprogramm, das in meinem Feld „festsaß". Drei Jahre vor meiner Geburt hatte mein Vater Hass gegen einen Menschen, der ihn beleidigt hatte, gehegt. Das Zerstörungsprogramm, das in das Feld meines Vaters gelangt war, wurde an mich weitergegeben und realisierte sich nicht nur in Form von Krankheiten und Traumata, sondern attackierte auch alle Menschen, mit denen ich Kontakt hatte, darunter auch meine Kinder. Der Computer reagierte heftig auf dieses Programm, das Feld des Geräts führte eine Gegenattacke gegen mich und zerstörte meine Feldhülle. Nachdem ich dieses Programm aus meinem Feld entfernt hatte, beruhigte sich der Computer. Ich beschloss zu überprüfen, ob der Computer seine Haltung gegenüber verschiedenen Personen ändern konnte. Zu meinem Erstaunen sah ich, dass sein Feld auf das Feld jeder Person, die mit ihm arbeitete, unterschiedlich reagierte. Der Computer reagierte sehr negativ auf Personen mit negativem Karma, mit vielen Zerstörungs- und Selbstvernichtungsprogrammen. Eine Person war beim Computer besonders unbeliebt, denn sie fügte ihm mehr Schaden als alle anderen zu. Mir wurde der seit langem registrierte Mechanismus klar, dass nämlich bestimmte Leute eine schlechte Ausstrahlung auf die Technik haben und in ihrer Anwesenheit alles kaputtgeht und versagt.

Einmal klagte eine Bekannte über Nierenschmerzen und bat, die Ursache zu finden. Ich begann, die Feldstrukturen zu studieren.

Die Gesetze wurden nicht von ihr, sondern von einem unbelebten Objekt in ihrer Wohnung verletzt. Auf dem Grundriss der Wohnung wies ich auf die Stelle hin, wo sich der Gegenstand befand. Wie sich herausstellte, hingen dort Ikonen. Zwei Ikonen waren alt, die anderen waren auf Pappe gemalt und in der Kirche gekauft worden. Ich untersuchte, wie sich die Ikonen zu ihrer Besitzerin verhielten, ob sie ihr gegenüber die Gesetze verletzten. Zwei Ikonen, mit dem Bild von Jesus Christus und dem Bild von Nikolaus dem Wundertäter, waren mit Hass- und Zerstörungsprogrammen durchsetzt. Das klingt blasphemisch – das Bild von Jesus Christus hegt Hass und programmiert die Zerstörung der Besitzerin der Ikone. Nach gründlichen Tests der ersten Ikone stellte sich heraus, dass der Künstler, der sie gemalt hatte, die Geburt seines Kindes nicht hatte haben wollen. Wer in seinem Feld solche Programme hat, ist nicht berechtigt, Ikonen zu malen. Und der Maler der Ikone von Nikolaus dem Wundertäter hatte sich lange Zeit von den „göttlichen Gefühlen" für die Kinder und den Vater losgesagt, deshalb hatte er das Feld der Ikone ebenfalls mit Emotionen der Verleugnung des Göttlichen kodiert. Die Frau verstand nun, warum sie sich nur ungern lange in diesem Zimmer aufhielt.

Früher durfte bei weitem nicht jeder Künstler Ikonen malen. Intuitiv wählte man dafür Menschen mit reinem Karma aus. Aber auch das war nicht genug. Man brauchte einen Mechanismus, der negative Einwirkungen auf das Karma blockierte, was durch persönliche Ethik, Streben nach dem Göttlichen, langes Fasten und Gebete um Loslösung von irdischen Bindungen erreicht wurde. Und nur im Zustand der Erleuchtung wurden Ikonen mit Farben, die mit Weihwasser gemischt wurden, gemalt. Solche Ikonen waren heilsam. Schon der Aufenthalt in ihrer Nähe harmonisierte die Feldstrukturen des Kranken, und nicht nur der Körper, sondern vor allem die Seele wurden geheilt. Wenn sich solche Ikonen im Zimmer befanden, wirkten sie nur positiv auf Charakter, Gesundheit und Schicksal der Menschen ein. Ikonenbildchen, die Menschen ohne solche Befähigung gemalt haben, können, auch wenn sie von der Kirche gesegnet wurden, ihren Besitzern nur schaden. Zumal wir alles, was mit dem Namen von Jesus Christus und den Heiligen verbunden ist, ungehindert in unser Unterbewusstsein eindringen lassen. Ich habe den Einfluss von gedruckten Ikonen untersucht. Auch sie sind nicht vollkommen. Einen positiven Einfluss haben nur wahrhafte Ikonen oder ihre Fotografien.

Ich erinnere mich an ein persönliches Erlebnis. Ich hatte ein Radio mit zur Arbeitsstätte genommen und stellte fest, dass sich der Klang stark verschlechtert hatte. Ich dachte, dass das Radio nicht in Ordnung sei, und nahm es wieder mit nach Hause. Dort spielte es einwandfrei. Ich nahm es erneut mit zur Arbeitsstätte, wo es erneut versagte, und diesmal für längere Zeit. Mich interessierte, ob es einen technischen Grund für diese seltsame Geschichte gab. Tests ergaben, dass an der Arbeitsstätte ein unbelebtes Objekt negativ auf das Radio einwirkte. Ich begann anhand eines Grundrisses der Arbeitsstätte danach zu suchen – es war eine Ikone, die einen Meter vom Radio entfernt an der Wand hing.

Einmal wurde ich gebeten, das Befinden eines Jungen aus dem Baltikum zu diagnostizieren. Die starken Deformationen seines Feldes und die begonnene Krankheit waren durch Verfehlungen seines Vaters zwei Jahre vor der Geburt des Kindes hervorgerufen worden, und zwar hatte irgendeine Gotteslästerung in Verbindung mit Kultgegenständen stattgefunden. Ich fragte die Mutter des Kindes, ob sie sich an irgendwelche Ereignisse, verbunden mit Ikonen oder Kirchendevotionalien, erinnern könnte. Sie erinnerte sich, dass ihr Mann zwei Jahre vor der Geburt des Kindes eine Ikone auf die heimische Bartheke mit alkoholischen Getränken gestellt hatte. Aus der Sicht des Energiefeldes sah dies wie Gotteslästerung, Hass gegen einen unbelebten Gegenstand und das Göttliche aus. Da diese Handlung durch die Informations- und Energiestruktur des Vaters bestimmt worden war, musste der Sohn, der sie geerbt hatte, diese Unvollkommenheit seines Geistes abarbeiten.

Es mag unrealistisch klingen, doch jeder unbelebte Gegenstand hat durch sein Feld eine persönliche Beziehung zu jedem anderen Objekt, darunter auch zum Menschen. Besonders stark äußert sich dies bei Kultgegenständen. Hiermit lässt sich auch die Ursache des vorzeitigen Todes von Personen erklären, die durch ihren Beruf gezwungen sind, mit solchen Gegenständen umzugehen, z. B. Archäologen und Künstler.

Andererseits findet heute in jedem Gotteshaus ein reger Handel mit christlicher Literatur, Kerzen, Ikonen und anderen religiösen Attributen statt. Warum haben die Diener der Christenheit folgende Worte vergessen: *„Und Jesus ging zum Tempel Gottes hinein und trieb heraus alle Verkäufer und Käufer im Tempel."* (Matthäus 21,12)? Ich untersuchte durch Tests, was der Handel in das Energiefeld der Kirche hineinträgt. Die Kirche wird vom Gebetshaus zum Kaufhaus. Die Geistlichen selbst spüren dies nicht oder können aus gewissen Gründen dem nicht entgegenwirken, doch der Handel zerstört das Energiefeld der Kirche.

Eine bioenergetische Analyse zeigte: Um das Feld der Kirche wiederherzustellen, muss der gesamte Handel aus ihren Mauern verbannt werden.

Von einem interessanten Vorfall berichtete man mir in Kronstadt. In der Stadt gab es eine halb zerstörte Kirche, und Alteinwohner erinnerten sich noch an die Versuche, sie zu sprengen. Mehrmals waren Sprengladungen angebracht worden, in den Nachbarhäusern hatten sich Risse gebildet, doch die Kirche war stehen geblieben und hatte sich nicht zerstören lassen. Die Sprengungen hatte ein junger schneidiger Offizier geleitet, der bald darauf gestorben war. Seine Frau hatte ihn nur kurze Zeit überlebt, der Sohn war in ein Internat abgegeben worden. Vor einigen Jahren war überraschend auch der Sohn im Alter von 30 Jahren in seiner Wohnung ohne sichtbaren Grund oder ernsthafte Erkrankung gestorben. Die Familie existiert nicht mehr. Es gab seltsame Übereinstimmungen. Auch der Vater war etwa 30 Jahre alt gewesen, als er versucht hatte, die Kirche zu sprengen.

Ich begann zu analysieren: Was war mit der Familie geschehen, warum war sie umgekommen? Worin war die Konsequenz dieser Ereignisse begründet? Es stellte sich Folgendes heraus: Anfangs hatte der Offizier die Sprengung als Erfüllungsgehilfe geleitet, doch als sich die Kirche der Sprengung „widersetzt" hatte, hatte er begonnen, sich zu engagieren und in den Auftrag seine persönliche Einstellung und seine Emotionen einzubringen. Es war zu einem Konflikt mit dem Energiefeld der Kirche, mit den Programmen der Liebe und der Einheit, die sich ebenfalls zusammengeschlossen und den aggressiven Programmen widersetzt hatten, gekommen. Deshalb hatte der Offizier sein Zerstörungsprogramm zurückerhalten.

Da seine Frau und sein Sohn feldmäßig mit ihm vereint waren, waren sie umgekommen.

Ein amerikanischer Astronaut berichtete nach seinem Flug zum Mond von der Empfindung, dass das ganze Universum, ebenso wie die Erde, ein lebendes Wesen sei, noch dazu ein sehr intelligentes.

Ich schweife kurz ab. Wir gingen einmal an einem interessanten Gebäude im Stadtzentrum von St. Petersburg vorbei, das einem Stalaktit ähnelt. Beim Anblick des Gebäudes hatte ich ein Gefühl von Zwang oder Disharmonie, das auf Zerstörung hinauslief. Ich untersuchte die Wechselwirkung des Gebäudes mit dem Menschen und die Wirkung seiner Fassade. Das Ergebnis war interessant: Die Parameter der Psyche und des Körpers waren stark negativ, d.h. der Anblick der Fassade führte zu bestimmten Deformationen der physischen Strukturen des Menschen.

Das ist ein weiterer Beweis dafür, dass wir die intuitiven Gefühle der Harmonie verloren, ein Verständnis der Welt jedoch nicht erlangt haben, so dass wir Gebäude errichten, die uns schon allein durch ihre Existenz schaden.

Meine Studien zeugen davon, dass es seit Juni 1987 in den Informations- und Energiestrukturen der Erde zu starken negativen Veränderungen gekommen ist, die Vereinigung und Aktivierung von Vernichtungsprogrammen begonnen hat und momentan jeder negative Gedanke, jede negative Emotion, selbst die allergeringste, durch die negativen Programme des Informationsfeldes der Erde verstärkt werden. Auf der Feldebene erfolgt eine Teilung in zwei Lager – diejenigen, die nach Liebe und dem Guten streben, und jene, bei denen ein beschleunigter Verfall des Geistes und eine Degradation infolge der Sättigung der Feldstrukturen mit negativen Programmen stattfinden.

KULTUR, KUNST UND KARMASTRUKTUREN DES MENSCHEN

Auf den Menschen wirkt alles ein, was ihn umgibt: Raum, Gebrauchsgegenstände, Bücher, Filme, Theaterstücke. Denn alles besitzt Informations- und Energiefelder und steht in Wechselwirkung mit den Feldstrukturen des Menschen.

Tests ermöglichen es, Ausmaß und Qualität dieser Einwirkungen zu bestimmen. Wenn Bücher und Filme Aggressionselemente enthalten, dann können sie eine Deformation der Feldstrukturen des Menschen mit leicht vorhersehbaren Folgen hervorrufen.

Seit August 1945 nimmt die unterbewusste Aggression in den Informationsstrukturen der Erde zu. Die strategischen Bestände an Ethik sind gegenwärtig fast vollständig aufgebraucht, und das Leben fügt täglich neue Aggressionsmengen hinzu.

Besonders hoch ist das Maß der Aggression in der westlichen massenorientierten Kunst, die auf den Prinzipien von Konkurrenz und Gewaltpropaganda beruht. Als sich der endlose Strom von Videofilmen über unser Land ergossen hat und unüberschaubar geworden ist, geriet ihr Einfluss auf das Unterbewusstsein des Menschen außer Kontrolle.

Selbst auf den ersten Blick harmlose Zeichentrickfilme für Kinder enthalten weitgehend Gewaltprogramme, die – was die Gefahr noch größer macht – gefällig und „schön verpackt" sind. Informationen, die positive Emotionen hervorrufen, gelangen ungehindert ins Unterbewusstsein, dringen tief ein und werden sehr lange gespeichert, denn das Unterbewusstsein arbeitet autonom und kann Informationen selbständig und unkritisch aufnehmen.

Lassen Sie uns zur Bewertung der Einwirkung einiger sowjetischer und ausländischer Filme auf den Menschen die wichtigsten Parameter – das Maß der bewussten und der unterbewussten Aggression – verwenden. Wie bereits erörtert, muss der Wert der unterbewussten Aggression eines jeden Objektes negativ sein. Meisterwerke enthalten immer ein hohes Maß an Humanismus und sehr wenig unterbewusste Aggression. Die Poesie Alexander Puschkins enthält beispielsweise einen sehr geringen Parameter unterbewusster Aggression.

Aber zurück zur Kunst für die Massen. Ich untersuchte die populäre Zeichentrickserie „Tom und Jerry"; bewusste Aggression: 0, unterbewusste Aggression: +80. Dann den klassischen Kinderfilm „Schneewittchen und die sieben Zwerge"; bewusste Aggression: –40, unterbewusste: +60. Diese Filme tragen, bei aller scheinbaren Güte, innere Grausamkeit ins Unterbewusstsein und erhöhen das Maß der unterbewussten Aggression des Kindes um ein Mehrfaches.

Heutzutage müssen die Kinder leider für ihre Verstöße büßen, und das bedeutet, dass entweder der Zerfall der Seele, der Psyche oder des Körpers einsetzt. Wenn dieser Zerfall bereits im Alter von ein, zwei Jahren beginnt, werden die Kinder faktisch lebensunfähig.

Warum also das Leben der Kinder auch noch mit zerstörerischer Kunst verkomplizieren und erschweren?

Schauen wir uns an, welche Filme noch vor kurzem in unseren Kinos und im Fernsehen liefen.[18] Der Film „Aschenputtel" hat eine bewusste Aggression von –50, und eine unterbewusste von –20; „Die Gefangene im Kaukasus": –160 und –100; „Der Hase und der Wolf": +20 und –120; „Die weiße

[18] Der Autor spricht im Folgenden von populären Kinofilmen aus der Zeit der UdSSR (Anm. der Redaktion).

Sonne der Wüste“: –60 und –50; „Solaris“ – 0 und –210; „Andrej Rubljow“: +20 und –240.

So war unser Leben einmal, das waren wahre Kunstwerke.

Als ich das Maß der unterbewussten Aggression verschiedener sozialer Gruppen, darunter von Politikern, populären Musikern und Bühnenkünstlern untersuchte, stellte ich erneut fest, wie einwandfrei das System der Feldselbstregulierung als deutlich ausgeprägtes Regulierungssystem wirkt.

Ein Bühnenkünstler wirkt sehr stark auf das Unterbewusstsein der Zuschauer und Zuhörer ein. Deshalb darf nur ein Mensch mit minimaler unterbewusster Aggression und größter Liebe mit einem großen Auditorium kommunizieren, sonst kann den Geistesstrukturen der Menschen großer Schaden zugefügt werden. All unsere Bühnen-, Theater- und Filmstars haben ohne Ausnahme ein sehr geringes Maß an unterbewusster Aggression. Selbst eine geringfügige Zunahme der Aggression führt zur „Aussonderung“ durch das Leben – der Mensch verliert seine Fähigkeiten und sein Talent, erkrankt überraschend, sieht sich gezwungen, wegen eines Unfalls von der Bühne abzutreten oder aber seine Karriere beginnt ohne erkennbare Gründe an schicksalhaften Wendungen und „Zufällen“ zu scheitern.

Deshalb muss die höchste Professionalität des Sängers oder Schauspielers nicht nur seine rein beruflichen Fähigkeiten einschließen, sondern auch mit innerer Güte und Liebe einhergehen. Sie müssen diese Eigenschaften in sich entwickeln und ständig an ihnen arbeiten. Auf den ersten Blick ist es erstaunlich, doch dieser Mechanismus arbeitet auch in der Sphäre der Politik. Ein Politiker mit hoher unterbewusster Aggression hat keinerlei Perspektiven. Wille und Intelligenz rangieren hierbei nur an zweiter Stelle.

Sehr gefährlich ist unterbewusste Aggression für junge, vor allem schwangere Frauen, da der Geist der Mutter zum Körper des Kindes wird, und je tiefer die Aggression eindringt, desto größer die Gefahr. Eine Frau, die in ihrem Bewusstsein Gewalt für zulässig hält, fügt ihrer Psyche nur einen Schaden von insgesamt zwei Prozent zu, doch wenn sie nach ein, zwei Jahren einem Kind das Leben schenkt, dann können die Störungen von dessen Psyche bis zu achtzig Prozent ausmachen, denn die Gedanken der Mutter formen den Körper des Kindes. Den Menschen war dies schon immer bewusst. In der Epoche der Renaissance führte man schwangere Frauen in Ausstellungen, umgab sie mit schönen Dingen, hielt sie mit Musik und Liebe bei guter Stimmung. In den russischen Dörfern wusste man, dass das, was die werdende Mutter sieht, denkt und fühlt, sehr starken Einfluss auf das Kind hat; man war sogar bemüht, die Frau vor fremden Blicken zu schützen. Was für ein Kontrast zur heutigen Zeit, in der die Frau beim Schlangestehen beschimpft, in Bussen und Bahnen fast zerdrückt wird, und sich bei den neuesten Kinofilmen „erholt".

Wir stellen uns den Mechanismus des Karmas zu sehr vereinfacht vor und können nicht immer den ganzen Prozess der Feldselbstregulierung in seiner exakten, komplizierten und nicht immer verständlichen Funktionsweise nachvollziehen.

Die Ethik und „Hygiene" des Geisteslebens dürfen heute nicht nur als bloßes Schlagwort dienen, sondern müssen das Ergebnis tiefen Verständnisses der Welt und ihrer Gesetze sein. Das Problem besteht darin, dass gelernt werden muss, entgegengesetzte Begriffe zu vereinen – Idealismus und Materialismus, Religion und Wissenschaft, Logik und Intuition, hohe Ethik und Praktizismus. Es gilt, die ununterbrochen zu empfindende Liebe für die Welt und die Menschen mit den alltäglichen Emotionen zu vereinen.

Heutzutage hat sich die wechselseitige Einwirkung der Menschen in einen unsteuerbaren Prozess verwandelt, und die Kunst spielt hierbei keine unwesentliche Rolle.

Seit Mitte des 19. Jahrhunderts, seit der Entwicklung des Impressionismus und anderer Kunstrichtungen, die auf das Unterbewusstsein orientiert sind, wird dessen Schutz vor eindringender Aggression immer schwieriger.

Zahlreiche Werke westlicher Maler weisen ein niedriges ethisches Niveau und ein hohes Maß unterbewusster Aggression auf. Solche Bilder deformieren die Feldstrukturen und fügen den Menschen eigentlich nur Schaden zu. Auf Ausstellungen sind auch Bilder sehen, die dem Menschen Energie entziehen – der Mensch verlässt die Ausstellung müde und zerschlagen und begreift nicht, was mit ihm geschehen ist.

Eine unerwartete Entdeckung war für mich die Ausstellung ritueller Bilder australischer Künstler im Frühjahr. Ich unterzog einige der Werke meinen Tests und war erstaunt über die Kraft ihrer positiven Einwirkung auf die ausschlaggebenden wichtigsten Parameter des Menschen – Liebe und Einheit mit dem Kosmos. Ich blieb lange vor einem Bild stehen. Auf ihm waren keine konkreten Gegenstände dargestellt, es bestand aus Punkten, Strichen und Flecken. Als ich vor dem Bild stand, spürte ich, dass es mit mir in Wechselwirkung stand. Ich trat näher heran und geriet in das Informationsfeld des Bildes. Es war ein seltsames Gefühl: Plötzlich veränderte sich der Maßstab, ich wurde in einen Zustand der Verzauberung und Irrealität versetzt. Bei den Tests erwiesen sich die Parameter der Einwirkung des Bildes als hervorragend – Ethik, Seele und Erfülltheit mit Liebe waren sehr hoch, bewusste und unterbewusste Aggression dagegen äußerst niedrig.

Dieses Bild, das keinerlei bewussten Assoziationen hervorruft, heilt den Menschen auf energetischem Niveau, gibt ihm

Informationen, steht wie ein lebendes Wesen mit dem Menschen in Wechselbeziehung. Nach den Erfahrungen in dieser Ausstellung versuchte ich, mit Zeichnungen zu heilen, und war über die Kraft ihrer Einwirkung erstaunt. Da verstand ich, worin das Wesen der Talismane, der Mandalas und Ikonen besteht. Sie haben eine aktive Feldstruktur und harmonisieren nicht nur den Geist, die Gesundheit und das Schicksal, sondern auch den Raum um sich herum. Eine Ikone, die von einem Menschen mit einem hohen geistigen Niveau gemalt wurde, führt den Menschen nicht nur an das Göttliche heran, sondern heilt und schützt ihn auch. Deshalb müssen moderne Bilder wie Ikonen gemalt werden, denn das Hauptproblem der heutigen Welt liegt in der mangelnden Ethik. Die blinde Nachahmung der westlichen Tendenzen in unserer Kultur vertieft den wirtschaftlichen Niedergang noch durch geistigen Verfall. Das gewaltige geistige Potential, das Russland in Jahrzehnten geistiger Qualen angesammelt hat, geht den Bach hinunter. Während früher Bilder aus der Sicht des Energiefeldes Bäumen mit starken Wurzeln und dichter Krone ähnelten, lassen sie sich heute nur noch mit armseligen Bäumchen, die im Sumpfgebiet wachsen, vergleichen. Übrig geblieben ist nur der Stamm, also die technische Verwirklichung.

Die heutige Welt lebt im Großen und Ganzen für die Bedürfnisse des Egos, und diese Gefühle bilden die winzige Spitze des Eisbergs, während das Unsichtbare – Liebe, Kosmos und Ethik – verdrängt wird, weil es keinen augenblicklichen Effekt hat. Nachdem ich einige auf das Unterbewusstsein wirkende Bilder gemalt hatte, begriff ich, dass die Existenz einer vollkommen anderen Malerei, die hundertfach effektiver auf die Geisteswelt des Menschen einwirken kann, prinzipiell möglich ist. Dementsprechend vergrößern sich die Forderungen an den Maler, seine innere

Welt, sein ethisches Niveau und seine Vollkommenheit hundertfach. Die Versuche einiger Maler, Heilung bewirkende Malerei zu schaffen, waren sinnlos, weil sie unter Heilung nur physische Heilung verstanden. Unser Körper hängt allzu sehr vom Zustand unseres Geistes ab, daher können auch nur diejenigen Bilder heilen, die von Ethik und Liebe erfüllt sind.

Bei der Analyse der möglichen Wege zur geistigen Entwicklung und der Erneuerung der Menschheit testete ich einige Länder, um ihre geistigen Entwicklungsmöglichkeiten zu bestimmen. Ich untersuchte die Wechselwirkung der Begriffe „Kultur“ und „Zivilisation“. Das Wort „Kultur“ selbst rührt vom Wort „Kult“ her. Kulteinrichtungen und Kult sind die Orientierung auf etwas, was alle vereint und über der Materie steht. Somit entsteht Kultur als Ergebnis des Strebens nach Einheit, nach dem Göttlichen als höchstem Symbol der Einheit. Erst nach hergestellter Einheit ist Absonderung, Materialisierung oder das, was wir „Zivilisation“ nennen, möglich. Kultur bestimmt die ständige geistige Erneuerung des Volkes, die Zivilisation hingegen arbeitet für die physische Erneuerung. Kultur schafft Zivilisation, aber ab einer bestimmten Etappe beginnt die Zivilisation, die Kultur zu negieren und zu zerstören. Damit diese Wechselwirkung nicht unterbrochen wird, ist es erforderlich, die Werte des Geistes zu erschließen. In der Gesellschaft müssen Strukturen existieren, die physisches und materielles Wohlergehen vollkommen ablehnen und einen neuen potentiellen Aufschwung der Kultur vorbereiten, da heute nur noch wenige Möglichkeiten für die geistige Erneuerung verblieben sind.

Interessant sind die Parameter der Begriffe „Kultur“ und „Zivilisation“ aus der Sicht des Energiefeldes. „Kultur“ wird durch folgende Parameter charakterisiert – bewusste Aggression: +10, unterbewusste Aggression: –210; der Begriff „ Zivilisation" – bewusste Aggression: –50, unterbewusste Aggression: +50. Das bestätigt aus der Sicht des Energiefeldes, dass Kultur auf Erschaffung ausgerichtet ist und Zivilisation Elemente der Zerstörung enthält.

Ich untersuchte anhand von Tests die Parameter einiger Länder, um ihr Potential für die Entwicklung von Kultur und Zivilisation zu bestimmen. Die Einschätzung erfolgte nur für die Parameter der Aggression. Deutschland – bewusste Aggression: –50, unterbewusste Aggression: +50; USA– bewusste: 0, unterbewusste: +200; Japan – bewusste: –40, unterbewusste: –10; Russland – bewusste: +180, unterbewusste: –210. In Auswertung der angeführten Zahlen kann man sagen, dass Deutschland ideal dem Begriff der Zivilisation entspricht. Amerika ist das Land der höchsten Zivilisation, doch für die weitere Entwicklung muss viel für die Verringerung des Maßes der unterbewussten Aggression geleistet werden. Japan vereint ausgewogen Kultur und Zivilisation und bewahrt sich ein Potential für die Zukunft. In Russland gibt es momentan so gut wie keine Zivilisation, doch es existiert eine innere Kultur und ein gewaltiges Entwicklungspotential. Mir wurden die Prophezeiungen vieler Hellseher bewusst, die behaupteten, dass die Rettung unserer Welt aus Russland kommen wird.

WAS IST TEUFLISCHE BESESSENHEIT?

Auch wenn es der Mensch leider nicht wahrnehmen will, offenbart sich doch überall, dass die Wahrheit unbeständig ist und sich mit der Zeit verändert. So waren die Vorstellungen von Wahrheit vor beispielsweise 5000 Jahren vollkommen anders als sie es heute sind. Die Veränderung der Welt erfolgt sprunghaft und muss ständig neu erfasst werden. Unkenntnis der Gesetze der Welt und ihre Verletzung führen zu Deformation und zur Zerstörung der Feldstrukturen und rufen sehr starke negative Programme hervor, die autonom in den Informations- und Feldstrukturen des Menschen wirken.

Der Begriff „teuflische Besessenheit", der in verschiedenen Religionen verwendet wird, kann heute im Energiefeld mithilfe außersinnlicher Tests studiert und analysiert werden.

Wir wissen bereits, dass die Gedanken des Menschen ein Informationssystem mit einer sehr großen Zahl sowohl positiver als auch negativer autonomer Programme darstellt. Programme der Zerstörung und des Bösen existieren im Informationsfeld als unabhängiger Organismus, der sich bestimmten Gesetzen unterordnet.

Wie lernte ich die Zerstörungsprogramme kennen und wie begann ich, mit ihnen zu arbeiten? Untersuchungen und die Analyse der Feldstrukturen zeigten, dass im Informationsfeld des einzelnen Menschen und der Menschheit insgesamt große Blöcke starker autonomer Selbstzerstörungsprogramme existieren, die von den Menschen im Verlauf vieler Jahre geschaffen wurden. Diese Programme wirken wie eine Krankheit, sind vom Bewusstsein des Menschen kaum abhängig, können sich selbständig aus einem Feld in ein anderes verlagern und sogar Unterstützung vom zentralen Block der Programme der Menschheit erhalten. Diese Programme verhalten sich solange neutral, bis die Bedingungen für ihre Aktivierung gegeben sind. Sobald der Mensch negative Emotionen entwickelt oder diese Programme beim Heilungsprozess beseitigt werden müssen, werden sie sehr schnell aktiviert. Und dies geschieht eigenartigerweise dadurch, dass die feinen Informationsstrukturen zu arbeiten beginnen. Es ist kein menschliches Organ für die Regulation dieser Prozesse zuständig, so dass alles unbemerkt abläuft. Man kann dies eine Krankheit oder einen „Virus“ nennen, aber dieser „Virus“ der Zerstörung wird sehr aktiv und aktiviert wiederum Zerstörungsprogramme des Menschen. Wenn ein Organismus höchste Gesetze verletzt, vom Evolutionsweg der Entwicklung abweicht, dann wird seine Energiestruktur deformiert, sein Schutz durchbrochen und er wird zur leichten Beute des „Virus“, der die Funktion eines Bestrafungssystems ausübt. Die Bestrafung sieht sehr eigenartig aus – eine Infektion: die „Viren“ breiten sich aus und auf ihnen bilden sich neue Strukturen. Die Menschheit, die vom rechten Weg abzuweichen beginnt (und der rechte Weg ist die Einheit mit dem Universum), wird durch die Aktivierung negativer Programme bestraft, die sich auf höchsten Geistesstrukturen vermehren und sie zerstören. Da Körper und Geist ein einheitliches Informations- und Energiesystem bilden, zerstört die Infektion auf der Ebene der Geistesstrukturen anfangs die Seele des Menschen und nimmt sich danach die Zerstörung des Körpers vor. Die Programme der Selbstzerstörung können sich vereinen und in Form autonomer Strukturen existieren. Nachdem sie sich jahrzehntelang im gemeinsamen Feld der Menschheit befunden haben, versuchen sie, in die Psyche, in die Seele einzudringen, damit der

Mensch sie auf der Verhaltensebene aktiviert. Die Programme verhalten sich wie ein typischer Virus, der sich, nachdem er zuerst in eine einzelne Zelle eingedrungen ist, vermehrt und den gesamten Organismus zerstören kann. Der Informationsvirus auf der Feld- und Geistesebene der Menschheit ist jener „Teufel", von dem in der Bibel die Rede ist. Wenn der Mensch nicht den Weg der Entwicklung des Geistes beschreitet und anstatt dessen beginnt, sich von den Gesetzen der Entwicklung des Universums loszusagen, dann wird er unvermeidlich zur Beute dieses „Virus", der ständig auf unsere Fehler lauert.

Wie der „Virus" wirkt, wie er sich zu entwickeln beginnt, habe ich am eigenen Leib erfahren. Ich muss bekennen, dass dieses Unterfangen ziemlich gefährlich war, denn meine Fehler hätten für mich wie auch für die Gruppe, die mit mir zusammenarbeitete, traurig enden können. Es begann damit, dass ich bei der Analyse verschiedener Krankheiten und ihrer Feldstrukturen feststellte, dass seit 1987 bei praktisch allen meinen Patienten eine Aktivierung negativer Programme eingesetzt hatte. Während zuvor eine Gesetzesverletzung durch eine gewisse Form von Strukturdeformation zum Ausdruck gekommen war, hatte sich nach 1987 das Ausmaß der Deformationen beträchtlich vergrößert, es folgten weitaus härtere Strafen für gleichwertige Vergehen.

Was bedeutet diese härtere Bestrafung? Wenn der Mensch etwas für ihn selbst oder andere Negatives tut, dann beginnt sich diese Tat zu verstärken und sich in seinem Feld aktiv auszuwirken. Die Kraft des Einflusses aller negativen Gedanken, die auf das Böse und auf Aggression ausgerichtet sind, hat sich gewaltig verstärkt. Da der Gedanke eine Informationseinheit ist, vereinen sich schlechte wie auch gute Gedanken zu Strukturen und anschließend zu Informationssystemen. Seit 1987 aktivieren sich im Informationsfeld der Menschheit diejenigen Strukturen, die nicht auf das Überleben, sondern auf die Zerstörung ausgerichtet sind, wobei sich die auf Zerstörung gerichteten Strukturen sehr interessant verhalten. Sie streben vor allem danach, die primären Geistesstrukturen, die den physischen Zerfall des Organismus blockieren, zu zerstören. Ist ein Mensch ethisch erzogen und bestrebt, seine Ethik zu bewahren, dann richtet sich die Einwirkung auf die Zerstörung des physischen Körpers. Er wird öfter krank. Schwere Krankheiten sind daher kein Übel, denn sie schützen vor der Zerstörung der Geistesstrukturen. Andererseits ist eine Krankheit mitunter das Ergebnis der Zerstörung von Geistesstrukturen und des darauf folgenden physischen Verfalls.

Ich führe nun den ersten Fall an, der mich durch bittere Erfahrung spüren ließ, was das Programm der Zerstörung bedeutet.

Ich analysierte, warum ein junger Mann, der gut und sanftmütig war, sich plötzlich seinem Freund gegenüber sehr aggressiv verhielt. Die Analyse ergab, dass sein Verhalten weitgehend von seinem Vater bestimmt wurde. Das Zerstörungsprogramm lag im Feld des Vaters, der Vater hatte es aktiviert und der Sohn daraufhin auf der Verhaltensebene realisiert. Damit betrachtete ich diesen Fall als geklärt und beendete die Arbeit daran, doch als ich eine Stunde später in der Stadt spazieren ging, fühlte ich mich plötzlich irgendwie heftig attackiert. Ich hatte das Gefühl, dass jemand mein Gehirn mit einem Stock malträtierte, alles verschwamm vor den Augen, eine große Schwäche befiel mich. Ich hatte das physische Empfinden, als ob man mich in einer Waschmaschine „durchschleudern" würde. Mein Zustand verschlimmerte sich mit jeder Minute. Dann spürte ich, dass ich nicht mehr laufen konnte, ich musste mich hinsetzen und etwa eine Viertelstunde schlafen. Als ich aufwachte, fühlte ich mich sehr matt und bewegte mich wie in Trance. Das Gehen fiel mir schwer, ich spürte eine Last auf dem Rücken, als ob etwas Schweres auf mir ruhte. Diesen

Zustand hatte ein Energieangriff des Vaters des jungen Manns auf mich bewirkt. Während meiner Diagnose hatte ich Kontakt zu seinem Feld hergestellt, und er hatte begonnen, mich sehr professionell anzugreifen, obwohl er selbst davon nichts wusste. Doch die auf Zerstörung ausgerichtete Ladung in seinem Unterbewusstsein war sehr aktiv. Das im Feld des Vaters des jungen Manns existierende autonome Zerstörungssystem konnte sowohl gegen ihn selbst, als auch gegen andere Menschen wirken, wobei es auf der realen, physischen Ebene arbeitete. Es gab nur einen Ausweg – nämlich auf diese aggressive Struktur einzuwirken. Da die Zerstörungsstrukturen davon leben, dass ein Gesetz verletzt, anderen Menschen Schaden zugefügt und die Liebe vernichtet wird, analysierte ich alle Gesetzesverletzungen des Vaters und seiner Vorfahren und nahm eine Korrektur vor. Erst danach hörten die Angriffe auf. Ich kam zu der Überzeugung, dass beim Kontakt mit einem negativen Programm ein heftiger Angriff nicht nur auf der Informationsebene, sondern auch auf der Energieebene möglich ist.

Aber was ist das Böse?

Das ist unsere Unvollkommenheit. Ein und dieselbe Handlung kann unter verschiedenen Bedingungen verschiedene Bedeutungen haben. Worin besteht der Unterschied? Aus der Sicht der Funktion des Karma-Mechanismus ist das Böse gleichbedeutend mit der Zerstörung und das Gute mit dem Erschaffen. Doch die Entwicklung von Neuem geht immer mit der Zerstörung früherer Strukturen einher, so dass das Erschaffen zwangsläufig mit der Zerstörung verbunden ist. Beim Erschaffen muss aber die Zerstörung kontrollierbar sein. Somit ist das Böse das unkontrollierbare Gute.

Wenn die Zerstörung auf dem Geist beruht, dann ist sie schöpferisch, doch wenn das Geistige aufgebraucht ist, gerät die Zerstörung außer Kontrolle.

Deshalb zerstören Zivilisationen, die die geistigen Werte aufgebraucht haben, sich selbst und alles um sich herum. Im Fernsehen hörte ich den Slogan: „Nie zuvor war das Böse so sexy.“ Es handelte sich um eine Werbung für den neuesten amerikanischen Film. Was hat das zu bedeuten? Information, die über das erste Chakra aufgenommen wird, wird durch nichts kontrolliert und aufgehalten. Gelangt Aggression bis zum ersten Chakra, wird sie durch das System der Selbstregulierung blockiert, aber dafür wird mit der Unfruchtbarkeit der Frau, dem Tod oder schwerer Krankheit ihrer Kinder bezahlt. Dieser Mechanismus läuft allmählich ab, erstreckt sich manchmal über mehrere Generationen. Gegenwärtig hat jedoch das Tempo aller Prozesse, der Lebensrhythmus und die Kraft der Einwirkung der Menschen aufeinander so zugenommen, dass die Aktivierung des Systems der Selbstregulierung manchmal verspätet einsetzt und sich im Menschen die Aggression in den vererbten Informationsstrukturen anstaut.

In der Kunst allgemein, besonders aber in der amerikanischen, nimmt die Gewalt immer mehr zu, wobei in den letzten Jahren eine Tendenz der Annäherung von Gewalt und Sex zu verzeichnen ist. Was geschieht mit dem Menschen, wenn er Filme ansieht, die Gewalt propagieren? Seine unterbewusste Aggression verlagert sich in das erste Chakra und wird unkontrollierbar.

Neulich musste ich eine interessante Diagnose durchführen. Es handelte sich um eine Hündin mit sehr hohem Aggressionsverhalten. Ihrem Besitzer hatte jemand geraten, ihr Drogen zu verabreichen, woraufhin die Aggression im Verhalten der Hündin verschwand und sie lange Zeit ein gutes, ruhiges Tier war. Einige Monate später warf die Hündin Junge… und fraß die Welpen auf. Der Besitzer musste sie erschießen.

Ich analysierte die Situation. Die Hündin hatte ein mächtiges

Aggressionszentrum im Kopfbereich, das durch die bewusste Aggression ihres Besitzers entstanden war.

Nach der Verabreichung der Drogen hatte sich das Aggressionszentrum bei der Hündin in das erste Chakra verlagert, deshalb waren die Welpen mit sehr hoher Aggression geboren worden, die sich schnell in ihrem Feld vermehrt hatte. Die Kette der Vermehrung der Aggression wurde unterbrochen, doch ihre Quelle blieb erhalten.

Ich heilte eine erste, eine zweite und dritte Person und spürte eine starke Aktivierung negativer Programme. Das zeigt, dass im Feld der Menschheit ein aggressives Milieu existiert, das von der Verletzung höchster Gesetze durch die Menschen lebt. Ich wollte herausfinden, ob die Menschheit als einheitlicher Organismus die Gesetze verletzt. Als ich auch nur versuchte, auf diese Ebene vorzudringen, wurde ich auf massivste Weise attackiert. Ich begann zu klären, wer mich angegriffen hatte. Für gewöhnlich ermittle ich eine Person, untersuche in Fernbehandlung ihre Feldstrukturen, nehme eine Korrektur vor – und wehre damit den Angriff ab. Hier musste ich erkennen, dass es keine konkrete Person gab, sondern ich direkt zu dem Aggressionsprogramm vorgedrungen war, das allen gemeinsam ist. Als ich versuchte, die Situation aus der Sicht der gesamten Menschheit zu behandeln, und mich bemühte, ihr zu helfen, setzte eine wütende Gegenwehr ein, es erfolgte ein Angriff des zentralen negativen Programms, das ich den „Teufel" nennen möchte. Ich untersuchte die Parameter: bewusste Aggression – minus zweihundertzehn, unterbewusste – plus zweihundertzehn. Demnach kann das Bewusstsein dieses Programm nicht fixieren, es wird nicht wahrgenommen, verhält sich aber auf unterbewusster Ebene maximal aggressiv. Ich hatte bereits vor Langem erkannt, dass Krankheit Widerstand leistet. Die Schamanen sagten in solchen Fällen: „Der böse Geist muss ausgetrieben werden.“ Aus der Sicht des Energiefeldes ist der böse Geist das Programm der Zerstörung. Der Mensch, der die höchsten Gesetze verletzt, aktiviert in seinem Feld ein Zerstörungsprogramm, und zwar auf verschiedenen Ebenen, darunter auch auf der physischen. Der Schamane, der unterbewusste Informationen darüber hatte, glich die Feldstruktur des Menschen aus, doch Wissen über richtiges Verhalten konnte auch er nicht vermitteln. Wenn Gesundbeter und Zauberer dem Menschen sagten, dass er sich falsch verhalten habe und deshalb von bösen Geistern besessen sei, dann bestätigten sie damit die enge Verbindung zwischen der Gesundheit des Menschen und der Einhaltung der ethischen Gesetze.

Wenn ich beginne, auf den feinen Ebenen zu arbeiten und eine Krankheit zu behandeln, dann verhält sie sich wie ein lebendes Wesen und fängt an, Widerstand zu leisten und mich anzugreifen. Ich verteidige mich, es findet ein „Duell“ zwischen der Krankheit und dem Heiler statt. Wahrscheinlich spüren dies viele Heiler mit entsprechend hoher Qualifikation. Die Krankheit ist nicht einfach ein „Schmutzklumpen“, den man nehmen und wegwerfen kann, sie ist ein lebender Organismus, der sehr aggressiv sein kann. Hat der Heiler die Ursache nicht gefunden und behandelt die Krankheit falsch, dann kann er entweder den Kranken nicht heilen oder aber dessen Krankheit überträgt sich auf ihn selbst. Er persönlich übernimmt die negative Ladung oder das Zerstörungsprogramm, welches die Krankheit seines Patienten hervorgerufen hat. Die Krankheit der Menschheit auf der Geistesebene – die „teuflische Besessenheit“ – ist allerdings erfinderischer als die Krankheiten auf physischer Ebene. Auf physischer Ebene sind die Programme träger, auf der Geistesebene hingegen schnell und aggressiv. Sie sind sehr einfallsreich und gehen sogar so weit, ins Unterbewusstsein des Menschen das Programm der Selbstvernichtung einzugeben. Ein Mensch, der versucht, das negative

Programm zu bekämpfen, erhält von ihm eine vernichtende Ladung, die auf seine Zerstörung als Informationssystem hinarbeitet. Als meine Gruppe versuchte, auf dem Energiefeld mit diesem Programm zu arbeiten, setzte ein überaus starker Angriff ein. Wir hatten das Gefühl, als ob von oben auf sanfte und weiche, aber ziemlich mächtige Art und Weise etwas über uns kam, das unseren Körpern gezielt Energie entzog.

Der Widerstand der negativen Programme kann sich auf unterschiedliche Weise äußern. Folgender Fall bestätigt, wie stark, gefährlich und unerwartet solche Äußerungen sein können. Ich unterhielt mich mit dem Korrespondenten einer Zeitschrift über Bioenergetik, wobei wir auch auf teuflische Besessenheit zu sprechen kamen. Meine ursprüngliche Skepsis in dieser Frage war bereits erschüttert. Die Kirche ist der Meinung, dass die meisten motivlosen Morde gegenwärtig im Zusammenhang damit geschehen, dass der Teufel vom Menschen Besitz ergreift. In den Worten der Bioenergetik bedeutet das, dass heutzutage infolge der ständigen Aktivierung von Gewaltideen die von der Menschheit angehäuften negativen Programme zur Reife kommen, in Gang gesetzt werden und zu allen möglichen motivlosen Handlungen veranlassen. Ich erklärte diesen Mechanismus dem Korrespondenten und sagte dabei einiges zu viel ... Die Ethik muss stets gewahrt bleiben, auch bei der Verwendung von Information. Ich hatte einige Sätze gesagt, die meiner Meinung nach uneingeweihten Lesern schaden könnten, weil diese Information noch schwer zu erfassen ist. Als ich es bemerkte, schlug ich vor, die letzten zwei Minuten der Aufzeichnung zu löschen. Wir spielten das Band zurück und begannen zu löschen. Alles wurde gelöscht, nur der entscheidende Satz nicht. Wir löschten nochmals, noch immer war derselbe Satz da, wobei er gleichsam „schwamm" und sich auf dem Band verlagerte. Wir löschten die letzten zehn Minuten der Aufzeichnung, doch es gelang uns nicht, diesen Satz zu entfernen. Ich hatte ein sehr seltsames Gefühl, mit einer solchen Erscheinung hatte ich zum ersten Mal zu tun. Schließlich habe ich durch Einwirkung übers Energiefeld den Satz doch noch entfernen können. Als ich die Situation analysierte, begriff ich, dass sich in meinem Feld ein Zerstörungsprogramm befunden hatte: Es hatte hartnäckig Widerstand geleistet und sich gegen seine Beseitigung auf der physischen Ebene gewehrt. Das erscheint mystisch, doch genau so hatte sich dieses Erlebnis ereignet. Somit liegt die Gefahr dessen, was man „teuflische Besessenheit" nennt, im Menschen selbst und nicht außerhalb von ihm.

Selbst im Feld des gutmütigsten, umgänglichsten und ethischsten Menschen kann ein Zerstörungsprogramm existieren. Es ist mit herkömmlichen Methoden nur schwer zu entdecken, entwickelt sich immer weiter und ergreift wie ein Virus die Geistesstrukturen und die Seele, verzerrt und deformiert sie. Im Prinzip hat gegenwärtig die Verwirklichung des Programms der Vernichtung der Menschheit begonnen. Das Energiepotential des Geistes und der Seele des Menschen ist sehr groß. Auch wenn man eine böse Tat begangen hat, kann man sich physisch hervorragend fühlen. Krankheiten können erst nach einigen Jahren einsetzen, der geistige Verfall manifestiert sich vor allem in den Krankheiten der Kinder und Enkel. Ein Mensch, der eine böse Tat begangen hat, spürt dies nicht und begreift nicht, dass sich das einmal aktivierte Zerstörungsprogramm in den Feldstrukturen bereits autonom weiterentwickelt.

Unser Unterbewusstsein ist momentan unglaublich aggressiv; ich habe dies erst neulich begriffen und begonnen, nach den Ursachen zu suchen. Dabei stellte sich Folgendes heraus: Während Aggression früher von tatsächlich begangenen Grausamkeiten lebte, wird sie gegenwärtig durch auf den ersten Blick unscheinbare Details unseres Lebens genährt – ein Haus mit disharmonischer Architektur, einen Film wie „Tom und Jerry“ mit hoher unterbewusster Aggression, ein Nadelkissen in Gestalt eines Menschen, in das täglich Nadeln hineingesteckt werden. All das sind Elemente der Aggression, der Realisierung des Programms der Selbstvernichtung der Menschheit.

Fachliche Qualitäten, Intelligenz und Fähigkeiten sind nicht das Wichtigste im Menschen. Das Streben nach Vervollkommnung allein der professionellen Fertigkeiten, ohne Bemühung um die Entwicklung des Geistes, kann zur „Aussonderung“ durch das Schicksal führen. Versuche, die Fähigkeiten ohne Verständnis der Gesetze des Universums und ohne Weiterentwicklung der Ethik zu vervollkommnen, sind in der Bioenergetik besonders selbstmörderisch. Diese Tendenz führt dazu, dass unsere Kinder zwar immer mehr Energiemöglichkeiten haben, aber auch immer weniger Kraft für deren richtige Nutzung. Die Kraft gerät außer Kontrolle, und mit dem einfachen Beschluss „ab morgen werde ich anständig“ ist sie nicht zu zügeln. Ich kenne einen jungen Mann, den das Schicksal lehrte, wohin Kraft ohne Ethik führt.

Einmal diagnostizierte ich mit einer Expertengruppe für außersinnliche Wahrnehmungen in Fernbehandlung das Befinden von Seeleuten auf großer Fahrt. Während einer Pause trat ein Mann an mich heran und bat mich, seinem Sohn zu helfen. Ich erklärte mich dazu bereit. Das Zimmer betrat ein junger Mann von etwa 22 Jahren, mit apathischem Gesichtsausdruck und erloschenem Blick. Der junge Mann war wiederholt mit einer Insulinschocktherapie behandelt worden, doch sein schwerer Gemütszustand hatte sich nicht gebessert, die Ärzte konnten ihm einfach nicht helfen. Ich bat ihn, ein wenig über sich zu erzählen.

„Als Kind hatte ich bemerkt, dass ich Fähigkeiten besaß, gewisse Ereignisse vorauszusagen, und war bemüht, diese zu trainieren und weiter zu entwickeln. Während des Wehrdienstes nahmen die Fähigkeiten der Einwirkung enorm zu, und ich fing an, die Gedanken anderer zu lesen und ihren Willen zu beeinflussen.

„Als ich einmal auf Posten stand", erzählte der junge Mann weiter, „ sah ich Personen, die versuchten, im Sperrgebiet über den Zaun zu klettern. Ich brauchte es nur in Gedanken zu befehlen, und eine Person fiel vom Zaun herab. Ich erinnere mich auch an ein anderes Mal, als vor mir ein Mann mit einem Netz voller Geschirr ging. In Gedanken befahl ich: ‚Fall hin!' Und er stürzte sofort hin, das ganze Geschirr ging zu Bruch. Ich habe auch festgestellt, dass ich Fragen beantwortete, die noch gar nicht ausgesprochen wurden. Ich konnte sogar eine Wolke betrachten und sie auflösen."

Ich sah mir die Aggressionsparameter des jungen Mannes an – sie waren maximal, faktisch war sein gesamtes Energiefeld auf Zerstörung ausgerichtet.

Der junge Mann erzählte indessen weiter:

„Allmählich stellte ich fest, dass meine Fähigkeiten immer auf Schaden, auf Zerstörung gerichtet waren. Man riet mir, in die Kirche zu gehen und mich taufen zu lassen. Während der Taufe, als ich durch den Altarraum ging, hatte ich das Gefühl, als ob etwas in mir zerriss, und ich spürte eine unglaubliche Trauer und Qual. Einige Tage war ich in einem schrecklichen Zustand, dann ging ich zum Pfarrer, der mich getauft hatte, und sagte ihm, dass ich am Sterben war.

Der Pfarrer riet mir, in der Nacht mit der Bibel unter dem Kopf zu schlafen. Am Morgen fühlte ich mich noch elender, als ob mein Kopf in eine Presse geraten wäre. Als ich auf den Rat des Pfarrers hin begann, Gebete zu sprechen, öffneten sich im Zimmer die Fenster und Türen, draußen fing es an zu regnen. Nach einigen qualvollen Monaten kam ich in eine psychiatrische Klinik."

„Kann meinem Sohn geholfen werden?", fragte der Vater des jungen Mannes.

Ich ging mit dem Vater ins Nachbarzimmer und erklärte, dass die Ursache für die Krankheit des Sohnes bei ihnen, den Eltern, liege.

„Kann Ihre Frau herkommen?"

„Natürlich, in zwei Tagen ist sie hier."

Und dann sprach ich mit einer erschöpften, ausgemergelten Frau, der Mutter des jungen Mannes. „Die Probleme Ihres Sohnes werden weitgehend von Ihrer falschen Orientierung und falschen Weltanschauung bestimmt. Ihren Sohn kann man einen schwarzen Magier nennen.

Väterlicherseits hat er große Energiefähigkeiten vererbt und von Ihnen – Menschenhass. Warum haben sie Ihren Mann während der Schwangerschaft gehasst?"

„Er ist ein sehr harter Mensch und wollte mich stets unterdrücken. Er besitzt große Hypnosefähigkeiten, in unserer Familie ist bekannt, dass sein Großvater ein Magier war."

„Alle Aktionen auf der Feldebene müssen strengstens von der ethischen Seite kontrolliert werden. Anderenfalls überlagern die zunehmenden Fähigkeiten die Orientierung des Menschen, was bei Ihrem Sohn geschehen ist. Der Wagen fährt immer schneller, doch der Fahrer schläft langsam ein. Ist von einer solchen Fahrt etwas anderes zu erwarten, als eine Katastrophe? Die Fähigkeiten und der innere Egoismus, die ihr Sohn vom Vater übernommen hat, wurden durch Ihren Verdruss und Hass noch weiter verstärkt, bei ihm erfolgte eine Umkodierung der Felder, er verwandelte sich in einen Zerstörungsapparat. Während früher einen solchen Menschen die Strafe manchmal erst im nächsten Leben erreichte, hat sich dieser Prozess heutzutage auf einige wenige Jahre reduziert.

Vor einigen Jahren, als ich noch mit den Händen heilte und die Ursachen der Krankheit noch nicht sehen konnte, versuchte ich, ein dreimonatiges Mädchen, das eine Infektion hatte und bei dem Antibiotika nicht ansprachen, zu heilen. Ich zündete in der Kirche eine Kerze an und betete für ihre Gesundheit, und wenige Minuten später (wie ich anschließend herausgefunden habe) fiel das Mädchen ins Koma und musste reanimiert werden. Das war ebenfalls ein Fall von negativer Kodierung des Energiefeldes des Kindes. Die Mutter des Mädchens berichtete, dass, wenn sie einem Menschen etwas sehr übel genommen hatte, dies mitunter zum Tod des Beleidigers geführt hatte.

„Die Konzentration auf Hass und Kränkung führte zu einer Umkodierung der Felder des Mädchens, und als der Zerstörungsmechanismus mit dem Energiefeld der Kirche zusammengestoßen ist, wäre das Mädchen fast umgekommen. Die Situation bei Ihrem Sohn ist analog", erklärte ich der Mutter des jungen Mannes. „Analysieren Sie sehr gründlich Ihr gesamtes Leben. Erinnern Sie sich an alle Fälle von Kränkung und Hass, die Sie empfanden, vor allem während der Schwangerschaft. Wenden Sie sich in Gedanken an Gott und bitten Sie dafür um Vergebung, und dann verzeihen Sie allen Menschen, von denen Sie gekränkt wurden. Bitten Sie in Gedanken auch alle um Verzeihung, die Sie selbst in Ihrem Leben gekränkt haben könnten. Ihr Mann soll dasselbe tun."

Zwei Tage später berichteten die Eltern des jungen Mannes, dass die Stimmung des Sohnes sich zunehmend besserte und sie nunmehr Hoffnung auf seine Genesung schöpfen würden.

Dies bekräftigte mich erneut in der Überzeugung, dass die Geisteswerte des Menschen stets seine Fähigkeiten und Möglichkeiten übersteigen müssen.

Die Menschen haben heute eine sehr schwache Vorstellung davon, was das Unterbewusstsein ist, und so wird in dieses sehr komplizierte und gefährliche Gebiet nicht auf ethischer, sondern auf sehr primitiver Ebene – der Ebene der Show-Programme von weltberühmten Magiern – eingedrungen. Das Unterbewusstsein ist ein sehr ernst zu nehmendes und gefahrvolles Gebiet, ein Gebiet hoher Ethik, denn auf der Feldebene sind wir alle vereint, und jeder Verstoß wendet sich automatisch gegen den Verursacher. Eine Missachtung der Fragen der Ethik ist deshalb gefährlich, weil Menschen, die gegenwärtig besonders aktiv nach Erkenntnis streben, in Kontakt mit Selbstzerstörungsprogrammen kommen können.

Ich habe den Einfluss von Magiern untersucht. Wie arbeiten diese? Offensichtlich muss der Magier, will er seinem Opfer Schaden zufügen, ihm zunächst seinen Schutz nehmen. Der beste Schutz des Menschen ist seine Einheit mit dem Universum, und vereint mit dem Universum sind wir unverwundbar. Man kann dem Menschen diesen Schutz nehmen, indem diese Verbindung unterbrochen wird, was unter Ausnutzung der vom Menschen begangenen Gesetzesverletzungen möglich ist. Wie geschieht das? Nehmen wir an, bei mir gibt es Karmastörungen: Mein Vater oder meine Mutter haben jemanden gehasst und beleidigt, d.h. sich vom Universum, von der Liebe losgesagt. Diese noch geringfügigen punktuellen Störungen in meiner Feld- und Informationsstruktur erhalten neue Nahrung und verstärken sich. Während sie früher praktisch keinen Einfluss auf meine Handlungen hatten, beginnen sie jetzt, nachdem sie verstärkt worden sind, aktiv mein Verhalten zu bestimmen. Ich beginne, Gesetze zu verletzen, eine noch größere Störung ist die Folge, die Verbindung zum Kosmos wird geschwächt – und schon existiert ein fruchtbarer Boden für den Einfluss eines Magiers. Die Zerstörungsprogramme verhalten sich außerordentlich erfinderisch, vollziehen eine sehr effektive Aktivierung der negativen Programme im Feld des Menschen. Strebt der Mensch nach Einheit, Liebe und Einhaltung höchster Gesetze, nimmt sein Geist schnell zu und seine Feldstrukturen harmonisieren sich. Gerade das bedeutet für ihn Schutz, Immunität und Gesundheit, die glückliche Zukunft seiner Nachkommen und Verwandten. Ist der Mensch aggressiv, egoistisch und böse, dann unterstützt er das Zerstörungsprogramm, das sich als Keim irgendwo in seinem Feld befindet. Das führt zu einer noch größeren Zerstörung der Fähigkeiten seines Geistes und zur Lossagung vom Universum. „Geht der Mensch nicht zu Gott, so geht er zum Teufel“, ist die Auffassung der Kirche. Da alle unseren Handlungen im Informationsfeld fixiert werden und unser Verhalten und Schicksal beeinflussen, trennt uns alles, was gegen die Gesetze der Liebe und der Einheit gerichtet ist, vom Universum und provoziert die Entwicklung und Verstärkung von Zerstörungsprogrammen. Deshalb kann selbst eine zufällige Handlung unser Schicksal beeinflussen. Der eigentliche Sinn der Ethik besteht darin, kein negatives Karma anzusammeln, das ab einem gewissen Stand aktiviert werden könnte und dann beginnen würde, uns und unsere Kinder zu zerstören.

In meine Sprechstunde kam ein Elternpaar mit einem eineinhalbjährigen Jungen. Ein komplizierter Fall: Die Entwicklung des Kindes stagnierte. Ich betrachtete die Ursache. Der Krankheit lag die Vernichtung der Liebe zugrunde. Die Eltern hatten einige Jahre vor der Geburt des Sohnes die gegenseitige Liebe getötet, und diese Zerstörung von Geistesstrukturen, die sehr stark und sehr gezielt erfolgt war, hat ein Programm erstellt, das nunmehr autonom im Feld des Kindes existierte. Die Feldstrukturen des Jungen waren so stark deformiert, dass seine Lebensaufgabe darin bestand, seinesgleichen zu vernichten, aber der Organismus blockierte dies durch die schwere Krankheit.

Wenn es die Medizin schafft, den menschlichen Körper zu heilen und die Krankheiten auf physischer Ebene zu beseitigen, dann ist eine vollständige Degeneration der Menschheit zu erwarten, denn die Zahl der Menschen, die mit dem Ziel leben, andere zu vernichten, wird stark zunehmen. Damit soll nicht gesagt werden, dass Heilung als solche abgelehnt werden soll; vielmehr muss es darum gehen, auf die richtige Art zu heilen, sonst wird sich wohl die Prophezeiung von Nostradamus bewahrheiten: „Am Ende dieses Jahrtausends werden Teufel in Menschengestalt erscheinen, deren Lebenszweck die Vernichtung anderer Menschen sein wird.“ [19]

In St. Petersburg hat die Zahl der psychisch kranken Kinder in den letzten Jahren stark zugenommen, d.h. die Blockierungssysteme wirken über den Verfall von Psyche und Körper. Ich glaube, dass die Medizin, welche die wahren Ursachen der Krankheit nicht versteht, bald die physischen Probleme meistern wird, wobei sie nicht ahnt, welche böse Kraft sie damit freisetzt. Das schlimmste hierbei ist, dass bereits der Umgang mit einem solchen Kind auf der Feldebene gefährlich sein kann.

Ich begann also, das Kind zu heilen, und wurde attackiert. Ein eineinhalbjähriger Junge in den Armen seiner Mutter griff mich mit seinem Unterbewusstsein an. Die Strukturen der Felddeformationen des Kindes sah ich in meinem eigenen Feld, das Zerstörungsprogramm war aktiv dabei, sich auszubreiten. Ich spürte anfangs physisches Unwohlsein, das dann verschwand, doch die feinen Geistesstrukturen begannen, sich zu zersetzen. Bei dem Versuch, das Kind zu heilen, erhielt ich sein Zerstörungsprogramm, das anfing, meine Feldstrukturen zu zerstören. Das berechtigt zu der Aussage, dass Wundertäter, die lediglich heilen und nicht sehen, was und wie sie heilen, die nicht die Diagnostik der Feldstrukturen beherrschen, Zerstörungsprogramme aktivieren können und letztendlich, wenn sie nicht über außerordentliche Geisteswerte und ein ständiges geistiges Bestreben verfügen, sich rasant ihrem Niedergang nähern. Dieser Prozess ist kann leider momentan beobachtet werden.

19 Das vorliegende Buch ist erstmals im Jahr 1993 erschienen; dementsprechend ist hier das Ende des zweiten Jahrtausends n. Chr. gemeint (Anm. der Redaktion).

Der Virus der Zerstörung des Geistes zwingt den Menschen, sich zu vervollkommnen, womit er faktisch die Rolle eines Gesundheitswächters erfüllt und den lebensunfähigen Organismus vernichtet. Wenn ich den vollständigen Verfall des Geistes, die hohe Aggression in den Feldstrukturen der Kinder sehe, dann verstehe ich aus der Sicht des Energiefeldes die Rolle der Taufe in der Kirche. Die Taufe hat immer auf die Feldstrukturen des Menschen eingewirkt, denn das Energiefeld der Kirche und ihr Interieur sind auf den wichtigsten Parameter gerichtet – die Geisteswerte. Wurde ein Kind mit negativer Feldkodierung, mit starken Strukturdeformationen in die Kirche gebracht, dann hat die Einwirkung auf die Geisteswerte die Deformation der Geistesstrukturen ausgeglichen. Manchmal geschah dies auf Kosten des physischen Zustands, denn das Kind konnte nach der Taufe schwer erkranken, doch das heilte schließlich seine Geistesstrukturen, sein Schicksal, seine Zukunft und die Zukunft seiner Kinder.

EPILOG

Bereits unseren Vorfahren war bekannt, dass das Geistesleben der Menschen auf „drei Pfeilern" beruht. Der erste Pfeiler sind die zehn Gebote der Bibel; der zweite – die sieben Todsünden; der dritte – die drei Tugenden.

Wenn wir vom ersten Pfeiler gegenwärtig noch eine gewisse Vorstellung haben, so kann nicht jeder aus dem Stegreif die sieben Todsünden aufzählen. Im 1. Brief des Johannes werden sie in der folgenden Reihenfolge genannt: Neid, Geiz, Unzucht, Völlerei, Stolz, Verzagtheit und Zorn.

Ich habe analysiert, inwieweit diese Untugenden heute noch von Bedeutung für das Energiefeld sind, und es hat sich die folgende Reihenfolge ergeben: Stolz, Völlerei, Zorn, Geiz, Verzagtheit, Neid und Unzucht.

Die Welt hat sich in zwei Jahrtausenden gewaltig verändert. Heutzutage hat die Menschheit die Zahl der Sünden beträchtlich vergrößert, wobei einige von ihnen schwerwiegender als die oben genannten sind. Wir wollen die wichtigsten dieser Sünden untersuchen, die verderblicher sind als jene, die unseren Vorfahren bekannt waren.

1. Die größte Sünde unserer Tage ist die Schwangerschaftsunterbrechung im fünften Monat.

Im Mutterleib durchläuft das Kind in den verschiedenen Schwangerschaftsphasen den Entwicklungsweg des Universums und nimmt Kontakt zu verschiedenen Wesen auf: zu anderen Welten, zum Göttlichen, zu dem im fünften Monat die größte Einheit hergestellt wird.

Der Zustand der Frau im fünften Monat ist ausschlaggebend für das Schicksal des werdenden Menschen, deshalb muss das Verhalten der Mutter in erster Linie den Interessen des Kindes untergeordnet sein, und dafür gibt es eine ganze Reihe von Forderungen:

– Der Geist, die Ethik des Kindes formieren sich bis zum sechsten Monat, deshalb sollte sich die Frau in dieser Zeit auf die „göttlichen Gefühle" orientieren – Liebe, Güte, Sanftmut und Barmherzigkeit. Ihre Nahrung soll nur aus Milch- und pflanzlichen Erzeugnissen bestehen, die der Entwicklung des Geistes des Kindes nicht schaden, und in den ersten Monaten sollte sie überhaupt auf ein Minimum reduziert werden. Nach sechs Monaten dürfen Fleisch und Fisch verzehrt werden; Delikatessen erst nach sieben Monaten.

– Am wichtigsten ist der fünfte Monat, in dem Gott und das Kind ein einheitliches Ganzes bilden.

– Während der Schwangerschaft sollte die Frau gelassen und geduldig sein und darf keine Kränkungen und andere negativen Emotionen empfinden; sie sollte die Gegenwart in aller Ruhe akzeptieren, der Vergangenheit nicht nachtrauern und keine Zukunftspläne schmieden.

Oft beruht die quälende Schwangerschaftstoxikose auf falschem Denken und einer falschen Weltanschauung. Sehr viele Verzerrungen des Energiefeldes entstehen dadurch, dass ein Verwandter das künftige Kind ablehnt oder sich negativ der Frau gegenüber verhält. Hier wurden nur die wichtigsten Forderungen angeführt, deren Nichtbeachtung der Gesundheit und dem Schicksal des Kindes großen Schaden zufügen kann.

2. Sehr große Störungen rufen Gedanken und Handlungen hervor, die auf die Vernichtung der „göttlichen Gefühle" in sich und in einem anderen Menschen gerichtet sind, auf einen Verrat der Liebe aus materiellen Gründen.

3. An dritter Stelle steht heute das Bedauern von Vergangenheit, Gegenwart und Zukunft, der Wunsch, die Ereignisse zu beschleunigen oder zu verzögern, d.h. alle Störungen, die gegen die Zeit gerichtet sind.

4. Über Störungen, die mit den Gefühlen von Hass und Kränkung und überhaupt mit negativem Verhalten gegenüber anderen Menschen verbunden sind, wurde in dem Buch bereits viel gesagt.

Diese Störungen stehen an vierter Stelle.

Ich musste einmal in Belgien anrufen, wählte die Nummer der Vermittlung von Auslandsgesprächen und hörte eine gereizte Frauenstimme:

„Heute keine Verbindung nach Belgien!“

Ohne weitere Erklärung wurde hiermit das Gespräch abgebrochen, aus dem Hörer ertönte das Amtszeichen. Ich wählte erneut die Nummer der Vermittlung. Diesmal erklärte mir eine ruhige freundliche Stimme höflich, dass an dem Tag keine Anmeldung entgegengenommen werden könne, das nächste Gespräch sei erst am nächsten Morgen früh um fünf möglich. Ich bedankte mich und sah mir das Feld der ersten Frau von der Vermittlung an. Nach unserem Gespräch war es ganz diffus und entstellt, in der nächsten Zeit konnten verschiedene Probleme und Krankheiten auftreten. Mein Feld war ausgeglichen, deshalb war ihre Grobheit zu ihr zurückgekehrt und hatte ihre Feldstruktur zerstört.

Und wie viele solcher „Selbstverletzungen“ fügen wir uns täglich zu...

5. Sehr starke Feldverzerrungen entstehen bei übler Nachrede über lebende und unbelebte Objekte.

Die Hauptregel geistiger Hygiene und der normalen Existenz der Feldstrukturen des Menschen ist das Erfülltsein mit Liebe, denn Liebe ist die höchste Offenbarung der Einheit, der Harmonie der Welt.

Die Bedingung für die vollwertige Existenz des Menschen ist sein ständiges geistiges Wachstum, dem die Liebe zum Universum, zum Ganzen, zum Teil von ihm, die Liebe für die Eltern, die Kinder und sich selbst zugrunde liegen muss. Dieser Prozess muss ununterbrochen stattfinden, vom Ganzen zum Teil und umgekehrt pulsieren, dann wird er der Harmonie der Welt entsprechen, dem Menschen Lebensfreude und Gesundheit bringen.

Es bleibt noch die dritte „tragende Säule" zu erwähnen. Das sind die drei christlichen Tugenden: Glaube, Hoffnung und Liebe. *„Für jetzt bleiben Glaube, Hoffnung, Liebe, diese drei; doch am größten unter ihnen ist die Liebe."* (1. Korinther 13,13).

Die oben genannten Vergehen sind allgemeiner Art, doch es gibt noch einige sehr wichtige Warnungen für jene, die sich in der Methode der Karmadiagnostik praktisch versuchen wollen.

Ich warne nochmals alle Enthusiasten: Die Methode ist kompliziert und äußerst gefährlich. Die technischen ponderomotorischen Fertigkeiten kann man sich aneignen, doch die Schwierigkeit der Methode besteht darin, dass ihre technische Nutzung ohne hohe Ethikstandards, ohne ständige Analyse entstehender Situationen und Ausübung größter Vorsicht unvorhersehbare Folgen haben kann. Vor allem ist zu beachten, dass die Methode nicht nur für den unzureichend ausgebildeten Heiler gefährlich ist, sondern noch mehr für den Kranken. Es gibt eine ganze Reihe von Besonderheiten und Bedingungen, deren Nichtbeachtung dem Menschen schaden kann.

Eine negative und falsche Energieeinwirkung auf die lebende Natur birgt die Gefahr einer schnellen Gegenreaktion;

für die unbelebte Natur setzen die Folgen langsamer und eher unbemerkt ein, jedoch mit beträchtlicher Zerstörungskraft. Als Beispiel führe ich die Erinnerungen eines jungen Mannes an, der, nachdem er sich mit der Methode vertraut gemacht hatte, beschloss: Das will ich auch!

„Ich begann, nach der Lazarev-Methode zu diagnostizieren. Alles schien leicht und unproblematisch zu sein. Die Ergebnisse waren erfreulich, ich bewegte mich verwegen innerhalb meines Karmas, korrigierte Fehler und „befreite mich von Unvollkommenheiten“. Das gefiel mir gut. Meine Haltung verschiedenen Gefühlen gegenüber änderte sich, ich analysierte jedes Kopfweh und Seitenstechen. Eine gewisse Kraft trieb mich voran, und ich entwickelte Eigeninitiative. Ich beschloss, mich von allen Sünden auf einen Schlag bereinigen und begann, das Verhalten meiner Vorfahren über Jahre hinweg mit dem Ziel zu untersuchen, all ihre Taten, die Einfluss auf mich hatten und mein Karma bildeten, zu sondieren. Wahrscheinlich bewirkte dies etwas, doch überraschenderweise wurden meine Frau und meine Kinder in diesen Prozess einbezogen. Als ich verschiedene „Schläge“ für meine Fehler erhielt, litten sie gemeinsam mit mir. Besonders betroffen war mein jüngster Sohn, den ich sehr liebe. Ich konnte nicht verstehen, warum sie für meine augenblicklichen Sünden büßen mussten. Ich tat alles, was ich konnte. Ich reinigte mein Karma, diagnostizierte und reinigte erneut. Der Sohn litt nun weniger, doch dann verspürte ich „Schläge“, die von meiner Frau ausgingen. Das war ein neues Problem, und ich machte mich an seine Lösung. Da warnte mich Lazarev, dass sich die Methode bei nicht sachkundiger Anwendung negativ auf die Umwelt auswirken könne. Mir fiel nichts Besseres ein, als durch diese Äußerung gekränkt zu sein. Das Ergebnis war erschütternd, die eine Hälfte meines Feldes löste sich auf, auf der symmetrischen Längsebene verschwand die linke Hälfte des Feldes. Die Empfindung war nicht gerade angenehm, dasselbe geschah auch bei meinem jüngsten Sohn. Ich war erschrocken. Mich quälte schließlich die Sorge um meine Frau, meine Kinder, ja auch um mich selbst. Ich begriff, dass dies für mich und meine Angehörigen ohne Weiteres tödlich enden könnte. Schließlich holte mich Lazarev aus dieser Situation heraus. An dieser Stelle hätte ich aufhören müssen, doch der Ehrgeiz trieb mich weiter; die von Kindheit an geltende Motivation „Einholen und Überholen"[20] verleitete mich dazu. Ich arbeitete nun mit der unbelebten Natur und versuchte, Fehler in Leiterplatten, Autoschäden usw. zu analysieren. Darauf folgte jedes Mal erneut ein Zusammenbruch des Feldes. Für diejenigen, die wenig Kenntnisse vom Energiefeld haben, möchte ich erklärend hinzufügen, dass dem Menschen in einem solchen Zustand nach drei, vier Monaten ein Herzinfarkt droht – das ist das Mindeste, was zu erwarten ist. So verliefen also meine praktischen Erfahrungen mit der Lazarev-Methode. Ich habe fast jeden Tag praktiziert, die Verletzungen der göttlichen Gesetze durch meine Vorfahren schienen mir unendlich zu sein, doch ich wollte unbedingt vorankommen. Plötzlich kam es zu Aussetzern bei der Diagnostik. Die Palette der Empfindungen dabei war weitreichend – vom Zusammenpressen der Schläfen wie in einer Schraubzwinge, bohrenden Nadelstichen an verschiedensten Körperstellen, bis hin zu dem unbeschreiblichen Gefühl, über dem Scheitel kein Feld mehr zu haben. Doch am schlimmsten war es, die Leiden meiner Kinder mit anzusehen und zu verstehen, dass ich daran schuld war und kein Notarzt in der Lage sein würde, zu helfen. Gott möge Sie davor bewahren, dies alles durchzumachen, würden Sie beginnen wollen, sich mit

20 In der UdSSR verbreitetes politisches Schlagwort, welches ursprünglich auf Wladimir Iljitsch Lenin zurückgeht (Anm. der Redaktion).

außersinnlicher Karmadiagnostik zu beschäftigen."

Ich denke, dass wir an dieser Stelle einen Punkt in den Memoiren setzen können.

Das Wesen der Methode besteht nicht in technischen Fertigkeiten, sondern in der Ausbildung von Weltanschauung und Ethik. Es ist sehr gefährlich und unzulässig, an die Methode mit der Einstellung eines Konsumenten heranzugehen. Der Rhythmus des Universums darf nicht verletzt werden. Jeder Mensch nimmt in seinem Streben nach dem Göttlichem höchste Energien auf, und nach seiner Rückkehr zur Erde kann er diese als materielle Güter realisieren. Doch wenn die Gesetze des Geistes nicht vollkommen erschlossen worden sind, nicht zur Weltanschauung und zur Lebensweise geworden sind, und der Mensch dennoch versucht, die materielle Realisierung zu erlangen, dann heißt das Ergebnis nicht „Geburt des Kindes", sondern „Fehlgeburt". Erhöhter Pragmatismus droht, in geistige und physische Unfruchtbarkeit umzuschlagen.

Wenn ich versuche, die Methode zu lehren, stelle ich diesen Zusammenhang in den Vordergrund. Anfangs stellte auch ich mir den Lehrprozess etwas einfacher vor. Leider erschließt sich die Methode nur wenigen, wenn sie sich überhaupt jemandem beibringen lässt.

Ich möchte nur ein einziges Beispiel für die Schwierigkeiten anführen, die jederzeit auftreten können. Ich diagnostizierte das Karma einer Frau und sah, dass ihre schwersten Sünden in ihrem früheren Leben lagen. Ich beschrieb den Charakter der Verstöße und spürte plötzlich, dass ich keine genauen Informationen mehr erhalten konnte. Ich analysierte die Situation und sah, dass der Wert der Informationsverarbeitung bei mir auf Null gefallen war. Das bedeutet, dass es in meinem Karma analoge Verstöße gab und mein Unterbewusstsein die Informationen entstellte. Bevor ich die Diagnostik fortsetzen konnte, musste ich unbedingt mein Feld korrigieren.

Meine Rettung liegt darin, dass ich in der Lage bin, die Situation permanent einer Korrektur zu unterziehen und meine Niederlage in einen Sieg umzuwandeln; in diesem Fall war es Anlass zur erneuten Reinigung meines Karmas.

Ich kontrolliere ständig die Qualität der erhaltenen Informationen. Viele Heiler ahnen nicht, wie dringend erforderlich dies ist.

Ein junger Wunderheiler erklärte mir einmal:

„Ich frage immer nach, ob ich arbeiten darf oder nicht."

„Und wer antwortet Ihnen?"

„Wahrscheinlich das Göttliche."

„Sind Sie davon überzeugt?"

Der junge Mann wurde verlegen.

„Wissen Sie, wann Sie reine und wann Sie entstellte Informationen erhalten?"

Die Frage blieb unbeantwortet.

„Auf Ihrem Gebiet versuchen viele zu arbeiten und ahnen nicht, wozu das führen kann. Der Mechanismus ist sehr einfach. Um reine Informationen zu erhalten, muss der Mensch für das Göttliche offen sein. Mit unreinem Karma, mit Wochenendhaus und Auto als Lebensziele kommt man nicht weit."

Heilen und reine Informationen erhalten kann man nur mit geschlossenem, reinem Karma.

Was ist das Karma?

Das ist der Mechanismus der Erwiderung aller irdischen Akte, deshalb kann man das Karma schließen, wenn man sich mit Körper und Seele vom Irdischen freigemacht hat. Heiler und Spiritisten müssen sich Hunger-und Fastenperioden unterziehen, ihre Abhängigkeit von materiellen Gütern ausschließen. Die wahren Heiler waren stets Heilige und Propheten.

Das Karma der heutigen Menschheit ist dermaßen verunreinigt, dass es heute schwieriger ist als früher, es zu schließen.

In der Methode der Karmadiagnostik sind Bewusstsein und Unterbewusstsein, Glaube und Wissen dialektisch vereint, deshalb muss man bei ihrer Anwendung denken, denken und nochmals denken.

Rückmeldung und Ausgleich seiner Feldstrukturen retteten den Verfasser der oben angeführten Erinnerungen bei seinem fehlgeschlagenen Versuch, mit meiner Methode zu arbeiten, doch seine Einschätzung ist typisch für einseitiges Denken. Ich wäre glücklich, wenn der Leser nach der Lektüre dieses Buches begreifen würde, wie entstellt unsere Vorstellung von der Welt ist und was er in seinem Leben ändern muss, um nicht noch neue Probleme heraufzubeschwören. Gegenwärtig ist es von entscheidender Bedeutung, wenigstens die Grenze nicht zu überschreiten. Der Mensch kann sein Karma durch richtige Ernährung und richtiges Verhalten blockieren, und dies muss das Erste sein, was wir tun, denn das Böse, dem wir täglich begegnen, liegt in uns selbst.

In der chinesischen Philosophie gibt es die Forderung, dass sich jeder Mensch als Retter der Welt fühlen muss. In einem sowjetischen Psychiatrielehrbuch wird eine solche Überzeugung als eines der ersten Anzeichen von Paranoia gewertet. Heute kann ich, wenn ich die Wechselwirkung der Energiefelder sehe, mit Überzeugung behaupten, dass jeder Mensch, der zum Göttlichen strebt, aktiv an der Rettung der Welt mitarbeitet und damit ein Retter der Welt ist.

Wir haben bereits davon gesprochen, dass die im Universum ablaufenden Prozesse zwiespältig sind. Das Streben zu Gott, zum Ausgangspunkt, aus dem das Universum geboren wurde, muss durch die Stärkung der Ethik und die Erhöhung der Einheit auf der Feldebene erfolgen, doch dieser Prozess ist ohne zunehmende Differenzierung nicht möglich.

Die Merkmale der Entwicklung der materiellen Welt sind Masse, Raum und Zeit, folglich muss sich die Entwicklung der materiellen Welt in der Vergrößerung von Masse, Raum und Zeit ausdrücken. Da Zeit mit Ausdehnung verbunden ist, müssen die Hauptprozesse im Universum auf materieller Ebene zur Erweiterung des Universums führen, was gegenwärtig geschieht.

Somit ist die Bedingung für die Entwicklung und Erhaltung eines jeden Prozesses oder Objektes die physische Teilung bei gleichzeitiger Erhöhung der Feldeinheit.

Differenzierung auf physischer Ebene, also die Vergrößerung der Bedürfnisse und Verbindungen des Körpers zur Umwelt ohne geistige Prämisse, bedeutet Selbstvernichtung. Differenzierung des Körpers bedeutet Entwicklung und Befriedigung seiner Bedürfnisse, und dies führt zur Zerstörung und zum Untergang des Menschen, wenn es nicht mit der Stärkung und Entwicklung des Geistes einhergeht. Die moderne Zivilisation ist somit die Verkörperung der Suche nach dem Geist, die die Menschheit in den vergangenen Jahrtausenden betrieben hat – und ebendies bestimmt das Verhältnis von Materie und Geist in der Welt.

Wenn dieses Prinzip auf den speziellen Fall – die Suche nach modernen Heilungsmethoden und -wegen – übertragen wird, müssen sich hier die Möglichkeiten der Einwirkung des Geistes mit den Errungenschaften der Medizin vereinen. Zweifellos würde es die moderne Medizin überhaupt nicht geben, wäre sie nicht auf der tausendjährigen Suche nach Geist und der Einwirkung des Geistes auf den Menschen begründet. Ihre Errungenschaften sind die Realisierung der Ergebnisse dieser Suche. In den letzten Jahrzehnten hat die Medizin die Grenze erreicht, an der das angesammelte Geistespotential aufgebraucht ist, und für ihre weitere Entwicklung muss sie, wie der verlorene Sohn, zu den Ursprüngen zurückkehren. Man muss einsehen, dass ohne Erkenntnis und ohne Suche nach den Ursachen von Krankheit keine weitere Entwicklung möglich ist.

Es darf heute nicht um eine Gegenüberstellung von geistiger Einwirkung und traditioneller Medizin, sondern nur um ihre Vereinigung unter Wahrung aller Errungenschaften beider Systeme gehen. Die Krankheit ist ein Mittel zur Entwicklung des Geistes, doch unsere Unvollkommenheit gestattet es momentan nicht, den Geist vollständig zu verstehen und auf Krankheiten nur noch mit Methoden des Geistes einzuwirken. Deshalb muss die Medizin leisten, was unserem heutigen unvollkommenen Geist nicht möglich ist. Das Streben der Medizin nach Frühdiagnostik und Prophylaxe von Krankheiten ist der erste Schritt in Richtung Ethik, denn gerade auf der Informationsebene nehmen die meisten Krankheiten ihren Anfang. In der heutigen Zeit weisen immer mehr Fakten darauf hin, dass sich die Einwirkung des Geistes als effektiver als die medizinische Behandlung erweist.

Die Menschheit kehrt langsam, aber unbeirrt zu ihrem Vater, zum Geist, zur Ethik und Kultur zurück, denn das ist die einzige Chance zu ihrer Rettung.

Einer der ersten Vorträge, in welchem der Autor das Wesentliche seines einzigartigen Systems erklärt, haben wir bereits für unsere Leserinnen und Leser auf dieser DVD übersetzt.

Seminaraufzeichnung
Sommer 1994
ISBN 978-941622-19-7
Lauflänge: ca.120 min.

Die DVD ist bei **raduga-verlag@mail.com** erhältlich.

Raduga Verlag arbeitet gerade an der Übersetzung weiterer DVDs mit den Auftritten von S.N. Lazarev in die deutsche Sprache.
Ausgehend von der Erfahrung und den Kommentaren zahlreicher Leser und Hörer kann man behaupten, dass die Ansicht der DVDs mit den Seminaren und Vorträgen und das gleichzeitige Lesen der Bücher weitaus effektiver sind, als die Arbeit an sich selbst, die ausschließlich nach den Büchern stattfindet.
S.N. Lazarev konnte als erster in der Geschichte der Menschheit die tieferen Strukturen der Seele sehen, die unsere Gesundheit und unser Schicksal bestimmen. Darüber hinaus entwickelte er ein System, dass uns, unseren Kindern und Enkelkindern die Heilung ermöglicht. Seine Forschung geht in eine absolut neue Richtung, in der sich die Wissenschaft und Religion harmonisch zu einem Ganzen vereinen.
Die 30-jährige Forschungsarbeit des bekannten russischen Psychologen und Meisters der Bioenergetik S. N. Lazarevs half mehreren tausenden Patienten, sich von den schwersten Krankheiten zu befreien, welche von der heutigen Medizin als unheilbar erklärt wurden.

Ausführliche Information finden sie auf der Internetseite:
www.lazarevsn.com

Die Bücher und die DVDs von S. N. Lazarev kann man unter der folgenden E-Mail-Adresse bestellen:
raduga-verlag@mail.com

Ihr Raduga Verlag-Team